U0917930

本丛书出版得到以下研究机构经费资助：

嘉应学院客家研究院

梅州市客家研究院

广东省客家文化研究基地—嘉应学院客家研究院

广东省非物质文化遗产研究基地—嘉应学院客家研究院

理论粤军 · 广东地方特色文化研究基地—客家文化研究基地

广东省粤台客家文化传承与发展协同创新中心—嘉应学院客家研究院

广东省普通高校人文社会科学省市共建重点研究基地—嘉应学院客家研究院

客家学研究丛书编委会

客家学研究丛书

全球化背景下客家文化景观的创造

环南中国海的个案

夏远鸣　[日]河合洋尚　主编

中国·广州

图书在版编目（CIP）数据

全球化背景下客家文化景观的创造：环南中国海的个案 / 夏远鸣，［日］河合洋尚主编．—广州：暨南大学出版社，2015.7
（客家学研究丛书）
ISBN 978-7-5668-1562-0

Ⅰ．①全… Ⅱ．①夏… ②河… Ⅲ．①客家人—民族文化—研究—中国 Ⅳ．①K281.1

中国版本图书馆 CIP 数据核字（2015）第 159531 号

出版发行：暨南大学出版社

地　址：中国广州暨南大学
电　话：总编室（8620）85221601
　　　　营销部（8620）85225284　85228291　85228292（邮购）
传　真：（8620）85221583（办公室）　85223774（营销部）
邮　编：510630
网　址：http：//www.jnupress.com　http：//press.jnu.edu.cn
排　版：广州市天河星辰文化发展部照排中心
印　刷：佛山市浩文彩色印刷有限公司
开　本：787mm×960mm　1/16
印　张：14.625
字　数：263 千
版　次：2015 年 7 月第 1 版
印　次：2015 年 7 月第 1 次
定　价：38.00 元

总　序

客家文化以其语言、民俗、音乐、建筑等方面的独特性，尤其是客家人在海内外社会经济发展中的突出贡献，引起了历史学、人类学、民俗学和语言学等诸多学科领域内学者的关注。而随着西方人文学科理论和研究方法在20世纪初传入我国，客家历史与文化研究也逐渐进入科学规范的研究行列，并相继出现了一批具有开创性的研究成果。1933年，罗香林《客家研究导论》的出版，标志着客家研究进入了现代学术研究的范畴。20世纪80年代以来，著作、论文等研究成果的推陈出新，也在呼吁学界能够设立专门的学科并规范客家研究的科学范式。

作为国内较早成立的专门从事客家研究的机构，嘉应学院客家研究院用二十五载的岁月，换来了客家研究成果在数量上空前的增长，率先成为客家学研究的重要阵地，也引起了国内外学术界的高度关注。但若从质的维度来看，当前的客家研究还面临一系列有待思考及解决的问题：客家学研究的主题有哪些？哪些有意义，哪些纯粹是臆测？这些主题产生的背景是什么？它们是如何通过社会与历史的双重作用，而产生某些政治、经济乃至文化权力的诉求与争议的？当代客家研究如何紧密结合地方社会发展的需要，又如何与国内外其他学科对话与交流？诸如此类的疑惑，需要从理论探索、田野实践和学科交叉等层面努力，以理论对话和案例实证作为手段，真正实现跨区域和多学科的协同创新。

一、触前沿：客家学研究的理论探索

当前的客家学研究主要分布在人文社会科学的诸多学科范围之内，所以开展卓有成效的客家研究自然需要敢于接触不同学科领域的学术理论。比如，社会学科先后出现过福柯的权力理论、布尔迪厄的实践理论、吉登斯的结构化理论、鲍曼的风险社会理论、哈贝马斯的沟通行动理论、卢曼的系统理论、科尔曼的理性选择理论和亚历山大的文化社会学理论。① 社会科学研究经常需要涉及的热点议题，在客家研究中同样不可回避，比如社会资本、新阶层、互联网、公共领域、情感与身体、时间与空间、社会转型和世界主义。② 再比如，社会学关于移民研究的推拉理论、人类学对族群研究的认同与边界理论以及社会转型与文化变迁的机制，都可以具体应用到客家研究上，并形成理论对话而提升客家研究的高度。在研究方法上，人文社会科学提倡的建模、机制与话语分析、文化与理论自觉等前沿手段，③ 都可以遵循"拿来主义"的原则为客家研究所用。

可以说，客家研究要上升为独具特色的独立学科，首先要解决的便是理论对话和科学研究的范式问题。客家学作为一门融会了众多社会人文学科的综合性学科，既不是客家史，也不是客家地区政治、经济、文化等内容的汇编或整合，而是一门以民族学基础理论为基础，又比民族学具有更多独特特征、丰富内容的学科。④ 不可否认的是，客家研究具有自身独特的学术传统，但要形成自身的理论构架和研究方法，若离开历史学、文献学、考古学、人类学、语言学、社会学、民俗学等诸多学科理论的支撑，显然就是痴人说梦。要在这方面取得成绩，则非要长期冷静、刻苦、踏实、认真潜心研究不可。如若神不守舍、心动意摇，就会跑调走板、贻笑大方。在不少人汲汲于功名、切切于利益、念念于职位的当今，专注于客家研究的我们似乎有些另类。不过，不管是学者应有的社会良知与独立人格，还是人文学科秉持的历史责任与独立思考的精神，都激励我们坚持实事求是的原则，在触碰前沿理论上不断探索，以积累学科发展所需的坚实理论。

要做到这一点，就得潜下心来大量阅读国内外学术名著，了解前沿理论的学术进路和迁移运用，使客家研究能够进入国际学术研究对话的行列。

---

① Pierre Demeulenaere, *Analytical Sociology and Social Mechanisms*, Cambridge: Cambridge University Press, 2011.

② Jonathan H. Turner, ed., *Handbook of Sociological Theory*, Kluwer Academic Publishers, 2011.

③ James Jaccard and Jacob Jacoby, *Theory Construction and Model-Building Skills*, New York: Guilford Press, 2010.

④ 吴泽：《建立客家学刍议》，载吴泽主编：《客家学研究》（第2辑），上海：上海人民出版社，1990年。

二、接地气：客家研究的田野工作

学科发展需要理论的建设与支撑，更离不开学科研究对象的深入和扩展，而进入客家人生活的区域开展田野工作，借助从书斋到田野再回到书斋的螺旋式上升的研究路径，客家研究才能做到“既仰望星空又能接地气”，才能厚积薄发。

人类学推崇的田野工作要求研究者通过田野方法收集经验材料的主体，客观描述所发现的任何事情并分析发现结果。[①] 田野工作的目标要界定并收集到自己足以真正控制严格的经验材料，所以需要充分发挥参与观察、深度访谈和问卷调查的手段。从学科建设和学科发展的角度，客家族群的分布和文化多元特征，决定了客家研究对田野调查的依赖性。这就要求研究者深入客家乡村聚落，采用参与观察、个别访谈、开座谈会、问卷调查等方法调查客家民俗节庆、方言、歌谣等，收集有关客家地区民间历史与文化丰富性及多样性的资料。

而在客家文献资料采集方面，田野工作的精神同样适用。一方面，文献资料可以增加研究者对客家文化的理解，而且还可以对研究者的学术敏感和问题意识产生积极影响；另一方面，田野工作既增加了文献资料的来源，又能提供给研究者重要的历史感和文化体验，也使得文献的解读可以更加符合地方社会的历史与现实。譬如，到图书馆、档案馆等公藏机构及民间广泛收集对客家文化、客家音乐、客家方言等有所记载的正史、地方志、文集、族谱及已有的研究成果等。田野调查需要入村进户，因此从具有深厚文化传统的客家古村落入手，无疑可以取得事半功倍的效果。

在客家地区开展田野调查，需要点面结合才能形成质量上乘的多点民族志。20 世纪 90 年代，法国人类学家劳格文与广东嘉应大学（2000 年改名为嘉应学院）、韶关大学（2000 年改名为韶关学院）、福建省社会科学院、赣南师范学院、赣州市博物馆等单位合作，开展“客家传统社会”的系列研究。他在长达十多年的时间里，辗转于粤东、闽西、赣南、粤北等地，深入乡镇村落，从事客家文化的田野调查。到 2006 年，这些田野调查的成果汇集出版了总计 30 余册的“客家传统社会”丛书，不仅集中地描述客家地区传统民俗与经济，还具体地描述了传统宗族社会的形成、发展

① 托马斯·许兰德·埃里克森著，周云水、吴攀龙、陈靖云译：《什么是人类学》，北京：北京大学出版社，2013 年，第 65 ~ 67 页。

和具体运作及其社会影响。

2013 年以来，嘉应学院客家研究院选择了多个历史悠久、文化底蕴深厚的古村落，以研究项目的形式开展田野作业，要求研究人员采用参与观察、深度访谈、文献追踪等方法，对村落居民的源流、宗族、民间信仰、习俗等民间社会与文化的形成与变迁进行深入的分析和研究，形成对乡村聚落历史文化发展与变迁的总体认识。在对客家地区文化进行个案分析与研究的基础上，再进行跨区域、跨族群的文化比较研究，揭示客家文化的区域特征，进而梳理客家社会变迁和文化发展过程。

闽粤赣是客家聚居的核心区域，很多风俗习惯都能够找到相似的元素。就每年的元宵习俗而言，江西赣州宁都有添丁炮、石城有灯彩，而到了广东的兴宁和和平县，这一习俗则演变为“响丁”，花灯也成了寄托客家民众淳朴愿望的符号。所以，要弄清楚相似的客家习俗背后有何不同的行动逻辑，就必须用跨区域的视角来分析。这一源自田野的事例足以表明田野调查对客家学研究的重要性。

无论是主张客家学学科建设应包括客家历史学、客家方言学、客家家族文化、客家文艺、客家风俗礼仪文化、客家食疗文化、客家宗教文化、华侨文化等，[①] 还是认为客家学的学科体系要由客家学导论、客家民系学、客家历史学、客家方言学、客家文化人类学、客家民俗学、客家民间文学、客家学研究发展史等八个科目为基础来构建，[②] 客家研究都无法回避研究对象的固有特征——客家人的迁徙流动而导致的文化离散性，所以在田野调查时更强调追踪研究和村落回访[③]。只有夯实田野工作的存量，文献资料的采集才可能溢出其增量的效益。

三、求创新：客家研究的学科交叉

学问的创新本不是一件易事，需要独上高楼，不怕衣带渐宽，耐得孤独寂寞，一往无前地上下求索。客家研究更是如此，研究者需要甘居边缘、乐于淡泊、自守宁静的治学态度——默默地做自己感兴趣的学问，与两三同好商量旧学、切磋疑义、增益新知。

---

① 张应斌：《21 世纪的客家研究——关于客家学的理论建构》，《嘉应大学学报》1996 年第 4 期。

② 凌双匡：《建立客家学的构想》，《客家大观园》1994 年创刊号。

③ 科塔克著，周云水译：《文化人类学——欣赏文化差异》，北京：中国人民大学出版社，2012 年，第 457 ~459 页。

客家研究要创新，就需要综合历史学、人类学、语言学、音乐学、社会学等学科理论和方法，对客家民俗、客家方言、客家音乐等进行综合分析和研究，以学科交叉合作的研究方式，形成对客家族群全面的、客观的总体认识。

客家族群作为中华民族共同体的一个重要支系，在其形成和发展过程中融合多个山区民族的文化，形成独具特色的文化体系。建立客家学学科，科学地揭示客家族群的个性和特殊性，可以加深和丰富对中华民族的认识。用客家人独特的历史、民俗、方言、音乐等本土素材，形成客家学体系并进一步建构客家学学科，将有助于促进中国人文社会科学本土化的发展，从而为中国人文社会科学的发展和繁荣作出应有的贡献。客家人遍布海内外 80 多个国家和地区，客家华侨华人 1 000 余万，每年召开一次世界性的客属恳亲大会，在全世界华人中具有重要影响。粤东梅州是全国四大侨乡之一，历史遗存颇多，文化积淀深厚，华侨成为影响客家社会历史和文化发展的重要因素。建立客家学学科，将进一步拓宽华侨华人研究领域，有助于华侨华人与侨乡研究的深入发展。

在当前客家学研究成果积淀日益丰厚、客家研究日益受到社会各界重视的情况下，总结以往研究成果，形成客家学学科理论和方法，构建客家学学科体系，成为目前客家学界非常紧迫而又十分重要的任务。

嘉应学院客家研究院敢啃硬骨头，在总结以往研究成果的基础上，完成目前学科建设条件已初步具备的客家文化学、客家语言文字学、客家音乐学等的论证和编纂，初步建构客家学体系的分支学科。具体而言，客家文化学探讨客家文化的历史、现状和未来并揭示其发生、发展规律，分析客家族群的物质文化、制度文化和精神文化的产生、发展过程及其特征。客家语言文字学探讨客家方言的语音、词汇、语法、文字等的特征，展示客家语言文字的具体内容及其社会意义。客家音乐学探讨客家山歌、汉剧、舞蹈等的发生、发展及其特征，揭示客家音乐的具体内容和社会意义。

客家族群是汉民族的一个支系，研究时既要注意到汉文化、中华文化的普遍性，又要注意到客家文化的独特性，体现客家文化多元一体的属性。客家学研究的对象，决定客家学是一门融合历史学、民俗学、方言学、音乐学、社会学等众多社会人文学科的综合性学科。如何形成跨学科的客家学研究理论与方法，是客家研究必须突破的重要问题。唯有明确客家学研究的基本概念、理论和方法，通过广泛的田野调查和深入的个案研

究，广泛收集关于客家文化、客家方言、客家音乐等各种资料，从多角度进行学科交叉合作的分析和研究，才能实现创新和发展。

嘉应学院地处海内外最大的客家人聚居地，具有开展客家学研究得天独厚的地缘优势。1989 年，嘉应学院的前身嘉应大学率先在全国建立了专门性的校级客家研究机构——客家研究所。2006 年 4 月，以客家研究所为基础，组建了嘉应学院客家研究院、梅州市客家研究院。因研究成果突出、社会影响大，2006 年 11 月，客家研究院被广东省社会科学界联合会评为“广东省客家文化研究基地”；2007 年 6 月，被广东省教育厅评为“广东省普通高校人文社会科学省市共建重点研究基地”。之后其又被广东省委宣传部、广东省社会科学院评为“广东地方特色文化研究基地——客家文化研究基地”，被广东省文化厅评为“广东省非物质文化遗产研究基地”，被广东省教育厅评为“广东省粤台客家文化传承与发展协同创新中心”；还经国家民政部门批准，在国家一级学会“中国人类学民族学研究会”下成立了“客家学专业委员会”。

2009 年 8 月，在昆明召开的第 16 届国际人类学大会上，客家研究院成功组织“解读客家历史与文化：文化人类学的视野”专题研讨会，初步奠定了客家研究国际化的基础。2012 年 12 月，客家研究院召开了“客家文化多样性与客家学理论体系建构国际学术研究会”，基本确立了客家学学科建设的基本途径和主要方法。另外，1990 年以来，嘉应学院客家研究院坚持每年出版两期《客家研究辑刊》（现已出版 45 期），不仅刊载具有理论对话和新视角的论文，也为未经雕琢的田野报告提供发表和交流的平台。自 1994 年以来，客家研究院承担国家社会科学基金项目 2 项，广东省哲学社会科学规划项目等 20 余项，出版《客家源流探奥》①等著作 50 余部，其中邱国锋等的著作《兴宁市总体发展战略规划研究》② 获广东省哲学社会科学优秀成果一等奖，肖文评的专著《白堠乡的故事——地域史脉络下的乡村建构》③ 获广东省哲学社会科学优秀成果二等奖，房学嘉的专著《粤东客家生态与民俗研究》④ 获广东省哲学社会科学优秀成果三等奖。

① 房学嘉：《客家源流探奥》，广州：广东高等教育出版社，1994 年。

② 邱国锋等：《兴宁市总体发展战略规划研究》，广州：广东教育出版社，2010 年。

③ 肖文评：《白堠乡的故事——地域史脉络下的乡村建构》，北京：生活·读书·新知三联书店，2011 年。

④ 房学嘉：《粤东客家生态与民俗研究》，广州：华南理工大学出版社，2009 年。

深厚的研究成果积淀，为客家学学科建设奠定了坚实的理论基础。经过几代人的不懈努力，嘉应学院的客家研究已经具备了在国际学术圈交流的能力，这离不开多学科理论对话的实践和田野调查经验的积累。

客家学研究丛书的出版，既是客家研究在前述立足田野与理论对话"俯仰之间"兼顾理论与实践的继续前行，也是嘉应学院客家学研究朝着国际化目标迈出的坚实步伐。"星星之火，可以燎原"，这套丛书包括学术研究专著、田调报告、教材、译著、资料整理等，体现了客家学学科建设的不同学术旨趣和理论关怀。古人云，"不积跬步，无以至千里；不积小流，无以成江海"，我们愿意从点滴做起。希望丛书的出版，能引起国内外客家学界对客家学学科体系建设的关注，促进客家学研究的科学化发展。

嘉应学院校长兼客家研究院院长　邱国锋教授、博士

于 2014 年 8 月 30 日

前言

从文化到景观

在当下中国以及东南亚等地，几乎没有一个族群，像"客家"这样被广泛讨论；也没有一种族群文化，像"客家"这样广泛地被想象、复制、挪移、再造。在许多地方，稍稍受过一定程度教育的人，都可以对"客家文化"或者客家迁徙的来龙去脉谈论一番。对于客家问题的兴趣，似乎早已不是象牙塔里学者的专利。

更进一步的现实是，在许多地区，"客家"已经开始被当作文化资源在消费与使用。伴随着经济与社会的发展，许多"客家地区"或与客家有点关系的城市，都在打"客家"这张牌——从旅游到建筑，从饮食到影视，无不以各种方式建构自己的客家文化新产品，于是造就了一批"客家"文化产品与景观。无论严肃的学者们对这种做法如何嗤之以鼻，它们都已经是客观存在的了；并且，这种文化产品与景观仍然在生产之中——它们已经成为一个不可改变的现实，可能还是一个不可逆转的趋势。这种社会现实与存在，本身已成为一个值得关注的问题。所以，我们认为值得从学术角度来探讨它们。这是我们编著这本书的目的，也是一种尝试。

本书从景观人类学的视角探讨环南中国海地区的客家文化资本化以及客家文化景观形成的历史过程。文化景观的形成，是每一历史时代，人类按照某种文化标准，对自然环境施加影响的结果。从客家文化到客家文化景观也不是一蹴而就的，它经历了一个历史过程。"客家"最早是以一个社会现象与社会问题被提出的，后才渐渐纳入了学术研究范畴，随即提出"客家文化"的概念。到 20 世纪 80 年代，这些观念中的文化才渐渐变成物质层面的文化景观。①

景观人类学是 1990 年前后在欧美社会人类学界出现的新学科。景观人

① 夏远鸣著，河合洋尚译：《"客都"の変遷——清末以降の梅州における客家意識の形成と客家文化の創生》，载濑川昌久、饭岛典子编：《客家の創生と再創生——歴史と空間からの総合的再検討》，东京：风响社，2012 年，第 51 ~ 76 页。

类学的“景观”指被嵌入文化意义的物理环境。除了当地人本身赋予环境不少文化意义外，学者、艺术家、媒体、地方政府等外部观察者还会用“怀乡”或者“异国风情”的视角来描述当地的社会环境。景观人类学关注外部观察者如何描述环境，从而塑造各民族文化并将它变成文化景观的情况。20世纪90年代以来，景观人类学以世界各地的个案来进行研究。近20年来主要成果大致可分为两个方向：一是学者、艺术家、媒体、地方政府等外部观察者在特定的行政境界（空间）内如何描述民族文化特色，从而将文化特色进行塑造与呈现，使其形成文化景观；二是当地人在各个生活领域（场所）如何按照传统惯例赋予周围环境以文化的意义，从而将它变成文化景观。景观人类学往往将前者的景观称为“外在景观”（outer landscape），将后者的景观称为“内在景观”（inner landscape）。[①]景观人类学探讨外在景观、内在景观各自的形成过程，或者两者的对立、争夺、调整关系。[②]

著名地理学家哈维的“时间—空间的压缩”概念指出，随着交通工具和情报网络的发展，世界各国的人民去海外十分便利，并能瞬间得到海外的信息，这使得世界光景渐趋统一化，从而丧失了自己的独特性。因此，各个空间需要突出自己的特色，不然很难吸引域外的投资者或者旅游者。[③]正是在这样的背景下，改革开放以来，特别是进入21世纪以来，中国南部的一些地方政府开始重视客家文化，以此突显自己的空间和景观特色。值得瞩目的是，联动中国南部客家风情景观的形成，在越南、马来西亚、印度尼西亚、新加坡等环南中国海国家也开始出现福建圆形土楼建筑等客家风情景观。

根据景观人类学的观点，形成外在景观往往有几个阶段：①外部观察者（特别是学者、媒体、旅游公司）挑选部分事实描述族群文化特色；②外部观察者赋予这种文化以特色，包括给特定的自然物、建筑赋予相关的民俗；③地方政府和开发商建造物质的文化景观。外在景观有利于追求经济利益，所以往往与居民重视的内在景观乖离。[④]这个过程在某种程度上

---

① Stewart P. and A. Strathern, eds., *Landscape, Memory and History: Anthropological Perspectives*, London: Pulto Press, 2003.

② 河合洋尚：《景観人類学の課題——中国広州市における都市環境の表象と再生》，东京：风响社，2013年。

③ Harvey D., *The Condition of Postmodernity*, Oxford: Blackwell Publishing, 1990.

④ 河合洋尚：《景観人類学の課題——中国広州市における都市環境の表象と再生》，东京：风响社，2013年，第37~45页。

适合于解释客家风情景观的形成。因为，一般想象中的客家风情景观，例如圆形擂茶、土楼、山歌等，并不是在所有的客家地区都存在，或者并不是客家地区所独有。学者或者客家文化建构者往往挑选部分事实进行描述，从而渐渐变成在文本上和博物馆展览出现的典型的“客家文化”。地方政府或者开发商为了追求经济利益将其“资源化”，进而打造这些文化景观。这些外部景观往往与居民的生活实践以及他们的内部景观脱离，但能吸引域外的观光者。

本书的13篇文章讨论的都是作为外在景观的客家文化景观。作者多有历史学或人类学背景。他们通过文献研究和田野考察探讨了不同空间里的客家风情景观形成的过程。虽然每一篇的风格与内容有所不同：一些作者从历史和政策角度讨论外在景观形成的过程，一些作者从居民的族群关系和内在景观谈论外在景观，但都试图解读中国及其周围国家与地区的客家文化景观。

夏远鸣的第一篇文章讨论了客家大本营——广东梅州的客家文化景观形成的历史背景与过程。如上所述，客家最早是作为一个社会问题被提出的，后才渐渐纳入了学术研究范畴，随即转向对其文化的探讨。在特殊的历史条件下，这些观念中的文化才渐渐地变成物质的文化景观。夏远鸣的第二篇文章详细地介绍了梅州“客天下”旅游产业园对“客家文化”进行呈现的情况。“客天下”是梅州最大的（目前可能也是中国大陆最大的）以客家文化为主题的旅游产业园。该产业园标榜以客家文化作为主题。这个建在“客都”的产业园，除了呈现梅州地区本地的传统文化景观外，还把其他各地的“客家元素”移植到这里，如土楼、四角楼等建筑，以强化其“客家特色”。对于客家风俗与“客家历史”方面的内容，则通过图画与文字的方式来呈现。如利用一面墙题写《客家赋》，用浮雕的方式呈现日常生活场景、风俗、迁徙过程等非物质的内容。无论是远在四川的客家文化产业园，还是“客都”的旅游产业园，这些被制造出来的文化景观，固化了社会普通民众对客家的认识，促进了这些被选择出的“客家符号”的传播。

与粤东一样，闽西也是客家人的中心居住地之一。改革开放后，闽西各县市地方政府开始大打客家文化牌，并开始建造客家文化景观。其中，圆形土楼可以说是最著名的客家风情景观。现在，闽西的部分土楼被联合国指定为世界文化遗产，吸引了很多海内外的旅客。在此之前，圆形土楼很少与客家文化联系起来。将土楼视为客家文化特色的群体是外部观察者。小林宏至的文章讨论了土楼与客家符号联系起来的历史过程。他指出，其实一开始赋予土楼不少客家符号的群体来自新加坡和香港，后来这种看法逐渐地影响到中国大陆。小林宏至的文章说明了土楼这个建筑通过被嵌入特色文化意义而变成为客家文化的过程。接下来，田中孝枝的文章讨论广州的一家日本旅游公司——日资旅行社通过说明客家土楼的文化价值，将它变成为消费对象的情况。田中孝枝的文章成功地揭示了旅行社是如何塑造客家族群的文化，从而将普通的物理环境变成为客家景观的过程的。同时，田中孝枝也指出，要让土楼景观成为被消费的对象，还需要注意到马路的修建、景点的开发与完善、餐厅以及酒店的卫生环境等连接景观“图景”（scape）的重要性。通俗地说，就是旅游配套设施建设的重要性。

除了对土楼这种现存的景观作“客家性”阐释外，闽西还有再造客家文化景观的个案。其代表之一是客家祖地——宁化石壁的客家文化景观建设。20 世纪 90 年代以来，宁化石壁在县市地方政府的支持下开始建造客家公祠、世界客属朝圣中心等文化景观。[①]由于与该地区客家景观相关的文章已经有不少，本书不再讨论。但是，唯一要强调的是，与土楼的个案相同，在建设宁化石壁客家景观的过程中海外华侨扮演了重要的角色。马来西亚南方学院的安焕然指出，马来西亚的客家华侨参与建设石壁客家景观的举动，源自新山客家公会的内部分裂。[②]本书要关注的是闽西地区定光古佛的文化资源化及其景观形成。定光古佛是闽西常见的一种民间信仰，在粤东地区也有传播。随着移民的迁徙，定光古佛信仰播散到各地，如浙西南地区、赣西北地区等，同时也随着闽西移民一起进入台湾，成为台湾民间信仰的神祇之一。随着两岸以客家名义进行的文化交流日益密切，这种神明也被赋予了客家族群色彩。围绕定光古佛，一系列客家文化景观在闽西地区也被创造出来。邱立汉的文章论述了有些原来没有被赋予特定族群性的神明信仰，因该地区大打客家牌，而把这种神明作为客家的象征，以构建自己的客家文化特色。

江西赣南是重要的客家地区。但改革开放前，居民多不知道自己是客家人，20 世纪 90 年代以后才逐渐地产生客家意识。[③]因而，赣南地区的客

---

① 河合洋尚：《空間概念としての客家——“客家の故郷”建設活動をめぐって》，《国立民族学博物馆研究报告》2013 年第 37 卷第 2 期，第 221～223 页。

② 安焕然：《马来西亚柔佛客家人的移植形态及其认同意识》，载庄英章、简美玲编：《客家的形成与变迁》（下），新竹：“国立”交通大学出版社，2010 年，第 887～910 页。

③ 黄志繁：《谁是客家人?》，《中国图书评论》2007 年第 3 期，第 56～59 页。

家文化景观建设比粤东、闽西相对较晚。2004 年赣州举办第十九届世界客属恳亲大会前后，赣南才开始逐渐地建设嵌入客家文化意义的景观。星野丽子关注其中的一个客家文化景观——赣州的“五龙客家风情园”。在星野丽子的文章中，她借用米歇尔·德·塞尔托（Michel de Certeau）提出的“硬性文化”与“软性文化”概念来说明政府是如何对待这两种文化的。所谓的硬性文化，是人为打造的；软性文化则是日常生活中无处不在的、天然的。为了打造客家品牌，赣州的“硬性文化”被尽量展示，而真正与百姓密切相关的“软性文化”则被忽略。在这种情况下造就了一批客家文化标志，成为赣州新的文化景观。

一种文化成为资源后，就会被争相利用。一些地区（原来没有客家意识的地区），也在通过种种方式论证他们与客家的渊源，他们的居民是“客家人”，从而他们的文化也是客家文化。河合洋尚的文章揭示了这一现象。在广西玉林地区，那些曾经被称为“艾人”的族群，通过文本发现，原来自己讲的“艾话”就是客家话。于是，他们第一次发现自己也是客家人。在学者与政府的影响下，他们有了“客家人”的认同。有了这样的认同之后，他们开始对自己的祖先来源进行新的解释。如果说“艾人”的客家认同还有一些明显的“客家特征”依据的话，那么玉林地区一些说白话的族群称自己是“客家”则是无中生有了。有了客家认同后，接下来就是对当地文化进行重新解释，或者重新创造。于是，有“玉林特色”的客家文化景观就这样产生了。

四川与广西相似，改革开放前很少有客家意识，现在被认为是客家人的居民以前则称为“广东人”、“土广东人”等。可是，这十几年四川也兴起了客家文化产业，政府开始在成都郊区的龙泉驿区（东山一带）建设客家风情景观。客家文化产业的兴起是客家文化景观大量被生产的主要原因。陈世松的文章介绍了成都龙泉驿区的一个“博客小镇”如何结合客家文化发展房地产业，并创造文化景观的个案。该文化园区借用原有名气与文化底蕴，另辟新址，重建了一个以客家文化为主题的景区。在这个景区里，各类客家文化标志被放在一起呈现。虽在巴蜀，但仍然把远在福建的土楼复制了过来，以作为客家建筑的标志，同时也表明自己的客家“身份”。仅有土楼还不够，文化园区还根据客家迁徙概念，把历史上几次大迁徙停留地区的建筑形式纳入客家的范畴，通过博物馆来展示这些“客家”建筑。

除了另辟新址重建客家文化园区外，原来没有客家意识的成都地区，在客家意识兴起之后，也在原有的景观中嵌入客家元素，以提高文化品位，衬托原有景观。郭一丹的文章提供了成都周边龙泉驿的个案。龙泉驿区位于成都中心城区东部偏南，自20世纪80年代开始举办桃花节。2001年，当地将桃花节与客家文化结合。她描述了成都市龙泉驿区为了推介客家，十分注重客家文化元素（如会馆、民居等）的保护与恢复，并且在非物质层面也采取了种种措施，他们把客家文化事象激活，发展成旅游产品。这些客家元素，与四川原有的地方文化资源结合，创造出新的客家意象与文化事象。这些文化事象，成为川地特色的客家文化景观。

以上客家认同感的觉醒以及客家景观建设的个案，不仅在江西赣南、广西玉林、四川成都，而且在中国南部的其他地区也能看到。在汕尾，也有一些客家人开始觉醒，产生了客家意识。为了表现自己的“客家性”，他们也开始创造“客家风情”景观。稻泽努的文章介绍了一个汕尾的村落。该村落的居民本来是福佬人，但在编族谱的过程中得知自己的祖先从梅州市五华县迁来，因为五华是客家地区，所以怀疑他们原来应该是客家人。到了20世纪90年代，开始进行宗族文化建设时，为了延续祖先的传统，村民到五华等客家地区考察当地的建筑，回来后以客家建筑风格来修建他们的祠堂。同时，他们回想起以前族人拜祖先时讲的话是听不懂的，怀疑那时的方言应该是客家话。由于汕尾不是客家地区，地方政府没有推动客家文化景观建设，所以汕尾这个村形成的可算是作为“内在景观”的客家文化景观。

客家文化景观的形成不仅在中国大陆，在与中国大陆客家文化热的联动下，东南亚的一些客家人也开始推动客家风情景观的建设。其典型代表是圆形土楼建筑的建造。圆形土楼原先只分布在闽西以及粤东北的部分地区，在其他的客方言区并不存在。但后来渐渐被看成客家的标志。特别是土楼被联合国指定为世界文化遗产以后，更加强化了这一印象。中国台湾和东南亚的一些地区开始建筑模仿圆形土楼形状的建筑物。例如，东马的沙巴州是当地华人中客家人口最多的地区，本地的客家人在亚庇郊区建造了土楼型的建筑。[①]另外，印度尼西亚也建造了土楼建筑，用来当作客家文化博物馆。据说，西马的槟榔屿最近也想建造类似的土楼建筑。

关于中国大陆以外的客家文化景观建设现象，本书主要介绍中国台湾地区、越南以及日本的情况。

首先是台湾地区。由于特殊的社会政治环境，台湾是客家研究与客家

---

① 河合洋尚：《马来西亚沙巴州的客家人——关于移民、认同感、文化标志的初步报告》，《客家研究辑刊》2013年第1期，第134～144页。

运动最为活跃的地区。客家文化元素也常常被运用到文化景观设计、社区营造以及文化创意产业中。台湾的客家人主要来自闽粤两地，其中包括广东省的嘉应州（今梅州）、潮州的饶平县、惠州的海陆丰地区（今属汕尾市），福建省龙岩市的永定县、武平县以及漳州的平和县、诏安县。由于土楼以及梅州围龙屋知名度较高，所以在设计“客家”特色的建筑时，往往考虑以这两种形式的建筑作为代表，以显示其“客家性”。台湾的客家人在离开大陆原乡后，遭遇了不同的经历，其中日治时期的经历对于台湾的影响颇深。洪馨兰的文章就讲述了日治时期的烟楼如何成为六堆地区客家元素的故事。台湾南部的高雄县美浓镇是一个非常纯粹的客家镇，其居民的先祖主要来自今天梅州市的蕉岭县与梅县。由于地理环境的关系，这里的客家传统文化受到的冲击较小，至今仍然保留着浓浓的客家味。2000年以后，美浓镇开始计划建造客家文物馆。为表现这里的“客家特色”，设计师选择了日治时期遍布于美浓的“大阪式”烟楼，把美浓客家文物馆设计成烟楼的形式。当然，这里面除了以此显示客家特性外，还有包括营运成本等问题的考量。除美浓建有客家文物馆外，屏东县又建有六堆客家文化园区。其中用来体现客家元素之一的建筑，也选用了“塔楼天窗”烟楼的造型。文中详细论述了这个采自日殖时代烟叶干燥室的建筑元素如何被“移置”为“美浓客家”的文化象征的过程，同时也讨论了同样的生产建筑如何又被“移置”到用以象征台湾南部六堆客家文化的过程。

其次是越南。越南毗邻中国广西，境内有不少华人，其中一部分是客籍华人。但目前中国大陆和日本的客家学界对越南客家人的研究不多。这几年河合洋尚和吴云霞开始关注越南的客家文化。越南客家人的族群身份相对来说比较复杂，至少被分为两个民族——作为“艾族”的客家人和作为“华族”的客家人。前者起源于广西和粤西，后者起源于粤东和粤中。虽然从方言的角度来看，“艾族”籍客家和“华族”籍客家都可看作客家人，但两者的认同程度和族群文化不同：“艾族”籍客家人的客家意识比较淡薄，自称为艾人、广西人、侬族等，很少举行与客家文化相关的活动；“华族”籍客家人的客家意识比较强烈，认为自己是真正的客家人。他们以越南崇正会（成员基本上都是华族）为中心，试图弘扬客家文化。[①]其中有趣的现象是，1999 年以后，越南崇正会开始将观音视为“客家神”，

① 河合洋尚、吴云霞：《ベトナム客家の移住とアイデンティティ——ンガイ人に関する覚書》，《客家と多元文化》2014 年第 9 号，第 26～51 页；河合洋尚、吴云霞：《ベトナムの客家に関する覚書——移動・社会組織・文化創造》，《華僑華人研究》2014 年第 11 号，第 74～84 页。

并在胡志明市建造观音阁。观音阁也供奉泰国四面佛等其他神像。所以这座庙在当地被认为既是泰国庙，又是越南庙，同时还是华人庙。参拜这座庙的本地越南人不知道这是客家人建的庙，而以“华族”籍客家人为主的越南崇正会却赋予观音庙不少客家文化意义，如模仿福建宁化石壁建造了牌坊、客家公祠等。在越南的社会主义制度下，“华族”籍客家人表面上不突出中国文化因素，但实际上在观音阁这个场所建设中嵌入了不少具有客家文化意义的内在景观。

越南的客家文化景观可以说是在受中国大陆“客家运动”影响下产生的个案。有些海外的客家景观建设与中国大陆的客家文化建设关系并不大，是根据各国本地情况而建的。

再次是日本。根据河合洋尚的研究，日本客家人的主流是“二战”前后从中国台湾移民到日本的台湾客家人。日本客家人相信在客家人东渡的历史上，最早到日本的客家始祖是徐福。①因而，他们将徐福看作日本客家人的象征。20 世纪 60 年代后期，日本关西崇正会发现新宫市有徐福的坟墓，20 世纪 90 年代前期准备重建徐福庙时崇正会赞助了不少钱。1994 年修建之后，崇正会还每年派人去参拜徐福的坟墓。②边清音的文章论述了日本新宫市政府利用华人（徐福）文化突出空间特色时，日本客家人参与这个文化景观建设的过程。徐福庙表面上是具有中国文化特色的景观，但是从日本客家人的历史记忆来看，它则属于客家风情景观，因为他们认为徐福本身是客家始祖。边清音用景观人类学的主要分析框架——空间、场所概念来说明日本客家人参与建造作为客家景观的徐福庙的过程。

正如上文描述的那样，近年来客家文化景观的建设在中国南部和海外逐渐产生。本书记录的个案只是其中的一部分，并且客家文化景观建设运动还在进行中，将来还会有更多精彩的案例。对于这种在不同的国家与地区内，围绕一种族群文化而进行的景观建设现象，目前还没有一本系统的论著。而这种文化景观的建造与客家文化“资源化”是分不开的，并且某种程度上与客家文化的建构是相互依存的。记录这个文化创造的历史过程，应该成为客家研究者的一份责任。

夏远鸣　河合洋尚

2015 年 4 月

---

① 河合洋尚：《日本客家的历史与族群性——初步报告》，该文章准备在台湾出版。

② 河合洋尚著，边清音译：《日本新宫的“财神”信仰与徐福信仰——地方团体与客家团体的个案》，该文章准备在中国大陆出版。

目录
Contents

“客都”的历程

——晚清以来梅州客家意识普及和“客家文化”的建构与利用

一、19世纪前期关于“客家”的表达

（一）“客家”一词的出现

关于“客家”一词最早出现的时间，学者们各执一端。罗香林根据方志中对宋代“主户”与“客户”的记载，认为“客家”这一名词起源于五代宋初。[①]

罗香林的这种看法影响至深，一直到今天，仍然被一些人接受。但是随着客家研究的深入，这一说法遭到质疑。如谢重光认为，宋代的户籍制度有“主户”和“客户”之分，以有无土地为区分标准。“客户”是租种别人土地的无地农民。“主户”又按田地财产划分等级，这就是户等。“主户”失去了土地可沦为“客户”，“客户”买地置产也可以上升为“主户”。所以，以“客户”与“主户”的记载来判断客家一词的来源是不对的。[②]他认为，“客”或“客家”的称呼，是“客家族群移民到粤中、粤西，被广府人称为‘客家’；移民到闽南、潮汕平原及台湾，被福佬人称为‘客’、‘客子’、‘客仔’、‘客民’，都是族群间互相隔膜和互相歧视的产物”。并推测其称呼出现的时间，不会晚于明中叶嘉靖年间。[③]本文基本认同谢的观点。

（二）早期对“客家”的论述

一般的说法，在广东有广府、客家、潮汕三大族群，方言上的不同是这三大族群最大的差别。在互相交往中，各个族群对对方都有自己的看

---

① 罗香林：《客家研究导论》，上海：上海文艺出版社，1992年，第18页。

② 谢重光：《也论客家称谓正式出现的时间、地域和背景》，《客家研究辑刊》2009年第2期，第11页。

③ 谢重光：《也论客家称谓正式出现的时间、地域和背景》，《客家研究辑刊》2009年第2期，第16页。

法。19 世纪以前，关于“客家人”的描述是通过广东其他族群的历史叙述来表达的。早期出自“粤人”或“潮人”之手的文献中关于“客家”的记述，大多数是负面的。如在县志中把客家人称为“犵獠”（崇祯《东莞县志》）、“獠贼”（雍正《揭阳县志》）。[①]

目前所见最早对“客家”进行正面论述的文献，是康熙二十六年（1687）《永安县志》。该志谓：

> 县中雅多秀氓，其高曾祖父多自闽、江、潮、惠诸县迁徙而至，名曰“客家”。比屋诵读，勤会文。富者多自延师，厚修脯，美酒馔；贫者膏火不继，亦勉强出就傅，户役里干，皆奇民为之，中无士类焉。[②]

这段写于 17 世纪的文字，描述了“客家人”崇文重教的习惯。对客家较为全面地进行正面论述的是 19 世纪惠州府和平县人徐旭曾。嘉庆二十年（1815），徐旭曾在惠州丰湖书院任教时，博罗、东莞正好发生土客械斗，故引起了人们对“客家”的讨论。徐旭曾应院内诸生询问，发表了一段关于“客家”的论说。后这段论说以“丰湖杂记”为题，被收入和平《徐氏族谱》。[③]这是目前所见最早的关于客家人源自中原的文字记录。《丰湖杂记》包含以下几方面内容：认为客家是中原旧族，忠义之后，从中原辗转来到南方。客家人有“耕读传家”的传统。客家人尚武，被徐旭曾视为是“古人农隙讲武之意”。客家妇女勤劳、不缠足。客家人勤俭朴实、吃苦耐劳，并且其风俗与北方地区相同。客家语言虽与各省略有不同，但其“读书之音则甚正”，在内地也可以相通。客家的称呼由来，是当地“土人”因语言风俗的不同而对客家人的称呼，后来客家人也因对方的语言风俗不通，而自称“客人”。

徐旭曾的这段对客家的表述，发客家“中原说”之滥觞，对后来关于“客家”的表达影响至深。自那时起，学界开始对客家有一种本质性的界定，并随着学者们不断的附加，其内容越来越丰富。

---

① 程美宝：《地域文化与国家认同——晚清以来“广东文化”观的形成》，北京：生活·读书·新知三联书店，2006 年，第 69 ~ 70 页。

② （康熙）《永安县次志》卷 14，第 1 ~ 2 页；（道光）《永安县三志》卷 1《地理五·风俗》，第 202 ~ 203 页；（清）叶廷芳等纂修：《中国方志丛书·华南地方》（第 178 号），台北：成文出版社，清道光二年刊本影印。

③ 罗香林：《客家史料汇编》（第 1 册），香港：中国学社，1965 年，第 297 ~ 299 页。

二、清末民初梅州客家正统地位的形成

如果说早期关于客家的论述出现于东江流域，那么从清末到民国时期，对客家进行论述的更多是韩江流域的大埔与嘉应州（今天均隶属于梅州地区）的知识分子。他们从语言等各个方面论证客家人源自中原的说法。这些论述奠定了今日对“客家”表达的基础，也是梅州客家正统地位形成的基础。

（一）从方言角度论证客家与中原的关系

最早论及客家方言的是镇平（今蕉岭县）的黄钊（1788—1853）。他撰写的《石窟一徵》，内有“方言”两卷，皆从古典文献寻找客话词语的源头。温仲和（1849—1904）等人撰写的《嘉应州志》（1899），内有“方言”一卷。引经据典，证明“吾州方言，多隋唐以前之古音”，甚至发现，“通儒所谓一线廑存之古音，竟在吾州妇孺皆知之土音中，特不经证明，人自不觉耳”。①

嘉应州人杨恭桓在《客话本字》（1907）中写道：“嘉应所属之土谈，外境人皆称为客话，其语音之清正，与官话较近，比各处土音不同，昔人谓为中原之音韵。”②兴宁人罗翽其在20世纪30年代初出版的《客方言》一书中认为客话“尤多周秦以后、隋唐以前之古音”，并列出若干证据。他进而解释了客话可以保留如此多的古音的原因是“夫客之先自中原转徙而来，凡土田肥美之乡，水陆交通之会，皆先为土著占据，故所居多在山僻，陵谷隔绝，山川间阻，保守之力，因之益强，语音不变，此为大原矣”③。

民国以后，在一系列事件（详见下文）的影响下，渐渐形成了以嘉应州（梅州）为客家中心的看法，并且开始将梅县口音作为客家的标准口音。罗翽其在《客方言自序》中写道：“客人占籍偏于西南各省（广东、广西、福建、四川），而广东实其本部，广东客籍，偏于东西北江，以及下四府（高、雷、钦、廉），而嘉应、惠、潮诸属，实其本部，各属之中，音皆大同，而当以梅音为客音之主，以梅音纽韵分明，不相糅越，于古尤

① （清）吴宗焯修，温仲和纂：（光绪）《嘉应州志》卷7，台北：成文出版社，1968年，第35页。

② 杨恭桓：《客话本字》，光绪丁未冬刊本，第1页。

③ 罗翽其：《客方言自序》，载黄彩灵主编：《兴宁文史》第23辑《罗翽其》，香港：世界华人出版社，1998年，第15页。

近也。"[①]当时一些处于岭北的知识分子也基本认同这种看法。如章炳麟1927年在给罗霭其的《客方言自序》中写道："广东称客籍者，以嘉应诸县为宗。"由此可见，最晚在民国时期，从语言这个角度，梅州已经被作为客家的中心来看待。

（二）客家种族争论事件中的梅州籍士人

在嘉庆至光绪年间，客家士人用以说明"客家"文化的中州渊源所用的论据主要还是"移民说"，到光绪末年以后，在这种移民说上，叠加了更浓厚的以血统为基础的种族色彩。[②]这主要表现在清末民初对客家种族问题的几场争论上。在这几场争论中，大埔及嘉应州的士人反响最大。

其一是《广东乡土地理教科书》事件。光绪三十一年（1905），上海国学保存会出版了由顺德学者黄节编撰的《广东乡土地理教科书》，其中"人种"一章，将客家划出"汉种"之列，与福佬、疍族并列，引起"客家"与"福佬"士子的抗议。[③]镇平人丘逢甲和大埔人邹鲁在广州成立"客族源流调查会"，证明客家人属汉族。邹鲁和张煊就此争端，写了《汉族福客史》一书，于宣统二年（1910）出版印发。大埔劝学所的代表上书学部投诉，迫使国学保存会在1908年再版的《广东乡土地理教科书》中将客家部分删去，避免此敏感问题。这件事当时对客属地区影响甚大，即使远在兴宁的兴民学校的教员，也乞求当时兴宁的地方士人胡晓岑"为粤民考，以示信将来"。胡晓岑"为文数千言"，以证明客家人是纯粹的汉人。[④]

其二是《世界地理》事件。1920年，商务印书馆出版了R. D. Wolcott所著之*Geography of the World*（《世界地理》），在"广东"条目下，谓"其山地多野蛮部落，退化的人民，如客家等等便是"，引起客家人强烈不满。客系大同会（又称客属大同会）由此在上海组织起来，并在北京、广州设立分会，在汕头出版宣扬客家文化的《大同日报》。1921年4月，客系大同会在广州就商务印书馆一事召开全国大会，促使商务印书馆统一修

---

① 陈修：《客方言点校》，广州：华南理工大学出版社，2009年，第5页。

② 程美宝：《地域文化与国家认同——晚清以来"广东文化"观的形成》，北京：生活·读书·新知三联书店，2006年，第77页。

③ 罗香林：《客家研究导论》，上海：上海文艺出版社，1992年，第5~6页。

④ 罗香林：《胡晓岑先生年谱》，载广东省兴宁县政协文史委员会编：《兴宁文史》第17辑《胡曦晓岑专辑》，广东省兴宁县政协文史委员会，1993年，第163页。

改有关内容，并收回尚在市面上流通的书籍。[①]

此事件当时可能产生了很大的影响，乃至在民间也得到及时反映。如1921年编修的梅州《黎氏族谱》中，受此影响，将新时代的民族观念与客家中原说的内容写入族谱的“序”中，以证明自己（黎氏）也是“吾中国贵种”，并对R. D. Wolcott进行了驳斥。《黎氏族谱·序》写道：

夫中国之有氏族也由来旧矣！居岭东者强半谓之“客族”。客族云者，别乎土著而言。其人语言嗜好大率与中原民族相若。今我黎氏亦客族之一。稽诸古籍，证以遗闻，实为中原种族，盖轩辕之后也。轩辕为群姓鼻祖，支派之多，何可殚述！

传我黎氏者，厥为北正黎一脉。黎之后世，掌旧职，商兴以功封侯建国于上党地，国号曰黎，因以为氏，黎族之有氏，盖自此始。秦废封建，诸黎四散，一地一族，洎乎唐宋，大江以南，族浸盛大……凡此皆所谓客族，皆吾天麟公之后，溯而上之为侨公、度公之后，更溯而上之为轩辕帝之后，固吾中国贵种也，来自中原，本汉旧族，传世三十，历年八百，以丁口言生聚数万人，以居言纵横千百里。其性质、其风俗一仍其旧，不失先代之遗。

……

西人华葛特（R. D. Wolcott）编辑《世界地理》书，以客族为退化蛮族，是不明吾客族之原也。今有是谱，足以正其误。神明裔胄庶不为至永为外人所诬蔑矣！是则是谱之修，虽曰为吾黎氏一族讲，而于客族辩诬，亦大有裨益。[②]

引文中，作者认为岭东的“客族”，其“语言嗜好大率与中原民族相若”，黎氏也是客族之一，并追溯黎氏源流，称其“来自中原，本汉旧族”，“其性质、其风俗一仍其旧，不失先代之遗”。在族谱中引入“客族”这样的族群观，并以此论述自己宗族发展的历史，在传统族谱里是没有的，应该算是新时代的产物。这也足以说明当时关于客家种族的争论事件，客观上起到普及“客家知识”与强化客家意识的作用。

其三是《建设周报》事件。1930年7月，广东省政府建设厅出版的《建设周报》刊登了两篇内容有侮辱客家人之嫌的文章，一时服务于广州

---

① 罗香林：《客家研究导论》，上海：上海文艺出版社，1992年，第7页。

② 黎全懋：《黎氏族谱·序》，民国十年，第1~2页。

学政军各界的客家人士大为哗然，后在崇正总会、陈济堂和邹鲁的强烈要求下，陈铭枢同意把周报的编辑降职，并要求郑重更正，道歉息事。[①]为此，中山大学中文系主任古直撰写《客人对》一文。文中对本地人称客家人为蛮族的做法，给予严厉的批评。在这件事中起作用的邹鲁、古直等，都是梅州地区的知识分子。

以上三次争论，是由于外界对“客家人”的污名化引发的。从一个群体来看，客家人分布在广东省的韩江流域、东江流域以及福建、广西、四川等地。但面对污名化事件，参与自我辩护的学者均来自韩江流域的大埔与嘉应州，鲜见东江流域或其他地区的客籍士人发出自我辩护的强音。这一方面与大埔、嘉应州地区有较多的读书人在省府任职有关，另一方面也说明在清末民初时期，嘉应州地区已经成为客家意识的中心区。

（三）乡土教科书关于“客族”（客家）的表述

把“客家”当作一个族群（客族）来看，这是随着西方民族观念的输入而产生的一种新的族群划分方式。这种新的思潮很快就被当时中国知识界吸收，并用于教育国民。在民国的梅县地方乡土教科书里，就将“客家”列入教学内容。初编于民国七年（1918）的儿童教科书——《最新梅县乡土历史教科书》[②]是一本用浅显的字句，向儿童讲述梅县历史的乡土教科书。这本乡土历史教科书中，多处提到“客”或“客家”，并且用“客族”的历史来阐述梅县自己的历史。如第十九课《客族源流》写道：

梅县古为輋（同“畲”）猺所居。汉末东晋之乱，中原汉族，避乱南徙闽广者，稍稍居此，然为数尚微。考宋初梅州户，主一千二百，客三百六十七。至神宗时，主，五千八百有奇；客，六千五百余矣。[③]

第二十课《续前》：

迨宋末，遭元兵屠杀，客族依然式微，畲族仍盛。故元世（至正十一年）犹有畲寇陈满，啸聚梅塘，攻陷城邑之事。元末，招讨使陈梅剿平

---

① 罗香林：《客家研究导论》，上海：上海文艺出版社，1992 年，第 10 页；罗香林：《乙堂文存》，第 11～12 页。

② 张国尧：《最新梅县乡土历史教科书》，梅县：梅县启新书局，1918 年。

③ 丘秀强、丘尚尧：《梅州文献汇编》（第 7 集），台北：梅州文献社，1978 年，第 47 页。

之。自是畲种渐亡。而汉族之留寓汀赣各属者，先后迁来。（尤宁化多）至明而全境尽为客族矣。①

第二十一课《客族迁梅后之风俗》：

客族迁梅后，风俗淳朴，喜诗书，敦孝弟，重廉耻。亲殁庐墓者甚多。致仕宦囊丰者，为士大夫所不齿。女子不缠足，习劳耐苦。比年以来，俗渐浮华，人趋浇薄，有江河日下之势。我青年当力挽浮薄，而复淳厚之俗焉。②

这些族群意识的内容，一直保留在民国时期的相关教科书中。上面引述的教科书随后又再版，其对学生的影响自不待言。1930 年出版的教科书——《梅县历史》，也多次以“客族”的经历来讲述梅县的历史，并占据了相当的篇幅。如第三课《梅县历史与中国朝代》这样写道：

梅县历史是中国历史的一部分……但客族在秦以后，才逐渐迁到梅县，从宋朝起才有历史的记载。③

第六课《民族的由来》（一）：

中国的民族，有汉、满、蒙、回、藏的分别。我们都是汉人。原来居住在中原各地。晋代末年，五胡乱华，避乱南边，起始寄居福建、江西等地……客族南下始于东晋。宋元两代，寄居闽赣的客族，逐渐转徙到梅县。④

---

① 丘秀强、丘尚尧：《梅州文献汇编》（第 7 集），台北：梅州文献社，1978 年，第 47 页。

② 丘秀强、丘尚尧：《梅州文献汇编》（第 7 集），台北：梅州文献社，1978 年，第 48 页。

③ 《梅县历史》（全一册），共 31 课，民国十九年，载丘秀强、丘尚尧：《梅州文献汇编》（第 1 集），台北：梅州文献社，1975 年，第 41 页。

④ 《梅县历史》（全一册），共 31 课，民国十九年，载丘秀强、丘尚尧：《梅州文献汇编》（第 1 集），台北：梅州文献社，1975 年，第 44 页。

第七课《民族的由来》（二）：

梅县原为土著畲猺所居，以畋猎为生，全无文化可言。我们的祖先在后迁来，所以被称为客（或客族）……元末，畲寇作乱，啸聚梅塘寨，为陈梅剿灭，没有灭亡的，又被同化，梅县就为客族所管领了。①

第八课《人口的增殖》：

客族迁入梅县后，还和畲猺杂居；客族文化较高，生存竞争总占胜利。在宋初，主户一千二百一十，客户三百六十七。到元丰（宋神宗年号）时候，不满一百年，主户有五千八百二十四，客族已有六千五百四十八户，那么，客籍不惟增加十几倍，而且超过主户了。

不过到了元朝的时候，因为经了几次的寇乱，死亡相继，人口大减，后来客族又次第迁来，到清时已很繁盛。②

第二十六课《畲猺的乱亡》：

梅县在元朝时，畲猺仍盛，盘踞山僻各地。顺帝至正十一年（公元一三五一年），犃寇（即畲族）陈满等啸聚梅塘，县城亦被攻陷，明年招讨使陈梅克服梅塘寨，大杀犃寇，畲种经这一番剿杀，才渐次灭亡，同时流寓各地的汉族，又陆续迁来梅城（梅县各姓的祖先，多半是此时迁来）。到了明代，梅县就全为客族所有，再找不到畲猺的踪迹了，可见陈梅剿杀畲族一役，实是客族兴盛、畲猺灭亡的大关键。所以陈梅的功绩，很值得我们的纪念啊！③

这些历史教科书一再从客家移民的角度，对乡土历史进行论述。

除历史教科书外，在梅县的地理教科书中也加入了“客族”的内容。1930 年出版的《新时代梅县地理教科书》为小学教材。在第十二课《民

---

① 《梅县历史》（全一册），共 31 课，民国十九年，载丘秀强、丘尚尧：《梅州文献汇编》（第 1 集），台北：梅州文献社，1975 年，第 45 页。

② 《梅县历史》（全一册），共 31 课，民国十九年，载丘秀强、丘尚尧：《梅州文献汇编》（第 1 集），台北：梅州文献社，1975 年，第 46 页。

③ 《梅县历史》（全一册），共 31 课，民国十九年，载丘秀强、丘尚尧：《梅州文献汇编》（第 1 集），台北：梅州文献社，1975 年，第 65 页。

族》中这样写道：

梅县从前是畲猺居住的地方。我们客族，乃由汉末东晋的时候，避乱南来的；不过当时尚侨居在福建江西等处。到宋元两朝，才渐次转徙于此。那时人数很稀少，明朝畲种灭亡，全境才为客族所居。现在人口已达五十万七千六百五十余人了。①

并且在注1中写道：“畲猺都是很野蛮的种族，居深山之中，以畋猎经营简单的农业为生，现在潮梅一带已经绝迹。”

在第十三课《言语》中写道：

我们所说的话，都是客话，也叫做老官话。和兴宁、五华、平远、蕉岭四县，及原日潮属之大埔、丰顺、惠州属之各县，言语均可相通，因为我们都是从中原迁来的。客语和普通话的话音很近，不过与广州、潮州土人所说的话，却大相悬远了。②

由上可知，早在民国初年，梅县已经开始在小学生中普及“客家”教育了。通过教科书来传播与普及一种观念，应该是非常有效的方式。这种传播不但超出了学术研究层面，而且很容易进入社会普及层面，故能产生深远的影响。

（四）民国梅县地方志中关于客家意识的内容

在梅县地方文献中，关于唐代以前的文献记载几乎没有，宋以后才零星出现。在记述本地历史时，相当长的一段时期是没有文字的时代，但又要回答“我是谁”、“我来自哪里”之类的问题，对“客家”源流的探索无疑是一个很好的切入点。其方式便是把自己的地方历史附会于中国古代史，从中国古代几次著名的人口大迁徙运动中找到自己的“来龙去脉”，回答了“我来自哪里”之类的问题。这一点，在梅县的地方志、小学生乡土教科书上得到了体现。

在1936年编纂的《梅县大观》（*The Living Mayan*）“民族”条目中，

---

① 伊钦恒：《新时代梅县地理教科书》，梅县：环球书局，民国十九年，第11页。

② 伊钦恒：《新时代梅县地理教科书》，梅县：环球书局，民国十九年，第12页。

就这样写到梅县的历史与当地族群的变化：

吾梅在昔为畲猺所居，棘地荆天，与野兽游，此等土人，不识不知，亦无文化，日以渔猎耕种为活，如太古渔猎时代之人类生活无异，极为简单。迨秦始皇三十三年（纪元前二百一十四年），拓置南海等三郡，遣五十万人守五岭，此或即吾客族最初之由来欤？考吾国分汉、满、蒙、回、藏五族，吾客族即五族中之汉种也，素居中原，自汉末东晋，及南宋时，因中原为群雄逐鹿之场，地方多故，祸乱频仍，岁无宁日，乃相率避乱南来，初抵江西及福建之宁化石壁间，后始渐次迁入梅地居住，如今日之外地难民一般无二。客族初来，因人数尚少，常受土人侵扰，每事必存歧视之心，然当时因客族自信力强，文物礼教，悉从古制，不为畲猺所转移，反使民族同化，且因畲种智力低能，卒被淘汰，迨元末畲种渐亡，留寓闽广之客族，又陆续迁来，至明时，则全县为吾客族占有矣，所谓客族者，则外来客居此间之民族，亦当时畲种对吾之称谓，考吾族方言，与中原之间无大差异，其纯为中原之汉族，确然无疑，前人已著论详述其渊源，兹不复赘。①

引文首先认为梅州地区早期为畲猺所居，汉末东晋以后中原人南迁，将原来“智力低能”的畲种淘汰，客族渐渐占据了梅州。其方言与中原无大差异证明了客家来自中原的说法。官方对客族的文本表述，自然会影响到人们对自己（梅县）历史的判断与认知，让更多人的客家意识觉醒。

三、罗香林及《客家研究导论》

梅州籍知识分子中，对客家论述的集大成者为罗香林。1933 年出版的《客家研究导论》一书成为论述客家的经典著作。罗香林出生在兴宁，是地道的客家人。他在家乡一直读到中学毕业，然后北上清华大学求学。《客家研究导论》的写作，便孕育于他在清华读书期间。罗香林从小便感觉到国家的变故与社会潮流，诸如乌葛尔德（R. D. Wolcott）《世界地理》事件。其父罗幼珊先生的客家自觉性也影响了罗香林。

罗香林第一次从文献上接触到客家问题是 1927 年暑假校阅其父编撰的《兴宁东门外罗氏族谱》，从此，对客家问题产生了浓厚兴趣。1928 年出版了《粤东之风》，研究、收集客家歌谣。大学毕业时，曾写《客家源流》

① 《梅县大观》，梅县：梅县新文化社，1936 年，第 2 页。

一文交史学大师陈寅恪查看。毕业后在研究院里继续做客家研究，并被燕大委派编辑《客家史料丛刊》。1932 年，罗香林任职于中山大学校长秘书室。1933 年夏天，罗香林利用假期，一口气写完《客家研究导论》，年底出版。①

在书中，罗香林积极从学术上论证客家人的汉族血统。他引用外国人对客家的评价，并创造了“民系”这个词语。②罗香林把客家南迁分为五次，“客家五次南迁说”一度被奉为客家研究的圭臬，深远地影响了学术界乃至被普及到社会层面，一直到今天。罗香林的观点其实是清末以来“客家中原论说”的延续。其支持“客家”一词起源五代宋初的说法，早在上述乡土教科书中已有提及。同时，《客家研究导论》一书也是“客家”成为一种文化资源的主要理论基础。书中诸多将客家进行本质化论述的内容、纯客县的划分，是“客家文化”研究热的重要出发点，也成了后来一些没有客家意识的地区在新时期里“发现”自己是“客家人”的文本依据。

正是因为梅州籍知识分子不断的论证，且参与到客家运动与客家研究中来，才极大的促成了梅州客家中心地位的形成。随着罗香林《客家研究导论》文本的传播，原来是纯客县的闽西、赣南、惠州、河源及粤北一些基本没有什么客家意识的地区，也在各种社会环境的影响下，催生了客家意识。③

四、1949 年至 20 世纪 80 年代台湾梅州籍人的客家乡愁——以《梅州文献汇编》为重点

1949 年到 20 世纪 80 年代初，客家研究在中国大陆进入了一个停滞状态。作为一种族群意识教育，客家研究在梅州已经被禁止，但中国大陆以外地区的梅州籍人士的客家情结仍在持续。在此仅以《梅州文献汇编》为例，以窥探 1949 年到台湾的梅州籍人士的客家情结。

早在同盟会创立初期，许多梅州籍留日学生追随孙中山，加入了同盟会。一批在南洋的梅州籍华侨也追随孙中山，支持革命。比较知名的有梅县松口的谢逸桥、谢良牧兄弟等。1924 年广东黄埔军官学校建立后，有相

① 罗文：《罗香林教授撰作〈客家研究导论〉的过程》，《客家研究辑刊》2007 年第 2 期，第 1 ~6 页。

② 程美宝：《罗香林与客家研究》，《客家研究辑刊》2008 年第 1 期，第 21 ~32 页。

③ 河合洋尚：《客家文化重考——全球时代下空间和景观的社会生产》，《赣南师范学院学报》2010 年第 2 期，第 8 页。

当一批梅县人在该校学习，后来许多人成为国民革命军的将领。现梅州市客家博物馆里的将军馆中，展出的将军基本上以国民党的将军为主，由此可见一斑。再加上早期梅州人读书风气极盛，许多受过高等教育的人士也进入政府部门任职。因此，效力于国民政府党政军界的梅州籍人士甚多。1949 年，大批梅州籍的党政军人士随国民党到台湾，其中许多人有较高的地位与身份。

20 世纪 70 年代，来自梅县的梅西瑶上人丘秀强、丘尚尧两位先生主持编纂了《梅州文献汇编》丛书，共十集。其中记载了梅县地理、历史及先贤事略等内容。这套丛书的目的是，“俾乡人士得以温寻家乡锦绣河山及掌故；后生亦可以追本溯源，获知世代祖系与故乡购物”。其中的内容饱含着对故土的深切感情，也透露出引以为傲的客家意识。

我们发现，整套丛书，每篇都有关于客家的论述，在一些文章里，凡提到梅州人的精神或风俗等内容时，也会自觉不自觉地联系到客家，把客家当作论述的前提与背景。

以第二集为例，其第一篇文章即刊载了古直在 20 世纪 30 年代写成的《客人对》。第二篇《客家人的美德》为电台采访记录。该节目为中国广播公司综合文艺广播节目，民国五十八年（1969）二月在苗栗台播出。受访者曾举直，曾为中将，梅县人。以下为主持人黄小姐与曾举直先生的对话。

主持人：为什么客家人的咸菜特别好、特别普遍，同时还代表客家人刻苦耐劳、奋发图强的精神呢？

曾老先生：是的，黄小姐，说起我们客家的咸菜，的确是极富历史意义，原因是我们客家人自从五胡乱华以后，多年来，一直都是因为不愿受异族统治，逃避战乱，流离迁徙，逃难的时候也不知道要在路途中耽搁多久，也不知道旅途当中有没有东西可吃，只好腌一些菜随身携带，准备在路途上食用，慢慢的相沿成习，咸菜也就变成客家人家家必有的东西了……①

在谈到客家人二次葬用的骨罐时，主持人请曾举直老先生回答。曾先生回答说：

---

① 丘秀强、丘尚尧：《梅州文献汇编》（第 2 集），台北：梅州文献社，1976 年，第 6 页。

好的！黄小姐，刚才你说的这种盛装骨骸的骨罐，在我的印象里面，的确是客家地区才有，跟你刚才所说的一样，是有历史性的传统做法，这也就是因为过去连年逃避异族祸乱，方便将先人骸骨背在背上一同搬运，因此才做成这种长型的瓦罐……①

访谈节目中，关于咸菜、二次葬的回答，一旦与客家联系上，便联系到客家苦难迁徙史。这种述说模式，是典型的“客家意识形态”体现。

在这套丛书里，处处可见“客家”意识的表达。陈直夫在《梅县社会概述》一文中提到梅县时写道：“提起它（梅县）的名字，人们便晓得是中华汉族大家族里客家人系统中说最标准的客家话的地方。”②《梅县概略》一文提到“民族”时，基本照抄上引《梅县大观》的内容，以此来讲述客族的来源。③

在讲述个人的家世时，也会附以客家历史来叙述。如当时祖籍梅县的一名叫陈恩成的知识分子在《陈恩成自传》中讲到“家世”时写道：

吾家祖先多业农，为纯正“客家”民族，尝因坚拒异族侵略，而由中原辗转迁赣，入闽，定居于广东梅县（前嘉应州）城南十五里之白土乡……④

当时一些在学界深有造诣的学者也对自己的客族身份有强烈的认同。如著名历史学家陈槃，五华人，为台湾“中央”研究院院士，对先秦历史及汉代谶纬学说有极深的研究。他在《影印石窟一征序》中写道：

黄（即黄钊）氏此编，不特可作蕉岭县志读，抑亦我客家民族一重要文献也。我客家本中原旧族，罗元一（香林）先生（所著客家源流考）论

① 丘秀强、丘尚尧：《梅州文献汇编》（第2集），台北：梅州文献社，1976年，第8页。

② 丘秀强、丘尚尧：《梅州文献汇编》（第2集），台北：梅州文献社，1976年，第11页。

③ 丘秀强、丘尚尧：《梅州文献汇编》（第3集），台北：梅州文献社，1976年，第22页。

④ 丘秀强、丘尚尧：《梅州文献汇编》（第6集），台北：梅州文献社，1977年，第168页。

之详矣。而黄氏此编，其滥觞也。[①]

在关于镇平县人迁移台湾的记载后，陈文又感慨道：

此即数百年前我镇平同乡移民台湾，胼手胝足以启山林、汗血辛酸之一段历史，亦即我客族同胞移民台湾历史之缩影也。[②]

从上面的引文来看，当时到台湾的梅州籍知识分子、官员，对自己的客家身份都有十分强烈的认识。他们把在故乡的客家意识带到台湾，大胆地标榜自己客家人的身份，他们的做法，可能比清代从粤东、闽西迁到的台湾客家人后裔的客家意识彰显得更早、更加自信。他们的表现，可视为梅州人客家意识的对外延伸。

五、作为资源的“客家文化”——20世纪80年代以来“客家文化”在梅州的消费与传播

随着20世纪80年代文化研究热在中国大陆的兴起，特别是地方文化研究热的兴起，有着历史基础的客家文化研究也随之复兴。

复兴后的客家研究，除了延续几十年前的关于源流的探讨外，更多是关于客家特色文化的论述。许多论述不断将粤、闽、赣及其他客语地区的物质与非物质文化事象贴上“客家”的标签，如“客家山歌”、“客家方言”、“客家民俗”、“客家民居”、“客家服饰”、“客家饮食”等。这类本质化倾向的研究与宣传，是客家开始作为一种文化资源的文本基础。依据这些文本宣传，客家文化渐渐有了其商业价值，如旅游业打出“客家风情”招牌，餐馆将店名标榜为“客家特色”、“客家风味”。随着客家文化被商业化，客家意识也得到空前的传播。除此外，客家又成为一种人脉资源。通过打客家乡情牌，吸引海外的客家人（主要由梅州迁出）回到家乡投资或捐资，客家也成为政府可资利用的一种资源。总之，恢复后的客家研究很快与改革开放的时代脉络相吻合，显示出其价值，并成为一种文化

---

① 丘秀强、丘尚尧：《梅州文献汇编》（第2集），台北：梅州文献社，1976年，第229页。该文原载于“中央”研究院历史语言研究所集刊编辑委员会编：《中央研究院历史语言研究所集刊》第42本《庆祝王世杰先生八十岁论文集》，台北：“中央”研究院历史语言研究所，1971年，第615～622页。

② 丘秀强、丘尚尧：《梅州文献汇编》（第2集），台北：梅州文献社，1976年，第238页。

资源，被政府、商人加以利用。

（一）梅州地方政府对客家文化资源的利用

梅州是客家意识较早普及的地区，但在民国时期，客家还不是一种"文化资源"，只是一种认同意识。随着20世纪70年代客家研究在台湾兴起，人们开始将客家用文化概念来说明。根据河合洋尚的研究，最早使用文化概念系统地说明客家人的饮食、建筑、民俗的学者是台湾的陈运栋。其1978年出版的《客家人》一书明确地定义了客家文化，同时指出客家文化是有特色的文化。①用文化概念来说明客家，在改革开放以后的中国大陆也相当流行。这种文化相对主义的行为，其实是塑造固定性"文化"的过程。客家文化被商业化后，以更快的速度传播。

1. 1994年梅州客属恳亲大会与经济建设的关系

1994年12月6日至8日，梅州举办了第十二届世界客属恳亲大会。大会以"联络乡情，增进亲谊，加强团结，弘扬客家精神，共襄发展客家经济文化盛举"为宗旨。有来自世界各地40多个国家和地区的客属团体共2 300多位代表（其中海外1 700多人）参加。这是中国大陆首次举办世界客属恳亲大会。当时的电台、广播、报纸、期刊都对此次会议进行了大力的宣传与报道。

不过从政府的目的来看，恳亲大会并非要传播或者强化客家意识，地方政府更看重的是其招商引资的功能。在谈到此次会议的成果时，更被津津乐道的是海外和港澳乡亲的捐资与经贸洽谈的成果。比如此次世界客属恳亲大会上，曾宪梓先生给梅州市华侨博物馆等捐资280万元人民币；熊德龙先生给市政府捐资650万元人民币；田家炳先生给韩江大桥等捐资1 734万元人民币；黄华先生给梅州市委、市政府捐资500万元人民币等，共计6 951万元人民币。经贸洽谈方面，梅州市与海内外客商共签订19项经贸合作合同、协议或意向书，签约总金额达65亿元人民币。②

2. "世界客都"口号的提出与梅州市发展战略

在2003年召开的梅州市第四次党代会上，梅州市提出了实施"开放梅州、工业梅州、生态梅州、文化梅州"发展战略的重大举措，并且在这一重大举措中，把打造"世界客都"作为了梅州市经济社会发展战略的总

① 丘秀强、丘尚尧：《梅州文献汇编》（第2集），台北：梅州文献社，1976年，第5页。

② 中国广东省梅州市客家联谊会编：《世界客家，共创辉煌——世界客属第十二次恳亲大会·纪念特刊》，梅州：中国广东省梅州市客家联谊会，1996年。

目标。其中“文化梅州”最重要的一项举措就是大打客家文化牌。

早在2000年9月，大埔籍经济学家罗伟雄就提出，要打造“客都”，“需要上下一致和宣传、文化、科研、城建、招商、旅游、交通、教育、农业、宗教、体育、出版、政法等诸多部门以及社会各阶层的密切配合才能完成”。“各行各业应该从自身的特点出发，选择若干项目，聚焦‘梅州文化’的打造，从而形成认识客家文化、挖掘客家文化、提升客家文化、爱护客家文化、宣传客家文化、弘扬客家文化的浓厚的氛围。”①

其后，梅州客家文化的建设基本是按照这个导向发展的。梅州市许多新建的公共设施也以客都命名，如客都大酒店、客都小学、客都新村、客都旅行社等。2007年成立了中国客家博物馆以展示客家文化。在进入梅州辖区内的高速公路边打着巨大的广告——“梅州，全世界客家人的精神家园”，以此作为城市的名片进行宣传。

（二）梅州市商家对“客家”资源的利用与“再造”

1. 餐饮业

餐饮业经营者也在利用“客家”作为招牌。走在梅州大街上，很容易看到打“客家”招牌的饭店或小餐馆，如“客家特色小炒”、“客家饭店”等。非常有意思的是，笔者曾遇一家潮州人开的饭店，也挂着“客家风味”的招牌，以招徕顾客。

在食品工业方面，“客家”品牌更是广泛被冠名到各类产品上。如“毅毅客家食品贸易公司”就出品了霉干菜、客家米粉、客家酒酿、客家米糕、柚子皮制品、姜糖等副食品。“梅州市客家天地酒业有限公司”推出了“客家元帅酒”、“客家公主酒”（客家娘酒）等品牌。②成立于2002年的“梅州市客乡乳业有限公司”就提出“客乡奶、客家情，客乡人竭诚为市民服务”的口号。

客家菜甚至被认为是梅州打造“世界客都·文化梅州”宏伟目标的一个重要载体，比如比较有名的“客家”特色菜就有盐焗系列（鸡翅、鸡爪、鸭爪等），肉丸系列（猪肉丸、牛肉丸），炸芋丝，炸南瓜丝，仙人粄，酿豆腐，等等。客家菜与小吃成为宣传客家文化的一个重要与直接的载体。

经笔者初步调查，现在冠以“客家特产”的食品有越来越扩大与泛化

---

① 《梅州，打造现代生态客文化“世界客都”》，《梅州日报》，2004年7月19日。

② http：//www. mzkjtd. cn/.

的趋势。除确实属于梅州地区传统的食品（如牛肉、金柚、姜糖、萝卜苗茶、牛筋糖、盐焗鸡爪、蕨菜干、麦芽糖、霉干菜、红丝线、鸡骨草、艾叶艾根、木耳、腐竹等）之外，连一些本来不是产自梅州，也没有任何族群意味的调味品也被冠以“客家特色”或“客家特产”，如盐、粟粉、番薯粉、糯米粉、鱼露、酱油、味精、醋等。[①]

有些小吃或菜肴确实属梅州地区特有，但有些菜肴或食品在其他地区也十分常见，并非“客家特色”或梅州特有，如姜糖，湖南凤凰、广西桂林乃至印度尼西亚都产姜糖。然而被称为“客家特色”的霉干菜与梅菜扣肉，在江西一些非客家地区也十分普遍，并早已经工业化生产了，在超市货架上也可以买到。因而，这种所谓的“客家特色”并不是完全名副其实，许多是借助“客家”二字的品牌效益，提升产品的价值与形象，以吸引顾客。

2. 旅游业

为了吸引游客，旅游业从业人员大打客家牌，以客家风情作为卖点吸引游客。如推出客家民居、客家饮食、客家风俗、客家古镇等，为旅游资源增加神秘性与附加值，以招徕游客。有的在广告上推出“客都文化之旅”，宣称：来到客都，可徜徉“一江两岸”之畔，品味山水城相依的客都小城。亲身体验、感受民居文化的氛围和客家人的生活情趣。伴着山歌品尝客家名菜和风味小吃，尽情领略浓郁的客家风情。在梅州——全世界客家人的精神家园，随时都可感受博大精深的客家文化。

3. 房地产开发商——对传统的“再造”

房地产商也利用客家文化这个品牌大做文章。2004 年在梅县新城开发的“大新城围龙居”，就是以土楼为原型而建的一个住宅小区。其实梅州当地主要是围龙屋，并非土楼。只因土楼较为出名，故开发商挪用了福建的土楼形式，将其作为客家文化的元素而建了这样一个特色住宅小区。

2008 年，在梅州市郊区，又开发了一大型客家产业园，命名为“客天下”。“客天下”旅游产业园是世界客都的一张“新名片”。“客天下”旅游产业园主要由“十大文化工程”和“五大景区”组成。这十大文化工程包括客家鼎、客家赋、百米大型客家迁徙图、客家墟日图、印象客都、潘鹤四大雕塑、作家庄园、客家祠、梅花园、客天下巨石广场十个文化含量极高的项目。五大景区则包括客天下广场、客家小镇、千亩杜鹃园、郊野森林公园、圣山湖五个景区。这些文化工程与景区，究其实，均与梅州真

---

① 内容来自笔者在梅州嘉应学院附近的一超市所做的调查。

正的客家没有太大联系，多数是聘请外来的设计师设计而成，并没有梅州本地客家传统的元素。可以说，“客天下”旅游产业园又是一个挪移与“再造”客家文化的个案。

除上述行业外，在梅州的音像业、城市规划等行业内，也都开始利用“客家文化”进行包装。[①]如梅州市汉唐影视动漫传播有限公司创作的《客家动画》系列片出现在梅州各大公共场所（如超市、政府各办事大厅、火车站和汽车站等）的荧屏上，让市民耳目一新，以全新的方式感受客家文化。其剧目改编自梅州地区的民间传说，如《智戏白食客》、《廖坤玉》等，有些卡通形象已经开始被运用于商业包装，如“细哥子”、“细妹子”的形象。[②]

（三）媒体的宣传

其实人们在消费客家文化的同时，也在传播客家文化与客家意识。尤其是各种媒体的传播，使客家更加深入人心，特别是电视媒体的传播，可以深入乡村每一个角落。

20 世纪 90 年代以来，各种以“客家”命名的刊物应运而生。如 1990 年创刊的《客家人》，1995 年创刊的《客家大观园》和《客联》，还有以“客”字命名的党政机关刊物《客都论坛》。另外一些杂志虽不以客家命名，但也开辟专栏介绍客家文化。如《梅州侨乡月报》开辟的栏目有《客家文化街》。《上海客家人》也开辟专栏介绍梅州客家。

民间的一些刊物也有介绍“客家文化”的内容。如梅县白宫寿而康联谊会出版的《南山季刊》、梅县白渡镇出版的《嵩山乡情》等民间刊物，也刊登了一些关于客家风俗、山歌、掌故等方面的文章。

影视片也大力宣传客家。如大型电视系列片《客家人》历时三年，行程五万多千米，采访了上千人士，搜集拍摄了大量珍贵素材，全方位介绍了粤、闽、赣、桂、川、豫、琼等地客家。播出后产生较大影响。电视台也推出“客家公共频道”，并以客家话播音。

随着客家文化热的兴起，直接宣传“客家文化”的网站也应运而生，其中梅州的客家文化网站有：客家网（http：//www. hakkaw. com）、中国客家堂（http：//www. cnhakka. com/）、客家美食网（http：//www. kedu-cate. com/）、世界客都梅州网（http：//www. kedumz. com/），这些网站包

---

① 成立于 2006 年 11 月的梅州市汉唐影视动漫传播有限公司，是第一间原创客家文化动漫公司。宣称“创造以客家为特色，拥有自主知识产权的动画形象和游戏”。

② http：//bolue. blog. hexun. com/18233431_ d. html.

括的内容有客家人物、客家文化、客家研究、客家历史、客家特产、客家音乐影视、客家风情、客家论坛等。其宣传的重点就是梅州市。另外，梅州市人民政府网（http：//baike. meizhou. gov. cn/）开设有《客家大百科》栏目，鼓励网民参与创建、修改客家网络知识库。梅州的一个游戏网站（http：//mz. uc108. com/）也被称为“客家同城游戏”。

（四）客家乡土教育

如上文所述，在乡土教科书中加入客家历史的内容，早在民国七年（1918）就已经开始了，1949 年后中断。在近年，梅州乡土教科书又开始恢复了这种教育。2009 年 5 月 11 日，《客都梅州》系列教科书，在中小学推广。《客都梅州》是梅州市自行编写的一套乡土教科书，分小学版、初中版两种，免费提供给全市小学四、五、六年级和初中二年级学生循环使用。初中版教科书聚焦梅州各个历史时期的主要特征和重大事件，把梅州丰富的地理、人文、历史资源整合为十二个学习专题，将梅州数千年历史进程全景式地呈现在学生面前；关注当代梅州发展风貌。此版教科书使用大量图表，文字表达通俗生动，极具形象性、可读性和趣味性。小学版教科书按“梅州概况”、“历史文化”、“风俗习惯”、“名人故事”、“旅游胜地”、“梅州特产”及“梅州新貌”七个部分编排。教科书选编的内容，取材于客家儿歌、谚语、歇后语、客家笑话和民家故事，具有很强的趣味性和可读性。①有理由相信，这套教科书对于向中小学生普及客家意识，将有极大的推动作用。

六、“客家”的张力仍在持续

“客家”从一个表述族群的名词，经过叠加与附会，渐渐变成一种文化。起初是在非物质领域将一些事象称之为客家文化，如语言、风俗、山歌等。渐渐发展到物质领域，如饮食、建筑、服饰等。当这种文化资源显示出商业价值以后，更是以前所未有的速度被加以利用，“客家文化”的指称范围也在不断扩张与泛化，其张力也在不断增强。

首先，在地方建设方面，皆以“客家”二字作为一种品牌与资源，并加以无限的利用。比如，在《梅州市文化事业和文化产业现状及对策建议》中提出，梅州市文化事业和文化产业的发展以“打造‘世界客都·文

① 梅州教育城域网，http：//edu. mzedu. com/News/2009 - 05 - 11/1242027463d10458. html。

化梅州’，建设‘文教强市’为目标，以弘扬客家文化为核心”，“到2010年把梅州建成集客家文化之大成的世界客都”。[①]

其次，在旅游发展方面，也主要围绕客家文化这个品牌来经营，并把弘扬客家文化作为一种实现战略产业的措施。2009年梅州市政府又积极申报“客家文化（梅州）生态保护实验区”，并得到国务院的批准。

有些地方为了扩大影响，打造城市品牌，从客家的角度，挖掘地方历史文化名人。如梅州市平远县就将生于中国南朝时期（距今约1500多年）的先贤程旻宣传为“客家先贤第一人”，尽管关于程旻的记载在史籍上只有寥寥数语，但还是通过召开程旻文化研讨会、建程旻纪念馆和程旻公园等方式，对程旻这个人物进行建构与宣传，希望这个人物能成为县里的文化品牌，从而推动旅游业的发展。

最有趣的是，梅州市政府纪检部门也利用客家这个品牌，成立了“客家廉洁文化研究中心”，希望吸取客家文化中的优良传统，加强廉政建设。

再次，在民间，客家文化也在不断被利用。如许多新编修的族谱也以客家的历史来阐述自己宗族的迁移史，从而说明本宗族具有高贵的血统。民间许多宗族活动、民俗活动，也常常以弘扬客家文化的名义进行。如在梅州城区有一座钟氏祠堂，为了不被建筑商拆除，便宣称这是一座客家古建筑，具有重要的文化价值。

最后，“客家”成为梅州海外华侨与原乡联系的又一认同与纽带。许多海外的华侨原来并不知道自己是“客家人”，后来受原乡影响，渐渐“发现”自己是客家人。在海外成立的社团，也开始以“客家”为名，作为联系乡谊的纽带。

总之，“客家”作为一种意识形态与资源，已经渗透到梅州社会生活的方方面面，并已经成为这个地区的名片。至于其张力扩张到何种程度，或将以其他什么新的方式继续发挥功效，则需要时间来检验。

夏远鸣

① 中共梅州市委政策研究室编：《深入实施四个梅州战略，加快构建和谐社会步伐——2006年十三大专题调研成果汇编》，2006年，第129页。

“客家文化”的消费与客家文化景观

——以梅州“客天下”旅游产业园为例

引　言

根据罗香林经典文本的论述，闽粤赣三省边界地区是“客家人”居住的核心地带，①被誉为“客家大本营”。关于客家的研究，经过一段时间的沉寂之后，于20世纪80年代开始复兴。随着客家研究的兴起，关于客家的社会运动也随之而来，媒体对于客家的宣传日益增多，客家及其相关的经典论述也得到普及。伴随着20世纪90年代以来中国经济建设的发展，文化资源开始成为经济建设的重要资源之一，各地都在争相消费使用。而在闽粤赣边区，最重要的文化资源便是“客家文化”。

为了名正言顺地利用客家这张“名片”，并对客家文化进行消费，分属闽粤赣三省客家大本营的城市争相根据罗香林的经典论述，对自己进行定位，以取得学理上的依据。闽西地区根据客家人均来自宁化石壁的经典论述，将自己称为“客家祖地”。由于在罗香林的文本论述中，江西赣州是客家人南迁的必经之地，所以赣州将自己定位为“客家摇篮”，意即客家民系诞生的地方。而粤东北的梅州地区，由于是许多海外客家人的祖籍地，所以将自己称为“世界客都”。后来居上的广东河源地区，则打出“客家古邑”的旗号，以获得合法消费“客家”的资格。通过这一番论证与阐释，将本区域里的种种文化事象看成“客家文化”，也就有了合理性。于是，闽粤赣边界地区许多相关的事物，都被贴上“客家”的标签。一场大规模的消费与使用“客家”品牌的运动已经开始，先是从政府层面，然后发展到商业领域。特别是旅游业者，更是积极利用“客家文化”进行包装，增加旅游产品的附加值。这个现象至今仍然在持续。在这个消费过程中，这一区域的许多文化景观也因此被重新塑造或改变，或被重新阐述。

那么，如何消费与使用“客家文化”？在这个过程中，又是如何制造新的文化景观的呢？本文以梅州市“客天下”旅游产业园的客家文化景观为例，对这些问题进行说明。

---

① 罗香林：《客家研究导论》，上海：上海文艺出版社，1992年。

一、“客天下”旅游产业园概述

“客天下”是广东鸿艺集团有限公司打造的一个旅游产业园，位于广东省梅州市梅江区东升工业园旁，占地面积 2 000 万平方米，于 2006 年 3 月 29 日开工建设。其景区内原有自然的山水风光，为了突出梅州的客家特色，景区也在自然景观的基础上加上了许多“客家文化”元素，并命名为“客天下”。这是梅州市“十一五”规划打造“世界客都·文化梅州”的重点工程。整个产业园分三期开发，第一期工程规划由“十大文化工程”和“五大景区”组成。

这十大文化工程包括客家鼎、客家赋、百米大型客家迁徙图、客家墟日图、印象客都、潘鹤四大雕塑、作家庄园、客家祠、梅花园、客天下巨石广场十个文化景点。从名称上看，这十大景点多数与客家文化有关（至少在名称上是如此）。五大景区则包括客天下广场、客家小镇、千亩杜鹃园、郊野森林公园、圣山湖五个景区。这十大文化工程项目主要分布在客天下广场与客家小镇这两大景区中。通过这些文化营造，“客天下”希望游客在欣赏自然风光的同时，更能够品味客家文化。“客天下”的对外宣传广告上这样写道：

> 领略这里的自然风光，内心平和，静而悠远；感受这里的客家文化，博大精深，受益匪浅。在这里，您可以享受客家美食的醇厚甘香，做一回客天下快乐的客人，真正体会到“一天客家人，一生客家情”的浪漫情怀。

不难看出，“客天下”主要打出的是客家文化品牌。他们希望游客到这里来，不但可以看到客家文化景观，而且还可以感受到客家文化。客家文化是其景点的核心内容之一。

二、客天下广场的“客家”文化景观

根据“客天下”广告牌的介绍，客天下广场位于园区规划中轴线端，为产业园五大景区之一。占地 8 万平方米，集旅游、购物、休闲、娱乐于一体。游客从“客天下”的正门进入后，左侧即为客天下广场。广场后面是一个小山包，一系列建筑环绕山体分层规划建设。对于广场上一系列的建筑，“客天下”自己的评价是：

将客家传统文化和现代艺术完美整合，是客家文化艺术和客家新建筑艺术的典范，是梅州规模最大、功能最新最全、文化含量最高、十重立体造景、移步换景的国际化广场。

这里的“将客家传统文化和现代艺术完美整合，是客家文化艺术和客家新建筑艺术的典范”指的是广场上一系列具有“客家文化”色彩的建筑与雕塑。如上文所述，这些建筑与雕塑都围绕这个山包而建。下面让我们以移步换景的方式，来介绍这些建筑与文化景观。

（一）土楼的“魅影”——“客天下”的土楼建筑

土楼是客家建筑中的一种，主要分布在福建西部，广东省的土楼主要分布在与福建交界的区域，如今天的大埔县、饶平县，这些地区有的是客家，有的不是客家。如福建漳州的土楼旦，其实是闽南人在居住。但是，由于土楼高耸，外观为圆形，故给人以雄壮的审美感受，具有较高的可观赏度。另外土楼建筑的防御性特点，很容易让游客联想到古代刀光剑影的历史场面，也给人一种历史的想象空间。所以无论是从自然外观，还是人文的角度来看，土楼都给人一种震撼的美感。再加上土楼有曾经被美国卫星认为是核武器反应堆的说法，所以其知名度非常高，因此被看成是客家建筑的典范，也是展示客家文化的一个重要实物与载体。在几乎所有通俗性的客家文化的书籍里，都会将其当成客家建筑加以推介。土楼的图片也出现在各种宣传广告、书籍封面乃至商品包装盒或包装袋上。而对土楼建筑风格进行复制的做法，21 世纪以来也纷纷出现。特别是一些“客家地区”，将其作为彰显客家特色的重要元素。这种做法一直持续至今，并且有愈演愈烈之势。在台湾交通大学，其客家学院的办公楼即为土楼。在四川，土楼还被复制到成都洛带地区，用来当作客家文化博物馆。在没有土楼的梅县，也建造了土楼作为行政办公大楼。房地产商还建有土楼式的商品房，如梅县新城的大新城围龙居等。现在土楼已经被复制到海外，以建构客家文化意象。如马来西亚的沙巴客家地区已经建有土楼建筑；在槟城，也有修建土楼的计划。可以说，土楼几乎是一个诱人的魅影，被复制到几乎所有的客家地区。

“客天下”景观的设计者显然仍然没有摆脱土楼魅影的诱惑，所以土楼又被复制到这里，以展示客家文化特色。客天下广场建有三幢土楼建筑，以彰显其客家特色。但再细看，客天下广场的土楼，又以角楼进行装饰。这种角楼在今天东江流域是常见的一种建筑。显然，也被设计者当作

是客家建筑文化的一种加以利用，糅合在土楼建筑上。这是一种创新，在现实生活中，这两种建筑风格是不可能在一起出现的。因为它们存在的空间不一样。但在这里，将它们糅合在一起，制造了一种独特的建筑，以展示客家特色。

客天下广场的许多实体建筑以圆形土楼为主，典型的有三幢。一幢现为喜多多超市，一为莱纳俱乐部，一为销售中心（圣山湖一号）。

1. 喜多多超市

在“客天下”入口的左边，是一幢土楼风格的建筑。外墙的正面是超市的门面，主楼的两边具有四角楼风格。不过这里只有两个角楼。土楼主体有两层，角楼三层，比主体高一层。我们知道，四角楼也是客家建筑风格里的一种，但这种四角楼多出现在东江流域。在梅州地区，主要在兴宁与五华两县有这种建筑。在韩江下游地区的县市，这种风格的建筑极其少见。而这种将土楼风格与四角楼风格混搭的情况则是“客天下”产业园的独创。

图 1　土楼与四角楼混搭的建筑——喜多多超市

这座超市的建筑主体侧面，完全是土楼的样式。从屋檐到门窗，都有明显土楼的痕迹。不过为了迎合现代人的居住习惯，窗户开得较大，增加了采光面积。屋檐下挂着红灯笼，上书“客天下”，以营造吉祥的氛围。

2. 莱纳俱乐部

在喜多多超市边上，是“莱纳 CLUB”，整个建筑的主体完全是一个土楼建筑。整个建筑有四层，正门与传统福建土楼的大门大小相似。侧面的窗户开口也比较小。建筑的正面装饰成黑白两色，非常具有现代气息。而侧面的墙体仍然是土黄色，以求与传统的土楼颜色相近。

图 2　植入现代元素的土楼建筑——莱纳俱乐部

这两幢建筑，虽然外表有所装饰，但只要对客家传统建筑稍有了解的人都知道，这是模仿土楼的建筑形制设计的。不过喜多多超市那幢建筑还增加了四角楼的建筑风格，显得别具一格。

3. 销售中心（圣山湖一号）

由于广场是环绕一个小山体分层规划建筑，所以这幢建筑比前面提到的两幢土楼建筑要高。现在这座命名为“圣山湖一号”的建筑，被用作销售中心。大楼整体也是一幢二层土楼，但略有不同。前面的正大门，开得很大，用玻璃作墙幕，远看就好像一个圆柱体被挖去了一个立体扇形的部分，这个挖去的扇形部分超过 90 度。在大门的两侧，同样建了两个角楼。这个角楼与前面提到的喜多多超市那幢建筑类似。走进该销售中心，正厅里摆放的是整个“客天下”旅游产业园的立体示意图。通过示意图可以看到，在整个旅游产业园内，现已建有多座土楼建筑，而且至少还有两处仍在规划中。据介绍，其中一处将建成体育馆。还有一处在建的是客天下国际大酒店，整体也是弧形，明显有土楼建筑的影子。

（二）图与文——《客家墟日图》与《客家赋》

建筑只是文化的载体之一，只能呈现一种文化。更多丰富的日常风俗文化，仅凭建筑是难以体现的，如果仅以文字说明，这会非常枯燥，不能

吸引游客，难以成为旅游景点的景观。“客天下”在解决这一难题时，采用了画的方式来展现这些复杂的风俗画面，即《客家墟日图》。

《客家墟日图》以浮雕的方式，刻在圣山湖一号建筑后侧一堵墙体上。该浮雕由梅州市画家熊启雄先生创作。全长50米，高2米，出现的人物有510余人。作品是“一座如宋代《清明上河图》式的反映客家山乡民俗风情的生活长卷浮雕”。在这幅浮雕画卷里，我们可以看到，其展示的生活场景有：在山歌亭歇脚的男女村民斗客家山歌，嬉笑打闹；繁忙的渡口旁边，农户们在这里买卖家禽牲畜；祠堂前的赛足球场面中，小孩子从柚子树上摘下青柚当足球踢。

展示的集市中心的热闹场景有：新盖好的汇集了华侨乡贤和本地业者心血的酒楼开张营业，人们竞相前来祝贺、敲锣打鼓的热闹场面；古巷深处的进士牌坊下，代写书信、理发算命、棋局斗杀、吊绳戏（提线木偶戏）演出等。当然，更少不了先生教书、孩童诵读的场面。

展示的饮食业场景有：煮肉丸、炸芋丸、煎煎圆等。

展示的传统行当有：墟里的竹器、木器集市，以及铁工、石工、洋锡工等。

在这些场景中出现的人物有贩夫走卒、教书先生、学子、孩童、华侨、表演的戏子、劳作的妇女、闲谈的老人等。

图3 《客家墟日图》（部分）

呈现的乡村景象有：遥远的围龙屋、客家山村、弯弯的村道、袅袅炊烟、悠扬汉乐……近处有送木炭劈柴的行人、担柴担草的妇女、卖仙人粄的小摊等。

画面上水客、归国华侨及其他人物身上传统的长衫与西装并在的现象说明，这是一幅反映民国时期粤东梅州地区的风俗画。由于作者是土生土长的梅县人，这些场面都曾经历过，有三富的生活经验，所以整幅画的内容非常丰富，也非常有粤东梅州客家乡土特色。很明显，这里的“客家”专指粤东梅州的客家。

如果说《客家墟日图》是以画的方式展示了粤东客家，那么在与其相对称的墙面上，则是以文字的方式展示客家，这个景观就是“客家赋”。《客家赋》的内容由李汝伦、古求能、黄莺谷、丁思深创作，为“千字文”。文章的开头，即“客家民系，乃中原汉胄，自西晋之乱，名贤程旻南迁起，再历唐之灾，宋之祸，中原板荡，苍生水火，簪缨世族，不堪其苦，因迭为避祸远灾，而举家举族拜辞乡井与先人庐墓而渡……”然后讲南迁的历史，最后讲粤东梅州的人与物。

《客家赋》，是颂扬客家历史与文化的文章，有的是骈体文形式，有的是普通的文言文形式。就笔者所知，目前《客家赋》至少有五个版本。这些不同版本的《客家赋》的内容也不一样，首先，《客家赋》叙述的多是客家南迁历史，然后叙述各地“客家”历史与风貌，强调不同的地方特色。“客天下”的《客家赋》自然是结合粤东客家的历史与文化来进行书写的。其中提到罗芳伯、宋湘、黄遵宪、丘逢甲、丁日昌、谢晋元、林风眠、李金发、李惠堂等近代历史人物，接着又论述客都梅州地理、历史、人物、科举、文化等内容。

图4　《客家赋》（部分）

赋用行书字体，书写在仿竹简的墙面上，黑底白字。书写者为书法家曹宝麟。赋的内容、俊美飘逸的书法、黑底白字的仿古竹简，营造出一种特有的文化韵味。《客家墟日图》与《客家赋》，一图一文，相互对称，构成了一道文化景观。

（三）“客天下”景观标志塔

“客天下”为了突出自己的客家特色，设计了一个标志性的建筑，名为“景观标志塔”。这座建筑在离《客家赋》不远的地方，塔高 32. 99 米，寓意着“客天下”旅游产业园 3 月 29 日开工奠基，“99”更包含着长长久久、千秋万代之意。塔基座长 5. 4 米，宽 3. 5 米，饰面采用连州青和山东白麻石材。塔的设计者认为，两种主材朴实无华而不失文化底蕴，可以“完美地诠释客家人坚忍卓绝、刻苦耐劳、冒险犯难、团结奋进的特性”。

塔的顶端是用钢铁铸就的字母“H”，是客家英文单词“HAKKA”的意思，设计者以此表达“四海客家同根同源、同心同德的美好心愿”。塔顶下方倒挂着一个印度红石材雕刻成的大红“福”字。标志塔的塔身中央挂有 8 个大红灯笼，直径达 1. 8 米，取“8 · 18”谐音“发，实发”之意。在关于标志塔的介绍中说，“客天下景观标志塔以其别具一格、独具匠心的设计，散发着客家民系敢为天下先的人文精神”。

图 5 “客天下”景观标志塔

从整个结构及部件来看，"客天下"景观标志塔其实没有借鉴任何客家地区的"客家文化"元素，而是设计者根据自己的理念设计出来的一种客家文化的标志，并赋予了它们许多特有的解释。以这种方式来体现"客家"、阐释"客家"是不曾有过的。将此作为"客天下"景观标志，一方面体现了"客天下"对于"客家"特色的重视，另一方面也代表了一种新的建构客家景观的方式。

（四）客家祠——祖先崇拜文化的展示平台

在客家文化中，"慎终追远，崇拜祖先"，是经常被强调的重要族群特征，同时也是重要的文化事象。为了将此文化事象引入"客天下"，他们在景区里面建了一个祠堂，命名为"客家祠"。

客家祠主要分为五大区域，分别为入口庭院区、前厅区、中厅区、主厅区、钟鼓楼区。从客家祠的第一道门进去，便是入口庭院区。在这个庭院一角，竖立着三根尖尖的石杆，这是代表科举功名的楣杆石。但在介绍石杆的牌子上，它被称为"客家旗杆"。清人黄钊在《石窟一征》中对粤东地区流行石旗杆有过考证："俗捐贡，亦竖旗杆。（按：此风前明江浙间所开）……近时富室纳资入贡，竟有竖石杆者。盖汀赣间有此，因踵而效之。"[①]黄钊主要生活在嘉道年间，他在文中提到竖石旗杆为"近时"的现象，由此可见，竖石旗杆在粤东地区的历史并不太久远。

前厅区比较小，有一小水池，池里立一尊女性雕像，直视前方，张开双臂，作迎接或拥抱状。雕像后面才是中厅。中厅区两边分别有"称心如意"和"年年有余"雕像，取意为事事顺心如意，年年财源广进。中厅后面是主厅区。主厅呈一段弧形，与传统四方端正的正殿形制完全不同。这种建筑结构，可能与地方面积有限有关，更大的可能是受土楼建筑的启发。从外围来看，整个客家祠就是一幢没有完全修好的圆形土楼，或者说只截取了土楼的一段弧。在弧形建筑的两侧，也建有角楼，与前面提到的土楼建筑结构相似。

主厅正中供奉炎黄二帝神像，炎黄二帝被奉为中华民族的始祖，立二帝的神像，可以包容天下各个姓氏的"炎黄子孙"。炎黄二帝的侧边，是百家姓里各姓祖先的神位，供游客祭祀先祖。而左右侧分别为钟楼区、鼓楼区。据"客天下"自己解释，这取意为"钟声一响，黄金万两"，"鼓声一鸣，金榜题名"。敲钟者生意兴隆，击鼓者才华横溢、学业有成。

---

① （清）黄钊：《石窟一征》卷4《礼俗》。

“客天下”的介绍称，“客天下”之客家祠，是“对客家历史文化、历史延革与现代客家传承、文化展示的重要载体，更是客家传统文化的展示场所，是将客家传统文化功能化与大众化传播、交流的重要载体”。但如果仔细考察，其实并没有特殊性。设立一些雕像或其他部件，然后阐释它们具有哪些吉祥意蕴的做法，在旅游景点的一些寺庙里常常可以看到，这其实是一种招揽游客的方式。笔者在入口庭院看见门口竖立着一面告示牌，上有“好消息”：

在春节期间，为方便游客和市民来客家祠祭拜炎黄二帝、财神、始祖，祈福、纳祥、求财、求平安，客家祠特推出姓氏书籍、始祖像、姓氏扇子、许愿带及相关姓氏收藏品、纪念品供您收藏，使您在拜祖的同时又得到意外的收获，书籍、收藏品、纪念品自愿收藏，香火随缘。

这个活动不仅是春节期间如此，其实一直到笔者考察结束还是如此。进入客家祠内，笔者被递上一根香，然后被要求从左边进入正殿烧香。正殿不大，中间摆了炎黄二帝像，以供参拜。侧边各姓的神位依次排放。进入正殿烧香后，有一个司仪专门指导如何祭拜炎黄二帝，同时说一些吉祥祝愿的话。完毕，然后问笔者姓什么，工作人员在众多的神位中，找到了笔者夏姓始祖的神位，然后要求祭拜。完毕后，就有人拿着一个本子来要求捐钱。上面登记有捐钱人的姓名、手机号码、捐赠金额。金额多为199元。笔者便问：“为什么都捐199元，为什么不可以自愿呢?”里面的工作人员看见笔者质问，便说当然可以啊，但脸色非常难看，表现得非常不高兴。接着他们把里面购买纪念品的价位表给我看，并说可以购买纪念品，作为捐献功德。

纪念品价位表

名称	单位	价格（元）	名称	单位	价格（元）
许愿币	个	1	小扇子	把	30
许愿带	条	10	姓氏大全集	本	60
平安灯	对	10	百福灯	对	60
姓氏图腾	个	10	护身卡	张	100
百姓宗祠	册	10	特大油灯	对	100
事业灯	对	20	大扇子	把	200
全家福灯	对	30	始祖像图形	尊	300

笔者带着看个究竟的心态，买了一个姓氏图腾。夏姓的图腾是一块黑色石头（或石膏），上面是一个拿着斧子作舞蹈状的原始人像浮雕。里面的销售人员说，这是夏姓的象形文字。再看随附的一张小纸片，上书：

> 夏姓的始祖：黄帝子骆明，骆明生鲧，鲧生帝禹。初祖：鲁封佗为夏侯。历史名人：汉臣夏侯婴；汉儒夏侯始昌；三国魏将夏侯渊；晋画家夏侯瞻等。

客家祠这个新的文化景观，基本是一个重建的景观，然后冠以“客家”二字。采用祭拜炎黄二帝的做法，以符合“客自中原”的基本学理逻辑。但实际上成了一般寺庙一类的景观。

（五）《播种希望》雕塑——客家耕读的载体

《播种希望》是我国著名雕塑家潘鹤先生的作品，其高 3.9 米，由纯铜铸造，位于客家祠门前的一个圆形水池中间。塑像是一位挺立的客家妇女，头戴凉帽，穿着短衣，腰上系着一根腰带，背负着小孩，裤脚卷起，手持一张犁，作犁田状。旁边是一头壮实的水牛，戴着牛轭。对于这样的造型，作品在介绍时说明：

> 雕塑创作源自客家人自古有耕读传家的传统，耕作的水牛正在犁出人们心中对来年丰收的希望，背负的孩子更是人们心中播下的属于明天的希望，希望在身边，但希望需要培植、需要浇灌，也需要付出辛劳的汗水和智慧的结晶。雕塑寓意人们要自强不息、艰苦奋斗、锐意创业，有了希望就有崛起的明天！

经典论述中，客家人“耕读传家”体现的是一种价值观。“客天下”采用雕塑的方式来展示这一价值观，这代表了雕塑家对这个价值观与传统的解读。

在整个客天下广场区域，除了上述的客家文化景观外，局部也以客家文化元素进行点缀与装饰。如在广场的附近是各种小卖部。其中在喜多多超市那幢楼的旁边，开了一家梅州市客家特产旗舰店。而小卖部里出售的小吃，也多以客家特色来制造噱头与广告，招揽生意，如客家特色味酵粄、手工肉丸、清补凉、绿豆汤等。有一家卖小吃的店面装饰得比较卡通，店名为“细哥细妹”，显然，这是用了客家卡通里面细哥、细妹的

形象。

广场的一个厕所也以客家元素进行了装饰。在厕所的墙上挂着一幅画，画框一角装点的是一朵抽象的梅花，梅花的中间是一个“客”字，周边的五个花瓣，分别是“温、良、恭、俭、让”五个字。梅花是梅州的市花，而中央的“客”字则代表客家，周边的五个字代表客家的优良传统美德。画框中央的内容是关于客家文化的表述，如关于妇女的表述是：

妇女妆束淡素，椎髻跣足，不尚针刺，樵汲灌溉，勤苦倍于男子，不论贫富皆然。

除了关于客家妇女等的内容外，壁画的内容还有《说媒》、《祭灶》等代表粤东客家民俗的挂壁画。这些细部的客家文化元素及其建构的景观，从某种意义上来说，更容易形成一种客家文化的氛围。

三、客家小镇里的“客家”文化元素与景观

图6　客家小镇俯瞰图

客家小镇，是“客天下”五大景区之一，坐落在一个小凹里。客家小镇总占地面积22万平方米，建造有泥塑长廊《客家风情》、百米石雕《客家迁徙图》、大型仿古建筑群“客栈”、客官天下、仙人桥、水车园、购物街、飞

歌亭、艺术家园、养生园、缘客寺、嘉应亭、山寨部落、观音文化墙、拜仙台、山顶梅城观景平台、圣人谷（盘龙寨、盘凤寨）等重要景点。其标榜的是“客家建筑风情奇景”。在关于客家小镇的简介中这样写道：

集客家文化、客家饮食、旅游、居住、购物、休闲为一体的客家小镇，客家文化浓郁，客家风情醇厚，是体验客家民风民俗的最佳去处。其建筑风格体现了客家建筑的精髓，把新客家建筑融于山水之中，成为中国建筑文化的一处奇迹，更是一幅优美的中国客家民俗风景画。

（一）泥塑长廊《客家风情》

客家小镇的大门，用水泥仿制的老藤装饰，显得悠久沧桑。进入客家小镇，是一条斜坡路，路的左侧是一道长墙，上面以泥塑浮雕的方式，展示了丰富的客家文化。这在景区内被称为“泥塑长廊《客家风情》”，由广东梅州泥塑艺人刘沅声创作，也是进入客家小镇看到的第一个客家文化景观。

墙壁上是泥塑的客家风情画，以泥土为原材料低温烧制而成，不施釉而保持其原色，显得非常的古朴，妙趣横生，人物形象略显夸张。创作者说：“我认为泥土这一简朴的素材同客家淳朴的风情很吻合。”①作品共有五十余幅，其内容大致可以分为以下几类：

一是器物类，如《围龙屋》、《鸡公车》、《风车》、《四瑞·磨》、《四瑞·砻》、《四瑞·碓》等。

二是生活场景类，如《书声》、《童乐》、《看月光》、《灯》、《讲古》、《讲牙啥》、《姐婆·等路》、《童乐·光头勺》、《童乐·揽腰跤》、《家教》、《羞羞羞》、《过河》、《道歉》、《告诫》、《年料》、《刮痧》、《龙脊》、《耙耳屎》、《家和万事兴》、《上灯》、《学步》等，这一类的作品最为丰富，也最能体现民情风俗。

三是饮食类，如《仙人粄》、《四手茶》、《客家咸菜》、《客家捶丸》等。

四是文本传说类，如《客家源流》、《大迁徙》、《黄葛坑的传说》等。

五是社会生活类，如《算命》、《水客》、《回家》、《过番》、《土地·客家妇》、《看戏》、《读书》、《手足情》、《圣旨口》、《对歌》、《客家山

---

① 中国新闻网，http：//www.chinanews.com/cul/2011/03－21/2920821.shtml。

歌》、《打塘脚》、《猪子上》、《温情》、《补锅头》、《结鸡》、《管猪哥》等。

这些风情画中，除文本传说类的《客家源流》、《大迁徙》、《黄葛坑的传说》三幅作品源于客家南迁的经典表述外，其他均真实地展示了粤东客家人生活与生产以及社会生活层面的场景，非常生动。如《姐婆·等路》展示的是小外孙们知道姐婆（外婆）会来，早早就等在路边，等候外婆带来好吃的东西的场景。《水客》、《过番》等作品，则生动地反映了粤东客家侨乡特有的社会生活场面。总体上，《客家风情》泥塑作品系列，还是比较真实地再现了粤东梅州地区的风情。可以说，这是一种源于真实的文化景观。

（二）仿古建筑群

客家小镇建在一条狭长的小山谷里，山谷底部有一些倾斜的平地，两边是峭壁，整个小镇的景点几乎全是人造的。仿古建筑群就坐落在山谷的底部，空间非常狭小。要在如此狭小的空间里修建仿古建筑，就得充分利用土地，向高空发展。所以这里的建筑多由土楼或土楼结构的建筑组成，包括圆形土楼、方形土楼、土楼的一段弧形、角楼。这些仿古建筑站在高处看，比较容易看清楚。

按照参观的顺序，第一个见到的土楼建筑就是“客官天下”餐厅。这是一幢典型的土楼建筑。建筑傍溪而建，共有三层，与传统土楼不同的是，其外墙材质是青砖，并且用青黑色的琉璃瓦铺盖圆形的房顶。楼外有小溪，上面有一只圆形大水车，利用溪水推动其旋转——这个场景令人联想到福建永定的振成楼前面的那只大水车。

从高处看，圆形的土楼有一幢，方形的土楼有两幢，弧形建筑物有两幢。弧形建筑物的两端建有角楼。整个建筑以青瓦青砖墙体为基础色调。因为是一个小山谷，土地面积有限，而作为房地产商，又需要充分利用每寸土地，所以在靠近山坡的地方，采用土楼的一段弧的方式，依山而建。弧的两端还是角楼。这些建筑除主要用作饭店外，还用作客栈、商店、陈列馆等。

山谷的另一面，是一段陡峭的山坡。在这样的地理条件下，基本上不可能修建有实际用途的房屋。但是设计者利用山坡上有限的平地，依山而建了粤东横屋。不过，这只是一个平面建筑，只显示正面，重叠而上，实际立体的空间非常小。总体上看，是画在悬崖峭壁上的两幢横屋，色彩基调也是青瓦白墙。大门贴有红色对联，点缀着整个建筑。

走近这幢建筑，建筑前面的禾坪非常狭窄，与正式传统民居禾坪的面积相差极大。可以想象，里面的房间其实也基本上是装饰性的，没有实际使用的可能。设计者想打造出依山而建的两座传统民居的效果（至少在视觉上要达到这样的效果）。

从整体来看，仿古建筑群比较杂乱，主题不是很明确，特别是土楼、角楼等建筑混搭在一起，给人零乱的感觉，更难以体现所谓的“客家特色”。从空间上也很难区分，识别度不高。特别是站在高处看，更有这种感觉。

（三）购物街

客家小镇上的仿古建筑群，设有一条购物街，标榜“客家特色”。街道沿斜坡而上，并不平坦，不利于闲逛。所谓“街”其实非常简陋，上有一两家客家工坊、酒馆，也没有太多客家特色产品。街边有谢志峰藏宋湘翰墨馆，收藏了晚清粤东书法家宋湘的书法作品。收藏馆的主人谢志峰是梅县人，为收藏家，受鸿艺集团老板蔡鸿文先生的邀请，在此设立收藏馆。

短短的购物街上，除了这些有一定文化品位的设施外，还有招揽游客的特技表演。笔者去的那次，正好遇到一个“赤脚踩钢刀”的表演，只见一个壮汉，赤脚踩在两片刀刃上，并且左右手还各提一桶水。卖旅游纪念品的摊档上，有葫芦、风车、雨伞、玩具蛇、刀、剑、搔痒扒等，与其他地方的纪念品没有区别。也有少量卖客家特产的，如牛筋糖、南瓜糖、金柚糖等，但品种略显单一。总体上没有营造出一种“客家”氛围。

除了这些客家元素外，“客天下”景区还通过邀请名人或电视节目来此录制等方式，增加知名度。如请宋祖英、阎维文来此演唱，2012 年 9 月请中央电视台著名主持人毕福剑在客家小镇录制《国庆七天乐》节目，借此来宣传与推介自己。

（四）观音文化墙

前文说过，山谷里土地面积有限，但两边悬崖峭壁上，还有零星的土地，于是客家小镇在这里做文章，主要是修建观音佛像，命名为观音文化墙。观音文化墙上塑了各种类型的观音，包括杨柳观音、千手观音、水月观音、送子观音、持经观音、独乐观音、自在观音等。

观音文化墙上面的悬崖上有一小块狭长的空地，主要是修建寺庙所用，包括观音殿、状元殿、财神殿、目莲寺。总门楼前，写着“喜迎天下客”。从里面的碑文来看，以前这里曾经有过目莲寺。由于现在搞旅游开发，原来的已经拆掉，重新修建了目莲寺，并且又修建了其他几个寺庙。现在，沿着陡峭的山坡，还能看到在建的寺庙风格的建筑。

除了这些大型的建筑外，在“圣人寨”景点的大门口，还可以看到一些仿古的建筑。这些仿古建筑具有典型的粤东建筑风格，虽然是小家碧玉，但比较地道，也很耐看。

其他的景区，如圣人谷等，都是利用自然，然后进行人工改造与加工的景点，景区内塑造了一位佛教里飞天的形象，飞天对面是弥勒佛。佛被塑在一块巨大的银锭上，银锭上书“财源滚滚”。弥勒佛右手持银锭。这些想必几乎都与“客家”文化没有什么关系。之所以造这些景点，完全是为了充分利用土地，增加景点容量。

写到这里，让我们再回头看看客家小镇对外的介绍，在一块广告牌上这样写，客家小镇是：

一幅原生态的客家风情画卷。坐落于客天下景区的客家小镇，是景区最具特色和魅力的亮点景观。百米客家迁徙图，刘沅声泥雕艺术长廊，这里复古的客家建筑，特色的客家歌舞表演，各式各样的客家美食，无一不在向游客展示着这座古朴世界客都的绝世风华！

……

集客家文化、客家饮食、旅游、居住、购物、休闲为一体的客家小镇，客家文化浓郁，客家风情醇厚，是体验客家民风民俗的最佳去处。其建筑风格体现了客家建筑的精髓，把新客家建筑融于山水之中，成为中国建筑文化的一处奇迹，更是一幅优美的中国客家民俗风景画。

这表明，“客天下”想通过客家文化来展示客家小镇的魅力。但在另一块介绍牌上，又这样介绍客家小镇：

客家小镇其建筑风格犹如身临其境丽江古城，客家建筑精髓也体现得淋漓尽致。把新客家建筑融于山水之中，成为中国建筑文化的一处奇葩，更是一幅优美的中国客家民俗风景画。

小镇集客家文化、婚纱拍摄、影视拍摄、旅游、居住、休闲、度假为一体，文化浓郁，民风淳厚，风景优美，历史悠久。在这里拍摄婚纱作品、影视作品，犹如来自江南水乡的水墨风景画一样美。

一方面打客家牌，另一方面，又宣称这里“犹如身临其境丽江古城”，又“犹如来自江南水乡的水墨风景画”，在如此充满矛盾的话语中，反映出旅游业经营者一种错乱的定位，从中我们也可以了解几分小镇景观杂乱的状况。

结　语

旅游园区是需要通过景观来吸引游客的，景观即资源，更是旅游产品。景观质量的优劣决定了产品的好坏，进而决定了旅游业的收入。为了提高旅游产品的文化品位，一些以地方特色为名的文化事象常常被引入景观，以提升景观的价值。“客天下”旅游产业园也是通过这种方式来打造自己的客家景观的。

通过对“客天下”旅游产业园的综合考察，笔者发现，这个标榜“客家文化”的景区，主要用了以下几种方法来营造“客家”的文化氛围。

第一，根据“客家中原说”的经典论述来创造景观。一种学说可以流传、可以言说，但很难物化成立体的、有形的景观。在“客天下”旅游产业园，以平面视觉艺术呈现客家人南迁的历史，主要体现在“客家赋”与“客家迁徙图”这两处景观上，一为书法与文学作品，一为美术作品，共同塑造出“客家”景观。

第二，根据粤东梅州地区自有民情风俗来建构客家景观。粤东梅州地区有深厚的文化底蕴。根据三段论的原则，梅州是世界客都，所以这里的一切文化现象都是“客家文化”。那么如何展示如此丰富多彩的梅州“客家文化”呢？“客天下”采用的是以美术作品进行呈现的方式。这主要指的是客家小镇里的泥塑长廊《客家风情》以及《客家墟日图》。这两幅作品反映的内容都是粤东梅州的社会风情，是以客家地区原生文化来呈现客家文化的代表。

第三，杂糅外来的客家文化事象创造出新的客家文化景观。如前文所述，根据罗香林的经典论述，闽粤赣边界地区是客家的大本营，但其实这一区域的内部差别是非常大的，这个共同体基本上是被想象出来的。但是，这些地区为了利用客家文化这张名片，都分别通过论述，将自己定位为客家的一部分。自然，根据三段论的论述，这些地方的文化都是客家文化。不管这种文化出现在哪一个地区，都被均质地看成所有客家地区的“客家文化”。正是在这样的思路下，福建土楼建筑迅速成为客家文化的代表之一，并成为标志“客家”的一种符号，代表客家文化景点被不断复制。显然，“客天下”也是挪用这一客家文化符号，建造了“客天下”内

诸多土楼建筑景观。

第四，重新创造出来的“客家文化”景观。这主要指“客天下”景观标志塔。这类景观是根据现代的解释与阐释进行设计与建造的。这种客家景观目前不多，多出现在台湾的文化创意产业里。但有理由相信，这种创造“客家”景观的趋势正在加强。

据笔者所知，现在有好几处以“客家文化”为品牌而建的房地产业，除了“客天下”外，建好的有四川成都的“博客小镇”，还有正在建设的湖南浏阳大围山东门古镇，福建三明也准备建设一个类似“客天下”的产业园。这些地方如何打客家牌，如何表现客家文化，又如何塑造客家景观，将是一个非常值得期待的远景。

夏远鸣

客家地区社会知识的生产和消费

——福建省永定县的客家土楼与风水话语

引　言

1978年改革开放以后，在中国，能看到很多地方宗教活动再次活化的情况。风水活动也再次活化了。尽管中国政府认为风水思想和风水活动是迷信，[①]但是，受风水思想影响的人越来越多。[②]风水思想被引入人们的生活中，他们建房屋、修坟墓时，常常看周围环境和地理，以此判断吉凶祸福。在福建省西部山区也能看到同样的状况。在那里，1980年以后，各种各样的宗教活动显示着再活性化。大家都编了族谱，举行盛大的祖先崇拜仪式，重新建造被破坏了的寺庙。关于风水的活动也是再度活性化。近年来，他们把客家土楼联系起来讨论风水思想。尽管客家土楼是一个古建筑，可是那个巨大的集合住宅，由于与风水思想结成一体，渐渐成为客家文化象征性的存在。这样的话语（discourse）从何时开始？为什么客家人接受这样的观念？本文着重从风水思想的话语，考察客家文化的流动性，尤其是他们是如何产生风水思想的，又是如何消费风水思想的。如果认真地分析，可能会揭示客家地区社会性知识的一端。

笔者从2004年开始对客家土楼和风水思想进行田野调查。本文通过客家土楼人的生活方式的变化和来自海外客家的视点，重新考虑他们的风水思想是什么，怎样变化。尤其注意风水的话语，比较以前的风水话语与现在的"风水"话语，考察两个词之间的变化，并论述客家地区社会知识的流动性。

一、客家土楼与宗族

客家土楼是分布在福建省西部山区的巨大的集合住宅，其中最有名的

① 譬如，1999年6月21日的《人民日报》有一篇文章的标题是"尊重科学，打破迷信"，批判了中国社会蔓延的宗教活动与愚蠢的迷信活动。但是，最近中国对这样的宗教活动慢慢地放松了管理。

② 巩坚隆：《为什么迷信活动又抬头了——上海市川沙县农村迷信活动的调查》，《社会杂志》1982年第3期，第46～48页。

土楼是“承启楼”和“振成楼”。这两个土楼都在福建省永定县，现已成为重要的旅游资源。譬如“承启楼”被用作为邮票的图案，而“振成楼”为永定客家土楼民俗文化村的中心。永定客家土楼民俗文化村为游人参观客家土楼提供了旅游设施。永定客家土楼民俗文化村里面好像公园，要是游客进入就必须买门票。因此，客家土楼成了这一带最重要的旅游资源，而且成了客家文化的象征。客家土楼本来是一个宗族的集合住宅，但是，近些年来它的意义发生了变化。20 世纪 90 年代后，住在土楼里的人越来越少，仅有老人和比较贫困的人生活在土楼里。总之，现在客家土楼的意义，不是作为一族一族的住宅，而是作为客家文化的象征而存在。

关于客家土楼的由来，普遍认为“这个地域因为治安不太好，为了防备外敌的侵入，于是建了这样的防御性的建筑”。可是，笔者的田野调查资料显示，土匪或者外敌有是有，但战争、宗族械斗比其他地区少。①为此笔者不论土楼防御性的问题，而是关注建筑资金的问题。他们是怎么筹措资金的？客家土楼从明代前后就开始建造了，为什么他们可以建筑那么大的住宅？不妨通过他们的共有资金和社会历史背景来考察这个问题。

图 1　最有名的客家土楼之一——振成楼的外观

福建西部山区以前共有田的比例比较大。譬如 1951 年共产党的调查显示，共有田的比率在福建省沿海地区是 20% ~30%，然而福建省西部地区

① 小林宏至：《“械斗”的历史和客家土楼与地域社会》，《民俗文化研究》2007 年第 8 期，第 169 ~182 页。

是50%以上。[①]为此可说，那个时代的山区是以宗族为基础的地域经济体制。并且，通过下面的资料我们可以想象当时的情况。《铁道部经济丛书·京粤线·福建段经济调查报告书》[②] 显示，不同的地域采用不同的度量衡，每个村落都在不同标准的经济体制之下生活。笔者认为这是比较“闭塞”性的经济体制。厦门大学的傅衣凌称，这样的经济社会为“乡族”，就是说，由大规模宗族与小规模宗族联合构成比较“闭塞”性的村落社会。[③] “族工”与“族商”也是同样的概念。建筑土楼的社会体制是建立在这样的经济基础上的，这从客家土楼故事中能看出来。我们不妨从洪坑村“福裕楼”的故事来看以宗族为经济基础的地域社会情况：

清朝康熙后期，永定晒烟已经以色、香、味特佳开始脱颖而出。乾隆时，用晒烟加工而成的条丝烟就荣获皇帝御赐美誉——“烟魁”。到咸丰、同治年间，更风靡海内外。永定县内各个乡，烟田一片一片，举目皆是；条丝烟厂一座一座，到处林立。烟刀是创制条丝烟的主要工具，锻制烟刀业自然也就随之兴旺起来……（林氏家族的三兄弟）回村后，便商量着自立门户，开个打铁铺。可是囊中羞涩，只得东挪西借，将就着先搭个棚子锻造烟刀。当时打铁都用木炭烧炉，耗费量很大，成本高。为节省资金，便把棚子地址选在深山老林里的岩太村。岩太村林姓的宗亲多，在宗亲帮助下，他们一边挖窑烧炭，一边搭棚打铁。出产的烟刀取牌号“盖本真”。

三兄弟勤苦，烟刀也还销得出去，但是跟洪坑村同行一样，因为淬火功夫不到家，易崩锋、卷刃，敌不过高陂镇的黄田、北山、田段各村的产品，销路不广。洪坑村同行多次派人到外乡去取经，可正像俗话说的：“同行生意便是贼”，特别是在竞争日益激烈的时候，人家怎肯把谋生的绝招轻易传授给你？

这时，洪坑村有个后生叫林仕荣，铁下了心，要为全村烟刀事业的兴盛，谋取淬火绝招。他打扮成外地流浪汉的模样，装做哑巴，悄悄地背井离乡……最后来到高陂黄田村。这村里有一家挺出名的打铁铺……熬了三年，终于把锻制烟刀的全套技艺都学到手，淬火尤其得法，这才悄悄地离开了黄田村。回来后，他先在自己的铁铺里试验学到的以淬火为重心的全

① 华东军政委员会、土地改革委员会编：《福建农村调查》，1952年，第109页。

② 铁道部业务司调查科编：《铁道部经济丛书·京粤线·福建段经济调查报告书》，1924年。

③ 傅衣凌：《明清土地所有制下的地主和农民》，载小野和子：《明清代的政治和社会》，京都：京都大学人文科学研究所，1983年。

部技术，成功后便毫无保留地传授给全村同行。

林氏兄弟的烟刀工厂盛极一时，他们成了富甲一方的大财东，随即广置产业，以为万世之基。

清光绪六年（1880），他们为了光宗耀祖，也替后代子孙着想，斥资10万银洋，在洪坑村金丰溪西岸傍山地带，兴建了一座府第式的方形大土楼——福裕楼。[①]

从这个故事，我们可看出两个社会情况。第一，一个村落有共同的利害关系。并且，每个村落，由一个或是几个宗族构成。第二，各个村落有独自的生意基础，叫“族工”、“族商”。建筑土楼的资金，也从那个共有财产支出。

二、客家土楼和八卦思想

在讨论客家土楼与风水话语的问题前，可能得整理关于客家土楼的风水与“风水”的概念。[②] 客家土楼存在两个风水话语，即住在土楼的人说的风水话语，旅游宣传媒介或者学术论文说的“风水”话语，两者是不一样的。因此，为表述之便将其划分为风水与“风水”。前者是基于现场的民俗知识的概念，就是与地理、景观有同样的意义。后者是表征化的、教材化的“风水”话语。

风水　　基于现场的民俗知识，与地理、景观有同样的意义。
“风水”　表征化、教材化的“风水”概念。

要具体说明这两个概念之间有怎样的差异，先看笔者听过的风水谈话：

“我们的生活中，如果需要民俗知识时，根据各个情况拜托下面三个先生，即道士先生、算命先生和地理先生。当然要看风水时，我们请地理先生。建筑家修坟墓时，我们要看基于风水的位置和方位，所以委托地理

① 江城：《“日升”烟刀打造出振成楼》，载余德辉主编：《永定客家土楼及故事风情》，北京：作家出版社，2001年，第12~19页。

② 这样的定义已经由河合洋尚发表了。河合洋尚的定义以现场的风水为“风水”，但是笔者以表征的风水定义为“风水”。河合洋尚：《梅州地区的风水与环境观——以围龙屋、现代住宅、坟墓为例》，《客家研究辑刊》2008年第32期，第171~181页。

先生。”

从这个说明可知，他们认为风水与地理几乎有同样的意义。土楼本身是不需风水说明的建筑物，即本来土楼和风水没有关系。他们联想的风水是景观本身，谈土楼建筑时不用风水的概念。实际上，2004 年笔者调查土楼时，好多次听到同样的说明。但是，这样的说明不是表明土楼没有什么意象关系，因为很多客家土楼是受到八卦思想的影响建造的。住土楼的人的住址形态，保养土楼的方法，都与八卦思想有关系。当然风水与八卦思想有密切的关系，但笔者认为最重要的论点是住土楼的人对自己的住宅用什么概念来说明。他们谈土楼设计时从来没用风水看法而是用八卦的概念。学者认为“风水”概念包括八卦思想，但是最重要的视点不是学术议论之下的看法，而是住土楼人的用法，而他们会明确区别风水与八卦。

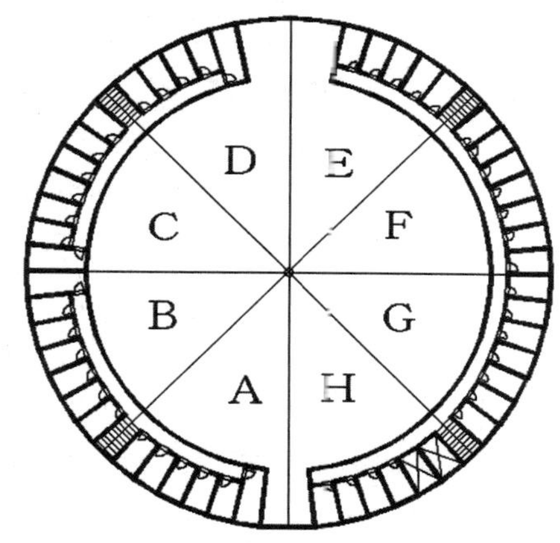

图 2　环兴楼内部的平面图

比如，从“环兴楼”可看到八卦思想的影响。“环兴楼”的内部呈八区划。我们将内部空间划成 A、B、C、D、E、F、G、H，可以看到一族内较近的亲族住在各个区划内部，他们月空间距离表示亲族的近疏度。而且，如果他们对土楼增建、重建的话，也在不破坏八区划的基础上进行。譬如，“环兴楼”的三楼重建了几处，其中一个是区划 B 和区划 C 的中间，一个是走廊的尽头，它们并不会破坏八个区划，而是漂亮地维持了八区划。为此，住在土楼的人认为，客家土楼内部空间就是八卦思想。但是他们没用风水话语说明这一情况。

实际住在土楼的人们，在现场体会地理风水的传说，但对客家土楼本身涉及很少。为此，建筑物本身套用的吉凶祸福，也没有“风水”判断的

表征。可是，近几年对客家土楼适用的“风水”理论进行论述的论文和解说的书出版了不少。为此，最近，一部分住土楼的人在说明土楼内部的空间结构时，开始采用“风水”理论。当然广义的风水概念包括八卦思想，可是本来住在土楼的人，对于作为地理的风水与作为一个理论的八卦思想是分开考虑的。新的“风水”话语最近特别显著。比如，笔者 2004 年曾进行调查，而三年后对同一个人问同样的问题时，他的回答变化了。他以前说，客家土楼内部的设计受八卦的影响；但是 2007 年，他开始用“风水”说明土楼的设计。特别有意思的是，他以前否定了土楼内部的风水。值得注意的是，现在很多年轻人接受了这样的变化，笔者认为这样的人将会越来越多。总之，客家土楼适用的表征化的“风水”传说，较之来自以前的传统社会根深蒂固的传说，越发被这个社会接受。

三、关于客家土楼风水话语的产生

这样的“风水”话语是从什么时候开始的，又是如何开始的？虽然客家土楼是作为同族共享的财产建造的，可是到现在，大部分的客家土楼都由海外引进的资金建筑。本文重点用靠海外投资的客家土楼来讨论海外客家，尤其是新加坡客家怎样看“客家”或者客家土楼。为此分析新加坡客家出版的杂志《客总会讯》，了解他们怎么来看客家与客家土楼的“风水”。《客总会讯》这个杂志，是面向大众的杂志。其主要内容是有关客家的源流、特色烹调、民间故事等。然而《客总会讯》不限于这些一般的内容，他们还屡次登载创始客家研究的罗香林、香港的在客家研究方面有名的谢剑、嘉应学院客家研究院的房学嘉教授等著名客家研究者的论文。因此，《客总会讯》可以说是对了解客家研究的变迁很有意义的杂志。

在这里主要分析《客总会讯》上刊登的报道，着重来看关于客家土楼与风水观的记述。《客总会讯》1981 年创刊，1983 年 6 月期初次介绍了有许多客家土楼的永定县。当时称永定会馆的同乡会馆在新加坡建成，并介绍了建造这个地方的起因。当初创刊《客总会讯》，主要关心的是新加坡与香港的客家或者客家社会，同时开始关注到惠州、梅州等大陆客家社会。在此背景下，新加坡与集中了许多客家土楼的福建省永定县的交流也开始为人们所知。

1984 年 11 月第 8 期上的报道把永定县介绍为胡文虎（万金油的创始人）的租地，同时介绍了曾经盛行的烟草栽培等故事。那时还没出现有关客家土楼的报道，虽然当时从新加坡来的记者也肯定看到了客家土楼，可他们并没写什么。1985 年 12 月第 10 期初次介绍了客家民居，并在此论述了客家土楼和风水的关系。这篇报道不是采访记者或新加坡华侨写的，而是香港的研究者所写。这是《客总会讯》初次关于客家民居和风水的报道。

1986 年第 11 期《客总会讯》编辑采访了永定县的客家土楼。这篇报道说，客家土楼就是客家自己的建筑样式，能防御外敌的入侵，保持了从古老的中原不断延续的文化。也就是说，这里所说的是客家土楼表现了客家的苦难历史。

1986 年 12 月第 12 期《客总会讯》再次出现了有关客家土楼的记述。文中说客家土楼是客家的特色民居，还详细地介绍了承启楼与振成楼，虽然这篇文章中说振成楼是基于八卦思想而建，可是全文都未出现“风水”这两个字。

1990 年 6 月第 19 期以后开始说客家土楼与风水思想是密切相关的。报道明确言及客家土楼与“风水”原理的关系。这篇报道是杂志编辑所写，并且当时用的资料是日本的建筑学者茂木计一郎的论文。此后开始出现客家民居与风水思想相关的话语。

笔者还不知道，在学术论文中是什么时候开始注意客家土楼的。可是管见所及，20 世纪 80 年代左右渐渐开始介绍客家土楼，并逐渐蔓延，指出了客家土楼和“风水”思想的关系。以后这样的观念便固定下来，也就是说，客家土楼表现了客家独自的建筑文化，它表明了客家艰难的历史，并且和“风水”思想的关系密切。笔者注意到下面的两点：第一，当初关于客家土楼的传说，与“风水”的传说没有关系。当然广义的“风水”包括八卦思想，可是住土楼的人认为，风水思想与八卦思想不相干。第二，初次发表客家土楼和“风水”思想的关系的人，不是福建永定的现场人或者新加坡的杂志编辑，而是海外的研究者（尤其是日本建筑学者茂木计一郎的“误解释”的影响比较大）。因此，现在的客家土楼与“风水”连接的观点是从外边的视角得来的。这只不过是新加坡的一个事例，可是，笔者认为这包含了很多的暗示。

四、作为消费品的客家土楼，作为消费行为的“风水”话语

受到这样的影响，在永定县的客家土楼一带存在着怎样的话语？如前所述，客家土楼是很早以前考虑风水（八卦）的建筑物。但是，近几年建造土楼的资金的形态与它们的传说出现了变化。从资金来看，以前的建筑资金是从宗族的共同财产支出的，可是现在，大部分的土楼都是由海外客家人大规模投资建筑（或者本地政府、旅游公司作为旅游设施建筑）的。

而且客家土楼的意义也在变化，从一族一族地住居，演变为客家文化的象征。当然土楼还是多少有人住的建筑物，可是住在那里的人主要是老人和比较贫困的人，其余人则希望离开土楼在外边修建房屋居住。

除以上所述的变化之外，关于客家土楼的话语也有了新的发展。在以前的叙述中曾经提到过，客家土楼是赋予了八卦话语的建筑物。但是，关于客家政策的言论、观光地的宣传活动，特别是从海外客家（或海外旅客）的视点来看，普遍是处于被说明的立场。从客家土楼风水话语消费的概念来考虑，可以把握住作为消费品的客家土楼和作为消费行为的“风水”话语。而且，通过捕捉这种消费行为，可以知道客家社会现象的一个层面。[①]可以这么说，消费行为不仅仅是一部分消费者的行为，还是传达全体消费者社会生活状况的一种手段。[②]

将客家土楼作为消费品和消费行为分开，必须考虑到被概念化的客家土楼和概念化的言论。如果以消费的视点来考虑的话，可分成消费品的客家土楼和消费行为的“风水”演说。因此，八卦思想和风水理论赋予了客家土楼重要的记号。

	客家土楼	关于客家土楼的诸言说
言语学用语	Signifier	Signified
消费的观点	作为消费品的客家土楼	作为消费行为的客家土楼
近代以前	富裕宗族共有财产出/中小宗族合资出	地理景观的风水传说和建筑物八卦思想的传说
近代以后（特别是改革开放以后）	部分华侨（或当地政府）大规模出资建设，且是现代建筑	作为建筑物自身的“风水”传说

过去，客家土楼被解释为赋予记号的建筑物。但是随着社会经济的发展，土楼也受到了影响。因此，当“风水”一词在当地被谈到时，不能单纯从过去的传统知识去认识它。不同的时代赋予了客家土楼的不同记号和传说，是与当时的社会经济状况相符合的。但是最重要的是客家土楼这一建筑物和说明它的言论。这一组对应关系在构造上是不变的。围绕着客家

① 间间田孝夫：《第三的消费文化论》，京都：Minerva 书房，2007 年，第164 页。

② Berger A. A., *Sign in Contemporary Culture: An Introduction to Semiotics* (2nd editon), Salem, WI: Sheffield Publication Co., 1998.

土楼的风水传说随着社会情况的发展逐渐产生变化，但是客家土楼的风水传说作为自身的文化，作为历史中最适当的材料，一直没有中断。

结　语

本文从客家土楼及其相关的风水话语来解释社会现象。中国改革开放以后，风水学说的重要性在宗教活动中被认识，主要从以下三个方面来表现风水话语的产生及其消费。

第一，改革开放以前，特别是信息社会形成以前，对于客家土楼的意义及其消费有着各种解释。比如环兴楼、振成楼是八卦思想的代表建筑。也就是说，客家土楼曾经是一族的象征，而且是赋予各种传说的消费品。

第二，客家土楼的消费行为近几年发生了变化。它与建设客家土楼时的财产状况有着密切的关系。从曾经以一族的公有财产出资兴建土楼，到近年来海外投资兴建成为主流。因此客家土楼的存在与其说是一族所有的巨大集合住宅，不如说是一部分宗族成功的证据，或者说是客家文化的代表。因此，这里提到的风水也在这种社会状况下产生相应地变化，变得更加具有个性化、表征化和教材化。

第三，近年的风水传承及其附加价值与其说是客家人在传统生活中创造出来的，不如解释为是受到了海外客家文化的影响。居住在海外的客家人，喜欢将客家土楼和“风水”思想结合起来考虑，将故乡的古建筑——客家土楼作为客家文化的象征。而且，当地客家土楼的居住者们渐渐接受了这种看法，在当地开展了关于表征化的“风水”传承。

小林宏至

参考文献

（中文）

1.《福建事情事查报告》，1907 年。

2.《中国古镇游》编辑部编：《中国古镇游（福建/广东卷）》（珍藏版），西安：陕西师范大学出版社，2003 年。

3. 傅衣凌：《明清农村社会经济》，北京：生活·读书·新知三联书店，1961 年。

4. 黄汉民：《福建土楼》（论述编），台北：汉声杂志社，1994 年。

5. 黄汉民：《福建土楼》（楼谱编），台北：汉声杂志社，1994 年。

（日文）

1. 何晓昕著，三浦国男、宫崎顺子译：《风水探源：中国风水的历史与实际》，东京：人文书院，1995 年。

2. 小林宏至：《重新考虑客家土楼的风水理论》，东京学艺大学毕业论文，2004 年。

3. 小林宏至：《圆地天空下着生活》，《民俗文化研究》2006 年第 7 期。

4. 秦兆雄：《中国人类学的独自性与可能性》，《国立民族学博物馆研究报告》第 31－1 期。

5. 濑川昌久：《客家——华南汉族的族群及其边界》，东京：风响社，1993 年。

6. 濑川昌久：《福建省西部地域的客家和圆形土楼》，《东北亚洲研究》2001 年第 5 期。

7. 濑川昌久：《中国社会的人类学——从亲族、家族的展望》，京都：世界思想社，2004 年。

8. 渡边欣雄：《风水师和“里（背面）”的市场经济》，《民俗文化研究》2006 年第 7 期。

（英文）

1. BruunO.，*Fengshui in China*：*Geomantic Divination Between State Orthodoxy and Popular Religion*，Copenhagen：NIAS Press，2003.

2. De Groot J. J. M.，*The Religious System of China*，Volume 3，Taipei：Literature House，1964.

3. Eitel Ernest J.，*Feng Shui or The Rudiment of Natural Science in China*，Hong Kong：Lane，Crawford & Co.，1878.

4. Freedman Maurice，*Chinese Lineage and Society*：*Fukien and Kwangtung*，London：Athlone Press，1966；Freedman Maurice，*The Study of Chinese Society*，Stanford：Stanford University Press，1979.

5. Skinner Stephen，*Terrestrial Astrology Divination by Geomancy*，London：Routledge & Kegan Paul Books，1980；Skinner Stephen，*The Living Earth Manual of Feng-Shui*：*Chinese Geomancy*，London：Routledge & Kegan Paul Books，1982.

（其他资料）

1. 《人民日报》，1999 年 6 月 21 日。

2. 新加坡南洋客属总会：《客总会讯》，第 1—46 期。

从包装现场到包价旅游

——以面向日本游客的福建土楼游为例

引　言

（一）旅游人类学与旅游业

20 世纪 70 年代以后，文化人类学开始讨论旅游这一现象。旅游人类学的主要课题可分为两类：第一，关注当地社会，明确旅游的社会性、文化性影响；第二，关注游客，探究旅游的起源和本质。①这些人类学者关心的问题来自于"旅游过程"②（touristic process）。简单来说，"旅游过程"指的就是游客从"北"到"南"的流动。许多研究按照这种矢量的方式把握旅游的含义，以从"北"到"南"的绝对的权力关系为前提讨论游客的流动及其影响。并且这些研究中所说的游客往往指的是欧美中产阶级。这种理论前提的偏颇已被学者们再三批判，特别是有评论指出，该理论前提对近年急剧增多的亚洲游客缺乏学术性的重视。③根据在柬埔寨的吴哥窟研究亚洲游客的 T. Winter 的论述，D. MacCannell④以把游客概念化为被工业社会疏远而探求前近代真实性的主体的说法为例，指出许多理论将全球化理解为欧美化，其理论基础是传统/现代、真实性/非真实性、统治/抵抗、

① Stronza Amanda, Anthropology of Tourism: Forging New Ground for Ecotourism and Other Alternatives, *Annual Review of Anthropology*, 2001, Vol. 30, pp. 261 – 283.

② Nash Dennison, Tourism as an Anthropological Subject, *Current Anthropology*, 1981, Vol. 22, No. 5, pp. 461 – 481.

③ Pearce L. Philip, Theoretical Innovation in Asia Pacific Tourism Research, *Asia Pacific Journal of Tourism Research*, 2004, Vol. 9, No. 1, pp. 57 – 70; Teoa Peggy, Leonga Sandra, A Postcolonial Analysis of Backpacking, *Annals of Tourism Research*, 2006, Vol. 33, No. 1, pp. 109 – 131; Tim Winter, Rethinking Tourism in Asia, *Annals of Tourism Research*, 2007, Vol. 34, No. 1, pp. 27 – 44.

④ Dean MacCannell, *The Tourist: A New Theory of the Leisure Class*, New York: Schocken Books, 1976.

地方/全球等二元对立[①]。正如他所指出的，许多既有的研究着重关注于地方，考察在工业化和现代化的推动下全球性的旅游业给地方带来的影响。这些既有的研究把旅游业理解为一种对当地产生强大统治力的“外界力量”，而有关“文化商品化”的讨论恰恰突显了这种理解。D. Greenwood 在 *Hosts and Guests*：*The Anthropology of Tourism* 一书中，举了西班牙巴斯克地区的阿拉德仪式因旅游开发，导致节日文化对当地人们来讲变得徒有形式的例子，并由此来批评“文化商品化”[②]。这种“文化商品化”论明显持有功能主义的文化概念，即认为游客因消费崇拜侵袭当地社会并破坏文化。有些研究者则主张有时候旅游会刺激传统文化从而创造出新的文化，因而更为关注当地社会的自主性。对此，D. Greenwood 本人也在 1989 年的 *Hosts and Guests*：*The Anthropology of Tourism* 修订版中认可了这一说法。[③]然而，尽管这些讨论详细探讨了旅游业的“文化商品化”带给当地人们的影响，但是把“什么东西作为‘文化’被‘商品化’了”这个过程本身简单地归结为消费主义的结果有些草率。在既有的研究中，旅游业仅以一种“看不见面孔的集合体”的身份出现，是存在于当地社会之外的，把文化切割零售的中间商。

（二）旅游业与文化表象

旅游业和媒体的结合，以及 20 世纪 90 年代后的异文化表象研究，进一步深化了“旅游业是把文化切割零售的中间商”这一看法。山中速人借用“军产复合体”的概念把旅游业与媒体的复合体类比为“旅游媒体产业复合体”[④]。他指出，旅游业与媒体掌握着经济主导权，它们一边加强旅游的产业形态，一边以开发为目的对景点实施强大的统治。不仅限于旅游研究，20 世纪 90 年代后，关注媒体的文化人类学研究也急剧增加。对此，

---

① Tim Winter, Rethinking Tourism in Asia, *Annals of Tourism Research*, 2007, Vol. 34, No. 1, pp. 27 – 44.

② David Greenwood, Culture by Pound: An Anthropological Perspective on Tourism as Cultural Commoditization, in Smith Valene, ed., *Hosts and Guests*: *The Anthropology of Tourism* (2nd editon), Philadelphia: University of Pennsylvania Press, 1987, pp. 171 – 186.

③ 太田认为，围绕“文化商品化”的讨论，已经陷入“是破坏还是创造”的善恶二元论的极端。详见太田好信：《エコロジー意識の観光人類学—へリースのエコツーリズムを中心に》，载石森秀三编：《観光の二十世紀》，东京：ドメス出版会，1996 年，第 207 ~ 222 页。

④ 山中速人：《観光地イメーヅの形成 – 商品としてのハワイ》，载石森秀三编：《観光の二十世紀》，东京：ドメス出版会，1996 年，第 57 ~ 68 页。

原知章指出了其中存在的两个背景：第一，20 世纪 80 年代以后，以东方主义批判为代表的有关文化表象的问题变得前景化，媒体的异文化表象引起了激烈的争论；第二，20 世纪 80 年代以后，与人、物、金钱的大规模“移动”等“现代性”现象相关的文化人类学研究兴旺了起来，而其中与信息的“移动”紧密联系的媒体自然成了研究的对象。①旅游的异文化表象正是这两个背景交错下的现象。20 世纪 90 年代以后，把旅游海报和导游书作为研究对象，讨论旅游目的地印象的表象研究活跃了起来。

E. Cohen 回顾了有关“目的地印象”的研究后，认为这些讨论呈现出两种不同的倾向：即（i）“外向的”（extrinsic）倾向与（ii）“内向的”（intrinsic）倾向。②其中（i）“外向的”倾向把考察的焦点集中在印象和“现实”的关系上，并再三指明与现实情况不符的固定印象的存在。例如，K. Adams 举了印度尼西亚塔纳托拉雅地区的例子，当地旅行社为了吸引游客，以商业的角度为考量，部分地对当地进行描绘，对其文化进行表象。结果，旅游海报上所描绘出的塔纳托拉雅文化在强调其真实性的同时也使人们形成了对它的刻板印象。③（ii）“内向的”倾向把考察的焦点集中在印象中被符号化的信息上。这些后现代主义学者的研究目的是把社会多种多样的表象进行解构，并发现由其引发的偏见和影响，④同时他们批判“表象当地文化”这种行为本身所具有的权力性与政治性。例如，D. Bhattacharyya 对世界性导游书《孤独星球》的印度版进行分析，他指出《孤独星球》以权威性的态度对印度这一旅游对象单方面地评价，按照西洋文化的价值标准对印度人的行为做出道德判断。而且他认为印度表象是建立在为满足从现代逃避的游客的需求，摘除了个人、日常生活、现代社

---

① 原知章：《再帰的な人類学的実践としてのメディア研究》，载饭田卓、原知章编：《電子メディアを飼いならす—異文化を橋渡すフィールド研究の視座》，东京：せりか書房，2005 年，第 254 ~ 277 页。

② コーエン、エリック：《原住民の観光イメージ研究 - ステレオタイプのステレオタイプを取り除く》，载 Douglas G. Pearce、Richard Warren Butler 编，大西律子译：《観光研究の批判的挑戦》，相模原：青山社，1995 年，第 42 ~ 79 页。

③ Kathleen Adams，Come to Tana Toraja，“Land of the Heavenly Kings”：Travel Agents as Brokers in Ethnicity，*Annals of Tourism Research*，1984，Vol. 11，No. 3，pp. 469 – 485.

④ Jenkins Olivia，Photography and Travel Brochures：The Circle of Representation，*Tourism Geographies*，2003，Vol. 5，No. 3，pp. 305 – 328.

会和文化开发等现实要素的东方主义的基础上的。[①] 因此，学者们对与媒体结合在一起的旅游业持批评态度，认为其对当地施加权力，散布固定印象，并常常歪曲、扰乱和伪造当地的社会现实。但是，即便这些研究的论述是正确的，且研究者们的主张是合理的，这种观点却有可能在某个阶段使研究停滞，阻碍其他的观点或者一系列新问题的发现。现在需要的不仅仅是记述表象的权力性或观光印象与社会现实的差异，“这个差异在现实的实践中被形成或再形成，然而重要的是，我们还需要对这个差异是由什么、由谁、如何构成的这些问题做出准确的确认解答”[②]。

本文从上述的问题设定出发，着眼于旅行社的包价旅游产品产生的过程，特别是从旅游线路的策划到旅游海报制作的过程，微观地考察成为商品的文化差异是由什么、由谁、如何构成的。具体来说，笔者以广东省广州市的日资旅行社“美高旅行社”（化名，以下简称“美高旅”）面向在中国的日本人开展的福建土楼[③]游为例展开讨论，本文的主要资料来自笔者在美高旅进行的长期田野调查。主要的调查期间是2010年8月至2011年3月为期8个月的全职工作时间以及2011年12月至2012年2月3个月的兼职工作时间。

一、面向日本人的包价旅游的社会构成

（一）美高旅与包价旅游

本文将概观美高旅的组织与业务情况，进而考察面向日本人的包价旅游产品产生的过程。

美高旅于2008年开业，是一家位于广东省广州市的日资旅行社。它隶属于日本旅游业大企业“世界”集团，是继北京、上海后第三家在中国国内开业的公司。开业之初，总经理一职由在“世界”香港工作了20年的中国员工担任，但他由于身体问题离职后，2010年4月起由来自“世界”日本的日本员工接替。该公司员工的流动性比较大，员工人数为25名左

---

① Deborah Bhattacharyya, Mediating India: An Analysis of Guidebook, *Annals of Tourism Research*, 1997, Vol. 24, No. 2, pp. 371 - 389.

② コーエン、エリック：《原住民の観光イメージ研究－ステレオタイプのステレオタイプを取り除く》，载 Douglas G. Pearce、Richard Warren Butler 编，大西律子译：《観光研究の批判的挑戦》，相模原：青山社，1995年，第42～79页。

③ 本文用的“福建土楼”是指2008年被列为世界文化遗产的福建土楼。因为景点的开发情况关系，美高旅的包价旅游访问的都是这些“福建土楼”。

右，其中日本人的比例（包括从“世界”日本派遣来的员工与当地聘用的员工）一共占30%左右。主要业务为从日本接收游客，为在中国的日本人进行旅游安排，安排以日企为中心的招待、员工福利旅游等，主要客户是日本人以及日企。除了总务和财务之外的大部分业务需要日语交流，60%～70%的中国员工在业务中使用日语。公司的部门设置大致分为销售部、安排科和业务部，本文着重关注销售部中负责在中国的日本人的个人游业务的个人游科的工作内容。

个人游科对住在中国华南地区的日本人销售包价旅游产品，按照客户要求安排机票、酒店、导游等个人游的行程。且本文的研究实例——包价旅游产品从策划到安排几乎所有的流程都由个人游科负责。笼统地说，住在华南地区的日本人，其实大部分的客户是派驻在广州附近的日企员工与其家人。美高旅的旅游产品相对于中国当地旅行社比较贵，但是因为可以用日语交流，是日本有名的品牌等，美高旅被客户评价为是一家“价格比较贵但能放心”的旅行社。

美高旅的包价旅游通过海报与网页进行宣传销售，每年会商讨行程内容两次左右，有时也修改行程或是添加新的目的地，同时相应地修正海报。2012年10月至2013年3月的海报共刊登了16条旅游线路。其中广州市内以及邻近地区的线路是4条，其他线路的目的地是桂林、海南、厦门、北京、丽江、香格里拉、杭州、西安、乌鲁木齐、吐鲁番、成都、乐山和峨眉山等。其中具有稳定人气的是桂林、丽江和海南。从以下的宣传标语中就能看出这些景点受欢迎的原因：“漓江绝景顺流两日船游”、“世界遗产丽江古城三日游”、“治愈之旅、南国乐园，海南岛三日·四日游”。由此可知这些行程的魅力之处在于，桂林有自然景色，丽江是世界遗产，海南是度假胜地，再加上从广州出发、良好的交通条件，这些地方很受客户欢迎。

（二）包价旅游商品

本节将考察美高旅的包价旅游是通过什么样的组织与业务产生的。

包价旅游从生产到消费的过程可分为以下几个阶段。首先是线路的策划阶段：美高旅按线路主题大致组合交通、景点、住宿、用餐等做出策划，之后再与当地地接社面向实际销售做调整。在这个阶段，会筛选掉一部分无法作为商品销售的策划。其次是销售的阶段：美高旅在其海报与网站上推销消费者可参加的线路。但是推销后若无人购买，此线路也不会成行。再次是消费者购买线路的阶段：在消费者购买美高旅销售的商品后，

由地接社准备酒店、交通、导游等旅游行程的具体安排和操作。最后是线路的实施阶段：客户实际访问当地，体验线路。这样，包价旅游从生产到消费过程阶段性地进行，参与这个过程的除了美高旅之外，还有各种其他的行为者。参与美高旅中国国内包价旅游的行为者可以简单表示如下：

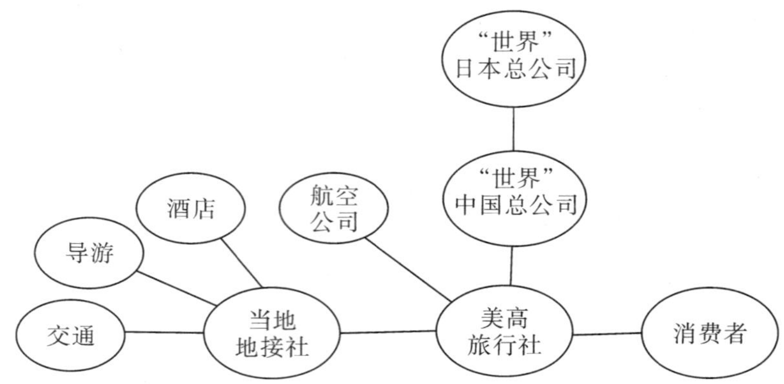

图 1　参与中国国内包价旅游生产的行为者

就中国国内包价旅游而言，美高旅扮演着策划商品并向消费者销售的"批发商"角色，而中国各地的旅行社作为地接社，安排和操作当地的酒店、导游和交通等。就作为本文事例的福建土楼游而言，美高旅负责策划与销售商品，当地的地接社——福建厦门的旅行社通过商讨有限日程内可实行的景点组合，选择可利用的酒店和餐厅等，将可能实现的线路具体化。可见，包价旅游的策划与具体化是一项按主题与目的地把景点、机票、酒店、导游、交通等各个要素连接起来的工作。美高旅的总经理对第一天上班的笔者介绍旅游业时说："咱们做的是借花献佛的生意，也就图个薄利多销。营业额虽然都超过一兆日元了其实也没什么利润，这在其他行业可不多见呐。"①另外，在日本旅行社做田野调查的铃木用"合约的捆绑"来描述包价旅游的特点。②包价旅游是通过利用航空公司和酒店等其他公司生产的商品，把与它们的"合约"捆绑起来并按消费者要求进行调整。包价旅游的商品就这样通过多个中介生产出来，其中重要的一点在于美高旅和与其签"合约"的各个行为者的信赖关系。然而美高旅并没有把

① 2010 年 8 月的田野笔记本的记录。

② 铃木凉太郎：《観光という〈商品〉の生産——日本～ベトナム旅行会社のエスノグラフィ》，东京：勉诚出版社，2011 年。

所有的当地旅行社作为地接社使用，而是只选定其中几家旅行社与其合作。对于客户投诉比较多的公司，他们因认定其无法信赖而放弃合作。而且美高旅要求合作旅行社遵守很严格的操作规定，并认为这是为了提供“日本标准水平的服务”。也就是说，美高旅选择可提供“日本标准水平的服务”的当地旅行社，要求他们遵守很严格的操作规定，以此来达到提供“好商品”的目的。对当地地接社来说，美高旅送来的客户是提高销售额的源泉。如此，在美高旅与地接社之间便产生了权利关系。尽管美高旅让当地地接社遵守严格的操作规定，但地接社为了得到更多客户必须尽力配合。山下以哥打基纳巴卢为例指出：“在旅行社中，有面向欧美人、面向日本人、面向台湾人等专门的代理店，旅游市场呈现按族群分工的现象”，他认为族群的门路带动了旅游市场。同样，在广州，美高旅作为一家日本旅行社，面向日本客户展开业务，其中也可看出旅游市场的族群分工。而实现这种分工的门路则是被美高旅认定可提供“日本标准水平的服务”的中国旅行社。可以说，旅游市场因族群化的门路而变得活跃。

二、福建土楼游的路线化

（一）福建土楼游的策划

本节着眼于美高旅福建土楼游的策划阶段，对土楼是如何被选择并编入旅游路线的问题加以考察。在此之前，先对美高旅福建土楼游策划的背景做一简要描述。

如上所述，在美高旅最受欢迎的是以桂林、丽江和海南为目的地的线路，尽管这些线路有稳定的人气，却是常规线路。由于大部分的美高旅客户是回头客，所以需要向已经去过常规景点的客户推荐新的线路。另外为了让客户能更随意地参加，开拓周末两日一夜游的新目的地也成为个人游科的任务之一。于是福建便作为解决个人游科这两个任务的目的地被提了出来。因为福建在地理位置上离广州较近，短时间内便可周游几个景点，并且福建土楼具有成为世界遗产后的话题性等一系列优势。在新路线的策划中，既有地接社在美高旅先行策划的路线和内容的基础上，视当地具体情况进行调整的情况，也有地接社先向美高旅建议新的路线，美高旅再面向销售地调整的情况。策划的线路不一定实际销售，进行销售的商品也不一定有客户购买，因而美高旅与地接社之间便会进行反复的策划、建议、调整。

此前美高旅也销售过福建游线路，例如“世界遗产土楼三日两夜游”、

“食在广州与厦门世界遗产四日三夜游”等，但是几乎都无人购买。于是个人游科的负责人让地接社给出一个“两天一夜可去看土楼”的线路提案。地接社在参考以前线路的基础上，提出如表1的行程，其主要卖点是华安土楼与鼓浪屿。鼓浪屿是福建游必游的景点，这条线路相比之前，不同之处在于两天一夜很短的时间内同时编入市内游与土楼游。

表1　两天一夜福建线路的行程

	城市	交通	时间	行程	用餐	住宿
1	广州 厦门 华安 厦门	飞机 专用车	上午 下午	坐飞机从广州前往厦门 当地导游迎接你们 在厦门市内用午餐 坐专用车前往世界遗产福建土楼 ◎华安土楼参观 ※二宜楼，南阳楼，东阳楼 △乌龙茶田 晚餐：福建料理	早：× 午：✓ 晚：✓	日航厦门或同级
2	厦门 广州	 飞机	上午 下午	用早餐后到鼓浪屿参观 ◎菽庄花园　◎钢琴博物馆 ◎旧日本领事馆 市内繁华街中山路游览后 前往厦门机场	早：✓ 午：✓ 晚：×	

注：◎表示入场，△表示车窗参观。

（二）有关福建土楼的“想象地理学”

本小节将探讨土楼是在哪些因素的作用下，如何被选择并编入包价旅游线路这一问题。

成为世界遗产的“福建土楼”有很多，说是“土楼游”，考虑到景点开发的程度、景区离市内的距离、线路花费的天数等限制条件，每条线路去哪个土楼实际都是不尽相同的。也就是说，每条线路中“土楼”的内容会有所替换。例如上述的“世界遗产土楼三日两夜游”、“食在广州与厦门世界遗产四日三夜游”的“世界遗产土楼”的内容是南靖田螺坑的土楼群。而上例选择华安土楼是因为在地接社看来，华安土楼本身就是一个很优秀的景点，且即便是两天一夜的短暂行程，客人也能轻松游览。

我们可以看到，这种提案的背后存在着景区旅游开发的程度、交通所需时间以及各个土楼的景点价值等因素，建立在地接社负责人自身经验基础上的有关土楼的“想象地理” （imaginative geography）中。E. Said 在《东方主义》一书中指出，人们用“在心中命名的方法把深深熟悉的‘我们的’领域和在这之外广袤而不熟悉的‘他们的’领域区分开来”，由此便产生了“想象地理”。

在此本文所说的“想象地理”，立足于 J. Duncan 和 D. Gregory 等人的论述，并不是一个分离出表象并着眼于表象权力性的概念，而是侧重于与实际的物理空间的关系性，在“想象的地图”这层含义上使用。[①]当我们探讨在整个线路的产生过程中安排负责人的“想象地理”时，应当注意到“我们”和“他们”边界线的多重性。在安排线路的过程中，“我们”是指日本游客以及安排旅程的美高旅，“他们”则是指负责“当地”安排的厦门市内的旅行社。但对厦门的地接社而言，“当地”指各个土楼风景区、酒店和餐厅等；而美高旅所了解的“当地”则是建立于“必定对当地很熟悉”的地接社所提供的信息上，事实上这些信息也不可能都是由华安土楼的住户或是当地餐厅的工作人员等“当地人”直接提供的。即便是地接社负责人也不会每次都赶赴“当地”去收集信息。在这个意义上，可以说有关“当地”的信息常常既非“未知”又非“已知”，带有一定的不确定性。地接社和美高旅负责人参照在日常的业务实践中建立起来的他/她们自己的“想象地理”，对这不确定性采取折中，进而推进实际的业务进程。

下面笔者通过地接社的日本旅客负责人的谈话，试着描述他/她们对编入旅游线路的土楼所共有的“想象地理”。现在，包括中国游客在内，包价旅游游览的土楼是华安、南靖（云水谣、田螺坑）、永定这三个地方。[②] 首先被开发的是永定，规模很大且很有名，但直至今日，从厦门市内过去单程仍需 3.5 个小时，所以当天回来的话客人会太累。日本人的福建游在 1998 年全日航的直航开始后兴旺起来，永定便成为其线路的景点之一。当时因为道路状况不佳，单程需 5 个小时，游客需在龙岩住一个晚上，花两天去永定游览。其次被开发的是南靖，现在从厦门市内出发 2.5 个小时便可到达。在南靖有云水谣和田螺坑两个景区，前者因 2006 年上映的电

---

① James Duncan, Derek Gregory, eds., Introduction, *Writes of Passage: Reading Travel Writing*, London: Routledge, 1999, pp. 1–13.

② 负责人说明“土楼”的时候很少用各个土楼的名字，平时用地名或者土楼群、风景区的名字。本文关注他/她们的“想象地理”，所以直接用他/她们说话中用的词语。

影《云水谣》而在中国人中名气很大。田螺坑的土楼本身大多比较粗糙，但是在这里可眺望像梅花一样的土楼，且照相地点也建设得比较完善，可以拍出不错的全景照。最后被开发的是华安，其距离厦门市内很近，只需2到2.5个小时便可到达。因为交通方便，相比其他两个地方“客人会放松一点”，而且下雨的时候路况也比较好。虽然不能像田螺坑那样拍出眺望整体的好照片，但是因为这里的土楼有很多精细的雕刻，“文化价值高”，现在被编入线路的概率最高（图2和图3）。到此，被编入线路的土楼群大概就是这三个地方，地接社会针对具体线路选择合适的土楼。

图2　华安二宜楼

图3　二宜楼内“精细的雕刻”

（三）被选择的土楼

本节以上文所述地接社共有的有关土楼的“想象地理”与谈话为基础，围绕在土楼被编入线路时发挥作用的道路状况和所需时间、摄影以及文化价值这三点进行探讨。

首先来看道路状况和所需时间。土楼游线路以乘坐汽车为主，所以道路不完善的话就无法去游览土楼。即便道路完善后也可能会因访客数激增而导致交通拥挤和堵塞。对于汽车交通中显示出的这两个相互依存的特征，J. Urry 描述汽车是“极其灵活的东西，同时整体上看也是强制性的东西”①。汽车通过复杂的道路网把家、工作单位与休闲场所相互连接起来，各个地方被很长的路程隔开，而道路网没有延伸到的地方则变得无法到访。通往土楼的道路网完善后，日本游客相比以前可以用更少的时间到达

① アーリ、ジョン著，吉原直树译：《社会を越える社会学——移動・環境・シチズンシップ》，东京：法政大学出版局，2006年。

土楼，然而同时因为中国游客的增加，往往遭遇交通堵塞和景区混乱的情形。某个地接社负责人说，节假日在景区换坐绿色巴士的时候，因日本人让座而不占座，导游常催促客人说："你这样的话什么时候才能回得去?"这样，因汽车交通中存在的道路网亟待完善的问题与中国游客的增加这相互依存的两个特征，土楼作为景点含义也在发生变化。本例两天一夜行程没有编入永定而要选择南靖或者华安，其中重要的依据是"可拍出好照片"和"文化价值高"这两点。

其次来看摄影。很多学者都指出旅游和摄影的密切关系，游客频繁地拍照的目的是把旅游经历个体化为自己的所有物。[①] 可以说游客的摄影一方面是一种为了支配统管对象的行为，另一方面也是为了把自己的经历变成"自己的所有物"的行为。即使游客拍的照片与旅游海报或导游书如出一辙，但是"自己眼睛看到的"、"自己拍下来的"使这个行为变得有意义。对游客而言摄影的重要性也影响到景点的开发。W. Schivelbusch 曾指出，铁路发展把从前的自然、空间和时间的关系重新构筑起来，他认为铁道的铺设征服并平板化了田园，人们以一种"全景式立体画的知觉"远远地眺望车窗外飞逝而过的风景。[②] 并且 J. Tylor 把这种"全景式立体画的知觉"与中产阶级人们购买汽车以及摄影的流行相结合，从而进行的景点开发形容为英国风景的"柯达化"[③]。同样，在土楼游中也可以看到景点开发与摄影的密切结合。尤其土楼或圆或方的建筑特色，单靠平视无法拍摄出来。因此，为更好地拍摄土楼"与众不同"的形貌，景区设置了专门的展望台和摄影地。南靖土楼群因具备良好的摄影地理环境条件，而备受以摄影为目的的游客的欢迎。因此，人们赋予南靖景区"可拍出好照片"的意义，但在节假日因大量的中国游客的涌入，时常会有交通堵塞和混乱等问题。

再次来看文化价值。与此相对，华安作为具有"较高文化价值"的景点，现在被列入日本游客旅游线路的概率很高。那么这"较高文化价值"是什么意思呢？地接社负责人分享了一个对日本游客的刻板印象，即"日

---

① バージャー、ジョン著，伊藤俊治译：《イメージ——視覚とメディア》，东京：Parco 出版，1986 年；ソンタグ、スーザン著，近藤耕人译：《写真論》，东京：晶文社，1979 年。

② シヴェルブシュ、ヴォルフガング著，加藤二郎译：《鉄道旅行の歴史——19世紀における空間と時間の工業化》，东京：法政大学出版局，1982 年。

③ John Tylor, *A Dream of England*: *Landscape*, *Photography and the Tourist's Imagination*, Manchester: Manchester University Press, 1994.

本人对文化感兴趣”。因此，他们在土楼游时对客家文化，比如客家人的来历和土楼的风水等特别感兴趣，常常有很多人在景点专心地听导游解说。①不仅限于日本人，以欧美人为主的很多外国人也对客家文化非常了解。某个地接社负责人解释说这是因为2008年以来，CCTV国际台制作了很多世界遗产的专题节目进行宣传。她和广西客家的同事聊天时说道：“我是湖南的，在湖南的时候都不知道客家，是来厦门工作后才知道的。中国人都不知道的事外国人却知道得很多。没办法。像客家也是，中国人不知道但日本人知道。”②在这里我们可了解到，在有关日本人土楼游的话语空间中，“土楼是客家文化”这种说明方式发挥着强大的作用，而这种说明方式是面向外国人的媒体所带来的。③对于由客家文化来解释土楼的说明方式，某个地接社负责人说：“其实住在土楼的人不一定都是客家人。”④她说旅游线路游览的土楼确实是世界遗产的福建土楼，但不一定是“客家人住的土楼”。若是按当地人在客家人的影响下建造了土楼这层意思来理解的话，说是“客家的土楼”也没错，但是他/她们却不会把这点特意讲给客人们听。⑤这样，在面向日本人的旅游线路的说明里，客家文化成为解释土楼的谓语，并被固定为面向外国人的说明方式。

通过上述分析，我们可以知道两天一夜土楼游的目的地最终选择华安土楼的原因：节假日交通堵塞的压力小，且符合对“文化”感兴趣的日本

① 在景点，导游介绍一元性客家像，关于客家研究的一元性客家像的创新和客家的多样性、客家边界的暧昧性等研究请参考濑川昌久和河合洋尚的研究。濑川昌久：《客家——華南漢族のエスニシティーとその境界》，东京：风响社，1993年。河合洋尚：《客家文化重考——全球时代下空间和景观的社会生产》，《赣南师范学院学报》2010年第2期，第3~9页。

② 2010年11月的田野笔记本的记录。

③ 关于日本客家文化或者福建土楼印象的生产和流通而对中国国内的影响、印象的再生产过程请参考小林宏至的研究。小林宏至：《客家地区社会知识的生产和消费》，《客家研究辑刊》2009年第2期，第159~165页。小林宏至：《福建土楼からみる客家文化の再創生——土楼内部における“祖堂”をめぐる学術表象の分析》，载濑川昌久、饭岛典子编：《客家の創生と再創生——歴史と空間からの総合的再検討》，东京：风响社，2012年，第103~134页。

④ 2010年11月的田野笔记本的记录。

⑤ 小林宏至指出“土楼散在的是客家居住地区的一部分”，而“客家居住地区之外也有类似形状建筑的报告”，探讨通过媒体，客家与土楼被结合的社会背景。小林宏至：《福建土楼からみる客家文化の再創生——土楼内部における“祖堂”をめぐる学術表象の分析》，载濑川昌久、饭岛典子编：《客家の創生と再創生——歴史と空間からの総合的再検討》，东京：风响社，2012年，第103~134页。

人的口味。这种选择结果很大程度上来自由美高旅认定的代表“当地”地接社的提案和推荐。如上文指出，一方面，美高旅和地接社之间因客户的授受关系存在着权利关系；但另一方面，已经和美高旅建立起信赖关系的地接社对于当地信息有着一定的自主性和权威性也是事实。双方的关系虽然伴随着权威关系，但不是夺取当地地接社自主性的统治关系。

三、说明土楼的有意差异

（一）线路行程的视察和评价

本小节着眼于美高旅通过视察福建土楼游线路策划案做出的评价与调整，以及旅游宣传海报的制作过程，来探讨土楼被赋予了怎样的意义。首先将讨论美高旅员工对策划出的两天一夜福建土楼游线路的实地视察及评价。

美高旅以开发重点商品以及丰富新员工或导游的工作内容为目的，经常派员工或签约导游参加视察研修。笔者调查期间也曾多次参加视察研修，国内的有贵州贵阳、海南三亚、云南丽江和昆明等地，广东省的有佛山、肇庆、阳江、开平等地。这些视察研修，有些是以当地旅行社为中心，旅游局、政府、酒店等为了推销当地景点而招待组团旅行社，也有些是美高旅独立的策划。而且有时公司会把研修旅行作为表彰业绩的奖品送给员工。如上文提到，包价旅游是由“合约的捆绑”[①]构成的，所以视察的时候以下两点很重要：第一，员工们需对当地的酒店和餐厅等进行确认，并判断这些设施是否达到“日本标准水平的服务”；第二，和当地旅行社、酒店等交流信息，同时建立信赖关系，为提供“好环境”做好准备。

两天一夜福建土楼游的视察是美高旅为新商品开发而策划的。和当地地接社安排的导游一起大概按表 1 的行程走，共视察三家酒店、三家餐厅（市内酒店的福建料理餐厅、市内饮茶餐厅、华安土楼的餐厅），访问可能会作为景点的鼓浪屿、中山路和华安土楼。这次视察的时间为 2010 年 11 月，在厦门共进行了两天，参加人员为个人游科负责人一名、法人销售部负责人两名和笔者共四人，除了笔者之外的其他三人都是当地录用的日本员工。

在美高旅，参加视察研修的员工需要写规定的报告表，以早会发表或

---

① 铃木凉太郎：《観光という〈商品〉の生産——日本～ベトナム旅行会社のエスノグラフィ》，东京：勉诚出版社，2011 年。

者公司内传阅的方式和其他员工共享信息。下面具体看福建土楼游的视察报告表的内容。规定的报告表由住宿设施、交通、景点、用餐设施、游客动态、最新信息这几个项目构成。看各个项目的意见就可以知道员工们在以前的安排、导游的经验或者客人的投诉等哪些方面重点做了检查。例如，某个员工把酒店按房间、设备、日语员工、交通方便、气氛这五个方面进行评价，报告了酒店的等级排行和适合各个酒店的客人类型。特别是几乎每个员工都会指出日语员工的水平、日本料理餐厅的有无，面向日本游客设置了深浴缸和全自动马桶的酒店会在设施方面得到很高的评价。可见，对于面向日本游客的旅游线路，是否“适合日本人”、“面向日本人”，这点很重要。

在报告表中差评集中地出现在围绕华安土楼游的这一点上。然而，被指出的问题不是华安土楼本身，而是到土楼的交通时间、道路状况以及华安土楼附近的餐厅等方面。关于华安土楼，一方面，员工多笼统地评价它作为登录世界遗产的景点很有魅力，并且导游的引导很明确，讲解也很充分。并且没有人报告华安土楼的导游讲解内容，在景点只要导游提供充分的讲解，员工们对讲解的内容没有异议。另一方面，员工们指出从厦门市内到华安土楼的 2 到 2.5 个小时的交通时间比较长，因道路状况不太好，汽车颠簸得很厉害，司机开车不谨慎，汽车和餐厅的卫生环境差等问题需要改善。

美高旅的负责人首先要求地接社督促司机清扫车厢并严格履行安全谨慎驾驶的规定。另外，当问起地接社有没有路况更好、到达时间更短的土楼时，得到地接社的回答是“没有这种土楼”。并且地接社解释由于视察的前一天下过雨，道路状况大不如平常，最后以督促司机安全驾驶处理了这个问题。关于餐厅，地接社说土楼附近本来就“没有适合日本人的餐厅”，于是策划的行程是先在厦门用完午餐再前往华安土楼。但是考虑到飞机航班时间和到土楼的交通时间，如果能在土楼附近用餐的话行程可以更为顺畅，所以视察的员工们在土楼附近的餐厅吃了饭。然而他们对这个餐厅的评价是，卫生方面有问题，而且味道也“不适合日本人”，最后仍然采取地接社建议的在市内用餐后再赶赴土楼的行程。

如上所述，员工们的报告表重视的不是景点本身，而是到景点的交通、用餐和酒店设施等问题。翻阅其他员工视察研修的报告表，也可以发现他们重点关注的内容是酒店设施、道路堵塞和路面铺设情况、餐厅的卫生环境等。甚至有一些不以培训导游为目的的视察，连景点设施都没去。事实上，收到的客人投诉大多也是关于酒店、汽车、餐厅的，即便有对导游提出不满的，大多也不是关于景点的解释等，而是抱怨导游的整体时间管理不科学和不认真的态度等。在这个意义上说，美高旅在生产“好商品”的时候重点想要管理的是连接景点的汽车、餐厅和酒店等，对于景点和当地的解说则在很大程度上都委托给了地接社。

J. Urry 指出：“和道路正相反，航空旅游的图景（scape）以及心流（flow）尽管在空间上显得更为拘束，但整体来看它和豪华轿车、的士、带空调的办公室、贵宾套间的酒店和餐厅等互相连接形成一个‘无缝连接的图景’，身处重位阶层如同游牧民一般的人们沿这个图景可放松地旅游。”① 这里通过分析福建游的视察和报告表，可以看出旅游线路化的时候重要的是把构成旅游线路的各个要素相互连接起来形成一个“无缝连接的图景”。为此，这些连接必须符合能让日本人放松地旅游，换言之能为客人提供“日本标准水平的服务”的要求。对美高旅来说，最有可能破坏这图景的要素是汽车、酒店和餐厅等，所以要尽力管理这些方面。相对此，土楼则是这个“无缝连接的图景”上相对稳定的连接点，也就是说，从市内出发只需比较短的交通时间，并且对于景点的完善度很重要，而对土楼的挑选工作则委托给了地接社。②

（二）作为农村风俗之一的土楼

本小节对美高旅在对线路的视察基础之上而进行调整的过程中，所表现出来的对土楼的多种说明方式进行讨论。

如前文中已经指出的，在视察报告表里，通往华安土楼较长的交通时

---

① アーリ、ジョン著，吉原直树译：《社会を越える社会学——移動・環境・シチズンシップ》，东京：法政大学出版局，2006 年。

② 现在，比如在梅州市和闽西、东江流域等地方，也进行着以客家文化为文化资源的旅游开发，无论是土楼所在地政府，还是旅行社都关注具有“客家特色”的建筑。不过，即使是通过福建土楼的世界文化遗产登录，美高旅的日本员工勉强算知道了“客家”这个词语，但是，他们对在哪里有什么样的客家景点一无所知。因而，他们无法策划出游览这些地方的旅游路线，而中国员工也因为“不适合日本人”，而很少提议土楼之外的客家文化景点。比如，在笔者的调查当中，梅州旅游局和旅行社邀请美高旅的员工进行景点的推进，几个中国员工在参加了这次视察之后，给总经理的汇报是“没什么特别的”。据他们说是“没有特意选择梅州游的日本人”、“交通不方便”、“不适合日本人”等方面的原因。他/她们或许从连接景点的交通和酒店、餐厅的周围环境以及在中国的日本人的旅游条件（如季节、日程、预算等）做出“没什么特别的”的判断。濑川昌久、饭岛典子编：《客家の創生と再創生——歴史と空間からの総合的再検討》，东京：风响社，2012 年。

间成为问题，但因为没有“更合适的土楼”，地接社只能以督促司机严格履行驾驶职责的方式来解决这个问题。这里重点关注另一个解决方案，即商讨在行车过程中增加节目。其实在策划线路时地接社负责人也担心交通时间过长的问题，所以设置了车窗游览乌龙茶田这个节目。可是视察员工感觉乌龙茶田仅作为行车中的节目魅力不够，所以美高旅建议，可以在去土楼的路上顺便停靠某些地点，如前往老百姓家参观等。对此地接社的回答是一路上并没有特别值得去的地方，非要去的话香蕉田还不错，建议进行车窗游的同时，也进行下车游览。然而美高旅的负责人和地接社交涉几次，收到地接社的香蕉田旅游提案邮件后，对笔者说：“香蕉田什么的，不管是车窗看还是下车看，放眼一望不还是香蕉田嘛。这和乌龙茶田有区别吗?”[①]地接社认为“有魅力”的乌龙茶田和香蕉田，在美高旅的日本负责人眼里，不具有成为游览对象的价值。

乌龙茶田和香蕉田之所以被建议为“有魅力”的旅游对象，可能是受到中国人在国内游中赋予土楼的意义的影响。关于中国人的土楼游，负责人们常指出，中国人对“文化”不太感兴趣，而比较喜欢热闹。某个中国人旅游安排负责人说，对中国游客来说“客家文化”不太重要，福建土楼成为世界遗产后吸引了很多中国游客，但是没有特别强调“客家”的宣传。广东省出生的她说，旅游中唯一让客家显得重要的应该就是“看亲”。由此可见，在这里如第三章探讨的“土楼是客家文化”这种说明方式不太重要。[②]

那么，在和中国人旅游相关的话语里土楼和什么结合在一起呢？答案是“农村的风俗”，以看农村的风俗为目的的乡村旅游正日益流行。任媛媛在解释乡村旅游时说：“乡村旅游是指以乡村田园风光、森林景观、农

---

① 2010 年 11 月的田野笔记本的记录。

② 2013 年 1 月，笔者曾在广州市区的旅行社门店，对旅游线路广告中出现的“客家”或者有关客家建筑词汇的相关情况进行调查记录。在旅行社我们可以看到有关福建永定土楼、河源客家民俗博物馆和苏家围、梅州围龙屋的旅游宣传。但是当笔者询问销售员有关这些线路的具体情况时，得到的回答却是“没人报名”或者“没有”。对于团体游来说，不到规定的报名人数，一般是不成行的。所以这些旅游线路虽然有广告，但是由于很少有人报名，所以实行的很少。而当笔者询问销售员有关永定土楼的情况时，得到的是“这条线不去土楼”，“很多人去三天左右的厦门游，三天不够时间去土楼”的回答。此外，当地政府和旅行社以客家为旅游资源，实行以客家为主题的旅游线，来推销他们的策划。在广州的书店也有如《客地》等以客家为主题的导游书。在广州市区的一般团队游市场，虽然“客家”不是完全看不到，但是并不是主要的要素。杨北帆、张斌：《客地——闽粤赣客家秘境之旅》，北京：中国青年出版社，2010 年。

林景观、生产经营活动、乡村自然生态环境和社会文化风俗为吸引物，吸引旅游者前去观赏、品尝、习作、休闲、体验、健身、科考、绘画、摄影、购物、度假的一种旅游形式”，“乡村旅游的开展，一方面可以满足人们日益增长的休闲度假、回归大自然的需求；另一方面也为农村经济注入了新的活力，增加了农民收入，所以引起旅游及相关部门的重视。近些年来发展迅速，成为当前我国旅游中的热门项目之一”。[①]某个负责人形容这种乡村旅游为“来到乡下，吃农家的土鸡、土鸭放松一下”。中国人的土楼游也被说明为乡村旅游的一个类型，客家文化被认为是“比较有特色的农村风俗之一”。而作为该特色之一的建筑，就是土楼。某个负责人说的“土楼游不关心客家文化，看的只是建筑”[②]就是这个意思。

而且正如任媛媛所定义的，乡村旅游在观看农村特色风俗的同时，还有一个重要的要素就是离开城市的压力在自然里放松心情。这个要素符合中国国内对于福建“气候良好的南方度假地”的定位。如此，可以说中国人的土楼游是在把福建放在作为“南方的度假地”以及乡村旅游的流行这两层意义上展开的，而地接社提议游览乌龙茶田和香蕉田正是因为它们符合南方度假地或者农村的印象。并且地接社不仅进行车窗游览，同时进行下车游览的建议，是为了使从车窗看到的全景式景色的异质性通过声音、味道等得到恢复，同时也是和大自然亲密接触的一种尝试。

如上所述，在这里，土楼不是用客家文化作为谓语直接说明，而是作为农村的特色风俗之一进行说明。客家和客家文化不是说明土楼的首要变量，而是可以说明土楼的众多变量之一。地接社的负责人在中国国内旅游盛行和景点逐步开发完善的背景下，策划面向日本人的旅游线路，所以旅游的话语空间里土楼既是“农村风俗之一”又是“客家文化”，多种说明方式并存。如日本人对文化感兴趣，中国人喜欢热闹之类，当地安排负责人的作用是在旅游线路的策划、销售和实行的过程中应对组团社美高旅和消费者的不同要求以调整对土楼的说明方式。

在这里可以指出，一方面，他/她们认为属于外国人的“客家文化”的说明方式正如渡边日日所说：“人们在亲身感知某现象之前就已经通过

① 任媛媛：《中国旅游热点问题》，上海：上海交通大学出版社，2012 年。

② 2010 年 11 月的田野笔记本的记录。

媒体提供的说明方式认识现象，并赋予了它们意义。”①另一方面，中国国内游里土楼作为“农村风俗之一”的说明方式可基于各个地接社负责人自身的经验，即具有作为“我（们）那里的风俗”说明的余地。在这里，土楼是客家文化这一说明已经后景化。举例来说，某个负责人说“中国人感兴趣的客家文化只是吃的东西”，这句话隐含着“客家菜”同时是“客家文化”与“农村风俗”两者的象征的含义。当笔者询问她什么是“客家菜”时，她回答说“客家菜”这个分类本身就很笼统。比方说，她出生在湖南，有一些小时候吃的东西她认为是湖南菜，却被称为客家菜。对于这点她的解释是，不管是客家菜还是湖南菜，都是乡下菜，都保留着从前的风味，所以会有相似的地方。这样，有关客家文化之一客家菜的说明，通过“我小时候吃过的菜”这个变量作为媒介，客家菜和湖南菜都被解释为是“乡下菜”，也就是“农村风俗”。“客家文化”之于客家菜，作为一个外来的说明方式，被人们不假思索地反复利用，然而当客家菜作为“农村风俗”进行说明的时候，便加上了“我（们）那里”这个媒介，“客家文化”成为说明客家菜的一个变量。②

（三）作为客家文化的土楼

本小节将探讨通过视察调整后的行程、面向销售整合的行程表，以及配合照片和标语口号的“去土楼吧！厦门、华安土楼两日游”海报的制作过程。

首先，通过视察和其后的调整，重新制作的海报用行程表的形式表示。

---

① 渡边日日引用 Luhmann 的理论说明民族概念和使用它的说明方式：“大众媒体尤其是具有强大影响力的媒体提供了人们对现象的说明方式，人们在亲身感知某现象之前就已经通过媒体提供的说明方式认识现象，并赋予了它们意义。”渡边日日：《社会の探求としての民族誌——ポスト・ソヴィエト社会主義南シベリア、セレンガ・ブリヤート人に於ける集団範疇と民族的知識の記述と解析、準拠概念に向けての試論》，东京：三元社，2010 年。

② 夏远鸣和河合洋尚等也指出，特别是饮食业和旅游特产店把“客家文化”这个品牌随意利用。夏远鸣著，河合洋尚译：《“客都”の変遷——清末以降の梅州における客家意識の形成と客家文化の創生》，载瀬川昌久、饭岛典子编：《客家の創生と再創生——歴史と空間からの総合的再検討》，东京：风响社，2012 年，第 51～76 页。河合洋尚：《東江客家文化の創出と景観建設——広東省河源市を事例として》，载瀬川昌久、饭岛典子编：《客家の創生と再創生——歴史と空間からの総合的再検討》，东京：风响社，2012 年，第 135～166 页。

表 2　印于海报的旅游线路

	城市	交通	时间	行程	用餐	住宿
1	广州 厦门 华安 厦门	飞机 专用车	上午 下午	坐飞机从广州前往厦门 当地导游迎接你们 在厦门市内用午餐 坐专用车前往世界遗产福建土楼 ◎华安土楼参观 ※二宜楼，南阳楼，东阳楼 ○乌龙茶田 △香蕉田（车窗）参观 晚餐：福建料理	早：× 午：✓ 晚：✓	日航厦门 或同级
2	厦门 广州	 飞机	上午 下午	用早餐后到鼓浪屿参观 ○菽庄花园　◎钢琴博物馆 ◎旧日本领事馆 咖啡时间（一人一杯） 市内繁华街中山路游览后 前往厦门机场	早：✓ 午：✓ 晚：×	

注：◎表示入场，○表示下车参观，△表示车窗参观。

下划线的部分表示有很大变动，乌龙茶田由原来的车窗游览变更为下车参观，并添加了香蕉田的车窗游览。另一点变更是取消了鼓浪屿菽庄花园的入场，同时新设了咖啡时间。这个变更来自于视察报告的意见，美高旅负责人认为在有限的时间内游览三个景点体力有限，不如更悠闲地体验鼓浪屿的怀旧气氛。关于增设咖啡时间，视察的时候美高旅负责人看到鼓浪屿有很多咖啡馆，便向地接社提议，当地方面也没什么反对意见，所以顺利地做了变更。但是如上文所述，关于香蕉田和乌龙茶田的变更，美高旅负责人并没有完全接受，她认为香蕉田和乌龙茶田一样是“没有魅力”的节目。可是也没有什么其他更好的改善方案，所以原样接受了地接社的提案，在行程表里便写上了乌龙茶田的下车参观和香蕉田的车窗游览。

关于在会议中什么引导决策，社会学的既有研究强调会议出席人之间

的权利关系和“关键人”的作用。对此文化人类学者 A. Riles① 和 R. H. R. Harper②主张，在会议中“时间限制”和“遵守形式”才是引导决策的要因。她们分别以联合国世界妇女大会和国际货币基金组织为例，指出与会代表会集中地关注在特定的截止时间前的文书制作，由此探讨会议与文书形成的独特而反复的形式性的动态。虽然在本文的案例中，美高旅和地接社之间并非靠会议而是用邮件或者电话来往，但是这里面决策的产生受制于海报的印刷时间以及配合长假的新线路推出等“时间限制”，另外用于宣传的“行程表”这一具体形式也起了很大的推动作用。如前文所述，视察的时候被重视的不是景点本身而是连接景点的汽车、酒店和导游，但是如表 2 所示在“行程表”上标注出具体的特定信息的反而是景点或游览对象。为显示日本人可以一路顺畅而放松地旅游，行程表上用了“专用车”、“福建料理”、“日航厦门或同级”和“当地导游”等词语。然而对于基于对日本旅行社的信赖而选择美高旅的消费者来说，这些服务都是理所当然的前提。不是以度假地或者酒店为中心的线路的话，消费者更在意“在那里可以做什么”。因此，从“行程表”的形式的角度来说，最好记载有各种各样的节目，结果乌龙茶田和香蕉田也添加进了“行程”栏内。这个决定不是拥有权力的美高旅下的合理性决策，而是为了产生“好商品”和对当地信息有权威性的地接社的商谈中，把“暂时不再是问题”的东西移交下一个业务环节而成形。

海报的构成之一是“行程表”，另一个要素是让人留下印象的照片和标语口号。通过海报，期望能给人留下土楼和客家紧密结合的印象。

这条线路被命名为“去土楼吧！厦门、华安土楼两日游”，该路线以土楼为主题，覆盖海报半页大小的照片用的也是土楼。在海报下面附加了“亲访世界文化遗产‘福建土楼’，只需两天。从广州、深圳出发两天便可来回的线路终于推出了！散步于常夏的厦门街上，前往华安土楼。访问客家住居，参观乌龙茶田，尽享备受世界瞩目的客家生活！不仅如此，同时还将前往厦门鼓浪屿参观”的介绍文。两张土楼的照片分别添加了“前往谐美融于乡村风景的华安土楼”、“独特土墙集合住宅客家的生活”两句说明。

---

① A. Riles, ed., Deadlines: Removing the Brackets on Politics in Bureaucratic and Anthropological Analysis, *Documents: Artifacts of Modern Knowledge*, Ann Arbor: University of Michigan Press, 2006, pp. 71–92.

② R. H. R. Harper, The Social Organization of IMF's Mission Work: An Examination of International Auditing, in M. Strathern, ed., *Audit Culture: Anthropological Studies in Accountability, Ethics, and the Academy*, New York: Routledge, 2000, pp. 21–53.

图 4　美高旅 2012 年 10 月至 2013 年 3 月的旅游海报

美高旅负责人在找海报用的照片时说："最好很像土楼的样子。"[①]她所说的"很像土楼的样子"，源自于她第一次知道土楼时看的日本电视节目《世界不可思议大发现》的永定土楼专题所得到的土楼印象，而各个标语口号是参考了日本出版的导游书、地接社策划线路时寄过来的宣传语和视察的时候导游的介绍等之后制作出来的。就这样形成的"很像土楼"的印象下，土楼和客家被紧密结合，如同"美国文化"、"日本文化"一样，客家文化在讲述中被等同于社会或者特定生活样式。也就是说，为形成更容易理解的印象，说明归结为"土楼就是客家文化"。然而，海报这种形式需要充分宣传路线的各种魅力，地接社提倡的土楼是"农村风俗之一"这样的说明也没有被排除，所以可以读到在"参观乌龙茶田"和照片旁边的"和谐美丽融于乡村风景"这些说明方式。

因此，围绕土楼作为"客家文化"和"农村风俗之一"的这两种说明方式并非水火不容，而是可以共存的。但实际说明方式的选择不是以旅游线路的销售为目的去寻求最合适的解决方法而做出的最终合理性选择，而是美高旅和地接社在与消费者和当地多重的关系中，进行反复磋商，以及在行程表和海报这种形式的约束等方面的因素作用下偶然形成的。并且"土楼是客家文化"这种说明方式本身对地接社负责人而言，并不是需要解释的对象，而是一种"在实际感知某个现象之前的大众媒体的说明方式"[②]，对这种认识现象的说明方式是现成的。但是因"农村风俗之一"这种说明方式的存在，地接社负责人以"我（们）那里"的自己的经验为媒介，回归性地解释了"客家文化"。并且，这种回归性解释的片断通过美高旅和地接社的决策磋商体现在了海报上。

结　语

本文着眼于在以往研究中被认为是存在于当地社会之外的，把文化进行切割零售的作为中间商的旅行社。并且注目于旅行社中以福建土楼为主题的包价旅游的产生过程，微观地观察商品化的文化差异是由什么、由谁、怎么构成的。

继第一小节提出问题的设定，第二小节概览了作为本章的实例美高旅的组织和业务，并描述了美高旅销售的国内包价旅游及其商品特色。包价

---

① 2010年11月的田野笔记本的记录。

② 渡边日日：《社会の探求としての民族誌——ポスト・ソヴィエト社会主義南シベリア、セレンガ・ブリヤート人に於ける集団範疇と民族的知識の記述と解析、準拠概念に向けての試論》，东京：三元社，2010年。

旅游是由美高旅与地接社、酒店、导游和餐厅等多个行为者签订合约而成形的。美高旅和地接社关系背后存在着可否提供“日本标准水平的服务”的信赖关系和由客户的接受关系产生的权利关系，并且旅游市场由于族群化的门路而变得活跃。

第三小节着眼于福建土楼游路线化的过程，探讨了地接社负责人有关土楼的“想象地理”，并讨论了土楼是如何被选择而编入旅游路线的。在选择具体土楼时，道路状况和所需交通时间、摄影以及文化价值这三个因素起主要作用。华安土楼被选择为面向日本人的旅游线路的主要原因是，相对其他旅游景点，这里不用担心因国内摄影游客造成的交通堵塞和混乱，而且适合对“文化=客家文化”感兴趣的日本人。而且在对包价旅游行程的安排过程中，“当地”这一概念是多重性的，带有既非“未知”又非“既知”的不确定性，所以美高旅和地接社的关系不是统治与被统治关系，地接社拥有一定的自主性以及在关于“当地”信息上的权威。

第四小节着眼于对福建土楼游的视察和以此为基础做出的调整，以及海报的制作过程，探讨了土楼作为旅游对象的意义是如何被说明的。首先，根据视察报告可以看出，美高旅重视的是提供一个由“日本标准水平的服务”连接而成的“无缝连接的图景”，土楼只是这个图景上的一个连接点而已。另外，对土楼的说明存在着多个谓语并存的现象，既有中国国内游“农村风俗之一”的说明方式，又有地接社认为欧美人或者日本人喜欢的“客家文化”的说明方式。并且地接社的负责人以“我（们）那里”的自己的经验事实为媒介对土楼进行回归性的解释。然而最终决定用哪种说明方式解释土楼，并非完全是合理性的斟酌，而是在海报的行程表、照片和标语口号这些“形式”和“时间限制”下，偶然形成的。

本文关注什么作为“文化”被“商品化”这个问题，探讨了成为商品的文化差异是由什么、由谁、怎么构成的。从中可以明白的是，在商品化的过程中，构建起来的不是对象的文化差异，而是对象的有意义的说明方式。也就是说，重要的是在说明该对象时，人们把它和什么联系到了一起，又把它和什么分离开了。而且几个说明方式可互相共存，至于在什么时候用哪个说明方式，与其说是某个人下的决策，不如说是来自于各个行为者在互相磋商，并在形式和时间限制的推动下形成的。关于福建土楼，欧美人和日本人用的“客家文化”这种说明方式与近年兴盛的中国国内游客用的乡村旅游的“农村的风俗”这种说明方式同时存在并混杂在旅游路线商品之中。同时这种说明方式的混杂是由于地接社处于“当地”的位置，在那里工作的人们把“我（们）”作为媒介，对“当地”做出回归性

的解释而产生的。之所以会存在多种说明方式的混杂，是因为旅游市场的族群化，在安排包价旅游行程中，“当地”总是带有多重性和不确定性，由此接受游客的旅行社和地接社建立起了带权威关系的自主关系。在把旅行社作为“外界力量”整体性把握的既有研究看来，游客 = 旅行社 = “北”，东道主 = 当地 = “南”，近代化 = 欧美化。而本文展示了“当地”作为主体总是带有多重性、不确定性这种包价旅游的商品特色及与此相关的各个行为者之间的关系，以及被族群化的旅游市场、中国的经济发展和国内游客增加等多种要因错综复杂的现代中国实景。

田中孝枝

闽西客家定光古佛信仰及其文化景观的形成

一、闽西客家定光古佛信仰的由来

据南宋的《临汀志·仙佛》“敕赐定光圆应普慈通圣大师”条载，定光古佛，又称定光大师、定应大师、定光佛、和尚翁、圣翁等。定光古佛是客家地区人造人格神之一，俗姓郑，名自严（亦其法名），泉州府同安县（今属厦门市）人。郑自严生于官宦家庭，祖父仕唐，为四门斩斫使，父亲任同安县令。幼时聪慧，奇异过人，少有佛心，“年十一，恳求出家，依本郡建兴寺契缘法师席下。年十七，得业游豫章，过庐陵，契悟于西峰圆净大师，由此夙慧顿发，遂证神足，盘旋五载”①。后云游四方，咨参修道，行善布施，足迹遍布闽粤赣名山大川，于乾德二年（964），过武平岩前，睹南安岩（狮岩）之形胜，慨然誓言“委身此地，以度群品”，遂驻锡南安岩。淳化二年（991），年逾花甲的定光大师离南安岩十里之外别立草庵居之，期间感化野猴，牧牛三年。景德初，迁南康郡盘古山。大中祥符四年（1011），汀州郡守赵遂良在其州宅创后庵延请大师往来谈话。大中祥符八年（1015）坐化于旧岩。享年八十二岁，僧腊六十有五。

定光古佛的信仰在闽西客家地区被推崇备至，究其原因是多方面的。首先，定光大师活跃在闽西的时间也是客家先民因黄巢起义避乱南迁（第二次南迁）暂得安定的时期，屡遭兵灾、历尽辗转流离之苦的客家先民早已身心疲惫，渴求得到神灵的庇佑，过上风调雨顺、衣食无忧、国泰民安、幸福祥和的日子。定光大师恰好在此时修成能降福于民，神力无边的高僧，既能退敌除寇，保境安民，又能战胜自然，“驱使草木，教诲蛇虎，愁霖出日，枯旱下雨”，还能赠人以子嗣，使人“无男得男，无女得女”，从而，使得初来乍到面临极其恶劣的自然环境的客家先民有了安身立命之地，也使得因战祸而终日惶恐不安的人们得到极大的慰藉。由此，客家先民对“民有祈祷而无愿不从”的定光大师推崇备至，甚至认为定光古佛的

① （宋）胡太初修，赵与沐纂：《敕赐定光圆应普慈通圣大师》，《临汀志·仙佛》，福州：福建人民出版社，1990年，第164页。

信仰取代其他神明信仰也理所当然。其次，定光大师不仅是一介高僧，得到圆净大师衣钵真传，成为云门宗第四代传人，①而且“亦俗亦真”，拉近了人与神的距离。客家先民迁居闽西后，在与土著民族大融合中大量地吸收了他们的自然崇拜和原始巫道信仰，而这些人们长年累月祀以供食、终日敬奉的崇拜信仰对象，总是神秘莫测，来去无踪，虚无缥缈。相比之下，行则溪头村道，居则寺庙草庵，日夜守护民众尽显神异的定光大师却近在咫尺，倍感亲切。于是，大师生前是值得民众尊敬的“和尚翁”，灭度之后是赢得广大信众敬仰的“圣翁”。再次，作为云门宗（禅宗五家之一）第四代传人的定光大师，依循中国禅宗的特点看，同样也吸收了儒、道等中国传统文化思想，主动融入了士大夫文化圈，在与汀守赵遂良“往来话次”中也应付自如，契合时政。所以，诸如朝廷政要王钦若、赵安仁、刘师道，文坛巨擘苏轼、黄庭坚等名公巨卿或“寄诗美赠”，或“大篇短章致赞叹意”，这无疑提升了定光古佛信仰的文化品位。最后，从熙宁八年（1075）至乾道三年（1167），定光古佛因屡屡显灵，庇护汀民，莅汀官员多次上表，朝廷累封定光佛至八字大师。官方的屡次赐封奠定了定光古佛信仰的权威地位，对民间信仰起到了巨大的推动作用。

二、定光古佛是海峡两岸客家人共同的保护神

定光古佛信仰不仅在闽西客家地区非常盛行，还辐射到闽西周边的客家与非客家地区，并且随着客家人的迁徙足迹，传播到了浙江、江西、广东等客家地区。定光古佛信仰之深广在历史文献材料上也有所反映，在元代“自江而西，由广而南，或刻石为像，或画像以祠，家有其祀，村有其庵”②；在明代，“定光禅院于临安、于泉南、于江右无弗有，而汀为最著”③；在清代，渡台垦殖的客家人为寻求神灵的庇佑，也在台湾虔诚供奉起了定光古佛，定光古佛成为海峡两岸客家人共同的保护神。

定光古佛在福建地区的影响最为普遍。晚年被贬到岭南惠州安置，心向佛道的苏东坡对定光古佛屡次显灵造福百姓的事迹也了然于胸，曾作长诗美赞古佛，并指出：“七闽香火，家以为祖。”④可见，定光古佛在福建地

① 张木森、邹文清：《“南安岩定光佛”文献初步研究》，闽西客家联谊会、龙岩市政协文史和学习委编：《定光古佛与客家民间信仰》，2008 年，第 124 页。

② （元）刘将孙：《养吾斋集》卷 28《定光圆应普慈通圣大师事状》。

③ （明）黎士弘：《重修梁野山定光禅院辞》，《临汀汇考》卷 4《山鬼淫祠》。

④ （宋）胡太初修，赵与沐纂：《敕赐定光圆应普慈通圣大师》，《临汀志·仙佛》，福州：福建人民出版社，1990 年，第 164 页。

区香火之盛。而福建又以闽西北为盛，闽南次之，其中武平、长汀为定光古佛信仰的核心区域。据武平狮岩均庆禅院释无界师父介绍，大陆现今供奉定光古佛的寺庙庵堂有几百座，较有代表性的是闽西的武平狮岩均庆寺、梁野山寺，上杭东安岩、镇龙寺，连城滴水岩，清流金莲寺，新罗区江山灵远宫；闽西北的三明瑞云寺，泰宁丹霞禅院，将乐古佛堂，顺昌古佛庵；闽南的平和龙归堂，同安石鼓山铜钵岩；江西吉安的西峰宝龙祥符寺；广东陆丰的定光禅寺，汕尾的青云山定光寺，乐昌的古佛岩；浙江衢州的天宁寺；四川广安肖溪的冲相寺。

在台湾，供奉定光古佛的规模较大的寺庙主要有两座，一是彰化县的定光佛庙，另一是台北县淡水镇的鄞山寺。两座寺庙分别建于清乾隆二十六年（1761）和清道光三年（1823），汀州客家人渡台开垦时初建成“汀州会馆”，为抚慰离家心灵，保佑健康平安，汀州客家人在会馆里祀奉原乡的定光古佛神灵，成为定光佛庙，香火一直很旺。此外，台北板桥的接云寺也安奉了定光佛。台湾定光古佛信众也曾多次回祖庙敬香。几年前，在武平狮岩均庆寺门前地下挖掘出土了一块清雍正十一年（1733）“台湾府信善乐助建造仙佛楼重装菩萨碑”，石碑正反面共刻有为助建仙佛楼捐献银两的960名台湾善男信女的姓名及数量，证明两地信众交流的历史悠久。1989年，台北鄞山寺住持胡俊彦带领信士数人，到大陆闽南等地寻找定光古佛祖庙，无功而返。1991年，台北鄞山寺住持胡俊彦再次带领信士35人，几经周折终于在武平找到定光古佛祖庙“南安岩均庆寺”，此后，台湾信众多次跨越海峡回祖庙敬香，并虔诚地带回祖庙香灰，以示佛祖保佑平安。

三、定光古佛信仰文化景观的形成

闽西客家祖地山川秀美、钟灵毓秀，孕育了汀州八县勤劳善良、勇敢聪慧的客家人，涌现出了黄慎、上官周、华喦、伊秉绶等书画巨擘，锡矿大王胡子春、万金油大王与报业巨子胡文虎等商界精英，以及张鼎丞、杨成武、刘亚楼等共和国革命将领。古汀州深厚的历史文化底蕴不仅使汀州“江山代有人才出”，也使汀州一山一水充满人文气息。而仙佛的入境，更使闽西山水景观充满灵气。“山不在高，有仙则名。”终南山因老子隐居而著称于世，敬亭山得诗仙吟咏而闻名遐迩。亦佛亦道的定光古佛郑自严曾云游江西庐陵依圆净大师席下学法，成为禅宗云门宗第四代传人，虽算不上标榜佛教史上的高僧，但也称得上两宋时期的名僧，使得客家人顶礼膜拜，称之为“圣翁”。其所到之所，或为驻锡处，或为传佛之地，香火历来旺盛，信众常年络绎不绝。定光古佛所遗留下来的圣迹、神迹，如武平的“狮岩”、“梁野山”，清流的“灵台山”，成为后人朝拜的圣地。有关定光古佛的佛迹史，经过当地客家信众的加工演绎形成传说故事，这些传说故事赋予了“狮岩”、“梁野山”和“灵台山”等普通山石一种幽晦神秘的色彩和慈悲为怀的佛性，从而成为闽西一道道亮丽的信仰文化景观。

图 1　清流县灵台山客家文化广场全景效果图

（一）宗教圣地：武平“狮岩”

闽西境内崇山峻岭，怪石嶙峋，难摹其状，其中以瑞狮命名的风景名胜遍及各县，有狮子石、狮子岩、狮子洞、石狮岽、狮子山等多种称法，其山石形状皆俨然如狮。而地处武平县东南岩前镇的狮岩（古称南安岩），属石灰岩溶洞地貌，“形如狮子，旧为龙鼋窟宅，俗呼为‘龙穿洞’。后定光佛卓锡于此。书偈云：‘八龙归顺起峰堆，虎啸岩前左右回，好与子孙兴徒众，他时须降御书来。’中有二洞：南岩为正，窈窕虚旷，石室天然，又有石门、石窗、石床、石鼓、石虎、龙、龟、猫之属，即佛之正寝；东岩差隘，而石龛尤缜密，即佛宴坐之地”①。洞内山石巉岩，鬼斧神工，石柱笔立，钟乳垂悬，甬道纵横，石床石龛如天施地设，自然天成的石室可容纳数十人；洞外风光旖旎，巨大岩体嵌空险僻，岩松挺立，磐石幽篁，

① （宋）胡太初修，赵与沐纂：《临汀志・山川》，福州：福建人民出版社，1990年，第 51 页。

两旁茂林修竹，苍翠欲滴，前有十二峰，如海上飞来，突兀而至，森然并峙，若拱手作揖。有宋代孙章诗赞一首："苍峰十二碧岩隈，岂是飞从海上来？灵境莫将巫峡比，但令云雨下阳台。"①宋郡倅郭祥正曾倾心于南安岩的秀美，甚至想远离尘俗，吟诗道："汀梅之间山万里，南安岩窦何玲珑！青瑶屹立敞四壁，巧匠缩手难为工。嗟予俗缚未能往，原得结草与岩松。遂登彼岸达正觉，月落岩下松生风。"②郡守陈轩有古风略云："南安岩近南斗旁，乾坤缔结雷电守；云寒木老洞穴古，巨鳌露脊鲸牙口。"③值得一提的是，南安岩除留传有宋代文坛巨匠苏东坡、黄庭坚的诗文外，还留下过宋代名相李纲的诗句。李纲被贬沙县任监税兼武平县知事时，探访过此地，盛赞狮岩佳境，有诗云："满山泉石有吾意，十里松筠生昼寒。"④并在岩壁上有题刻："灵洞水清仙可访，南安木古佛洞居。"其余赞叹狮岩的长篇短章，因时代久远，无法尽列。

这些文人士大夫们留下的诗文题刻极大地提高了狮岩的文化品位，为开发狮岩创造了得天独厚的人文条件。更重要的是，定光大师驻锡于此岩，期间到江西盘古山弘法三年，其余五十余年时间都在南安岩及附近弘扬佛法，除蛟伏虎，送子祈雨，护佑一方百姓，最后在此"右胁卧逝"。毫无疑问，狮岩已经成为定光古佛信仰的发祥地。此外，狮岩还是仙道的洞天福地。据《何氏族谱》载，后唐天成元年（926），入闽始祖何大郎在宁化县尹职上任满解绶，携眷迁武平，见狮岩胜景，就近择地开基，生下五子一女，女儿何仙姑生性好静，不饮酒，不食荤，不嫁人，隐遁狮岩全心修道。定光大师路过此岩，但见"一峰狮子吼，万象尽皈依"之气象，发誓"委身此地"，遂"摄衣趺坐"。何仙姑哪里肯依，与大师斗法于岩，一日，仙姑出洞观洪水，大师乘机入岩打坐，待仙姑回岩，目睹大师巨蟒盘缠，猛虎伏身。何大郎得知大师有异术后反劝仙姑让出狮岩，携子孙搬迁至离狮岩十五华里的宁洋村重新开基创业，并赠大片土地建造寺院，又赠腴田鱼塘以资供养。何仙姑通晓草药，常为百姓治病，最终得道成仙，

① （明）黄仲昭修纂：《八闽通志·山川》卷8《汀州府·南安岩》，福州：福建人民出版社，1990年。

② （宋）郭祥正：《南安岩》，（清）曾曰瑛修，李绂纂：《汀州府志·艺文六》，北京：方志出版社，2004年。

③ （宋）胡太初修，赵与沐纂：《南安岩均庆禅院》，《临汀志·寺庙》，福州：福建人民出版社，1990年。

④ （宋）胡太初修，赵与沐纂：《南安岩均庆禅院》，《临汀志·寺庙》，福州：福建人民出版社，1990年。

为道家“八仙”之一，乡人敬仰并在佛殿旁建仙姑楼，塑像供奉。佛道斗法的传说故事，更让狮岩声名远播，成为佛道圣地。

诗文题刻之雅与民间信仰之俗，使武平狮岩胜景不仅激发了大批文化人士的游览兴趣，也吸引了众多普通民众前往观瞻敬拜仙佛。因此，武平狮岩也在闽西众多“狮子名胜”中脱颖而出，成为武平八景之一，被载入《中国名胜词典》。近年来，各地客家文化的研究与交流不断升温。武平县各界人士顺势而为，抓住机遇，充分利用客家文化及闽台定光佛缘的平台，努力打造狮岩文化景观，使其成为两岸客家定光古佛朝拜圣地。其主要做法有：一是举办定光佛文化学术研讨会和定光佛文化节，深入挖掘定光古佛文化内涵。2008 年 7 月，“海峡两岸定光古佛与客家民间信仰学术研讨会”在龙岩市举行，两岸客家文化学者五十余人参加了会议。2011 年 6 月，在武平狮岩均庆寺隆重举办了“首届海峡客家风情节——定光佛文化节”，迄今已连续举办了四届。通过媒体的大力宣传，定光佛文化已经成为武平的一张文化名片。二是加强两岸定光佛文化交流。2010 年 3 月，由武平县委书记陈盛仪带领武平佛教协会人士参访了台湾彰化定光佛庙，并签订了两地交流合作协议书。同年 12 月，应台湾信众邀请，由武平县有关部门组成的定光佛赴台参访团一行 46 人首次护送狮岩均庆寺祖庙定光古佛金身到台湾彰化、苗栗、台北、淡水等地巡游，受到台湾信众的虔诚朝拜。三是把定光佛故事搬上电影荧屏和戏剧舞台。2010 年 9 月以来，福建电影制片厂、武平县委县政府联合着手摄制高清数字电影《定光缘》。2012 年 12 月，武平汉剧团创作的汉剧《定光佛缘》在第五届福建艺术节武平分会场客家演艺中心开场首演，反响巨大。这一系列活动无疑极大地提高了狮岩的知名度，让狮岩更为外界所知，让狮岩景观更加亮堂起来。

图 2　武平狮岩举办定光佛文化节

（二）人间仙境：武平“梁野山”

武平生态资源丰富独特，生态环境质量居福建省第二位，这主要得益于拥有地处武夷山脉最南端与南岭东端交汇处的国家级自然保护区梁野山。梁野山也被当地人称为“梁野仙山”，列为武平八景之首。据《临汀志·山川》载：“梁野山，俗传高五千余仞，分十二面，绝顶有白莲池。昔乡民采茗，误至一岩，见垂龙须草幕其门。披蒙茸而入，中有佛像、经帙、钟磬、幢盖，俨然如新。欲再往，迷失故路。按《梁野山》记：‘古迹，有素书三百卷。瀑布奔入千秋溪，旁垂石如覆釜。’”[①]另据南宋地理志《舆地纪胜》载：“梁山，在武平县东三十里。嵯峨险峻，其形叠出耸云霄间。山上有仙岩，有天莲池，有覆釜石。”[②]

梁野仙山“仙”在自然。梁野山，因原始森林覆盖面积达 14 365 公顷，动植物资源非常丰富，有国家级保护物种近百种，被称为“生物物种的基因库”和“野生动物的避难所”，2003 年经国务院批准列为国家级自然保护区。梁野山海拔 1 538.4 米，是武平第一高峰。其山势巍峨险峻，林海苍茫，层林叠翠，千嶂竞秀其峰，万壑尽争其鸣，朝暮之晦明难罄其幽，四时之气象变化万千；沿梁野山南麓小径蜿蜒而上，绵延数里的峡谷，景观各异，密林幽谷、溪涧危石、飞瀑激流，令人目不暇接。峡谷流泉飞泻于崇岗复岭的花岗岩体上，形成大大小小、姿态奇异的一几个瀑布迭水；绝顶上一大一小依偎相伴的母子石，形如覆釜，雄峻奇特，仿佛在讲述那古老而神奇的民间传说，巨石下面，一口清澈见底的白莲池静静地躺在四面小山岗的环抱中；梁野山是大自然赐予的天然氧吧，云蒸霞蔚，闲云出林岫，身临其中，“云向山腰起，人从树顶行”[③]，仿佛蓬莱仙境，游者流连忘返。

梁野仙山“仙”在仙佛。俗话说“天下名山仙佛住”。如此秀丽多姿的梁野山很早就有仙佛留下神迹了。山上迄今发现最古老的仙佛遗迹应该算是仙人洞了。仙人洞，也称白云洞，《临汀志》载：“乡民采茗，误至一岩”，实指乡民误入仙人洞。“中有佛像、经帙、钟磬、幢盖，俨然如新”、“有素书三百卷”，说明古时有僧人在此建寺修行。近年，古洞几经整理发掘，发

---

① （宋）胡太初修，赵与沐纂：《临汀志·山川》，福州：福建人民出版社，1990 年，第 51 页。

② 转引自（宋）胡太初修，赵与沐纂：《临汀志·山川》，福州：福建人民出版社，1990 年，第 51 页。

③ 王琳：《梁野山》，（清）曾曰瑛修，李绂纂：《汀州府志·艺文六》，北京：方志出版社，2004 年。

现洞前仅留下唐代白云寺遗址。《八闽通志·山川》记载梁野山，“唐开元中，有福僧卓锡此山，毒蟒恶兽为之驯伏”。这说明至迟在唐开元中（727 年前后），即武平建县前 167 年左右就有僧人来梁野山修道，并修得驯兽伏蟒的神异仙术，仙人洞、梁野仙山或许就因此而得名。从史志记载和民间传说可知，定光大师也曾在仙人洞修炼过，并留下圣迹。据清宣统元年（1909）岩前乡人立于狮岩的“定光大师来岩事迹”碑载：“宋太祖乾德二年（964）（定光大师）由邑之梁野山寻胜而来”，可见，定光大师觅得狮岩胜景之前先寻胜去了梁野山。在民间还流传有许多关于定光大师在梁野山弘扬佛法的故事。其中，“古母石”传说最为乡民所津津乐道：

一日，定光大师到老斗坑一带化缘，正好到了一位富翁家里，主人不理睬他。定光大师原已化缘到一些米，便想借锅来煮，主人不想借给他煮，便借口说没柴了。定光大师说：我用我的脚做柴好不好？竟将双脚放到灶膛里，噼里啪啦烧了起来。一会儿饭熟了，定光大师吃完后旋即离去。主人大吃一惊，一看家中的饭桌、板凳，都被烧光了，而定光大师的双脚仍是好好的，连一个伤疤也没有。主人持打狗棍追了出来，而定光大师行走如飞。到了水口，定光大师看到有个镇水口的大石，便用绳子绑住，用伞把它背走了。待主人追来，定光大师已将大石背上梁山顶，生气地往地上一放，悬空而立，危危欲坠。从此，老斗坑人因时时担心巨石会从山上滚下来而惶惶不安。

从此，顶天立地的“古母石”成了乡民弃恶从善的象征，是梁野山的镇山之宝，素有“梁野山魂”之称。“古母石”上勒有“此石出在老斗坑，佛法无边背上岭”。定光大师在狮岩圆寂不久后，梁野山人倾其神异及无量功德，在白云寺原址建了梁野山寺，也称白云禅寺，供奉定光古佛，香火一直鼎盛至今，声名远播闽粤赣客家地区。

深山藏古寺。梁野山的自然文化景观吸引了无数游客前来赏景探幽。身处梁野仙境中，很容易让人想起王维所作的充满禅意的《过香积寺》中的诗句，套换白云寺，悠然轻吟“不知白云寺，数里入云峰。古木无人径，深山何处钟。泉声咽危石，日色冷青松……”近年来，集优质自然资源和深厚宗教文化于一身的梁野仙山，在武平县政府的重点保护和宣传下，业已成为福建西部的一颗绿色明珠和文化明珠。武平也成为闽粤赣边的生态文化旅游大县。

（三）客家祖山：清流“灵台山”

被称为客家祖山的清流灵台山又是一个依托定光古佛信仰打造而成的文

化景观典型。灵台山，旧省志、县志称作“云台山”，位于清流县与连城县接壤的长校镇，属武夷山东南麓，海拔 1 060 米，高耸入云，山势端庄秀美，群峰起伏，云雾缭绕，逶迤而来的长潭河如白色飘带环绕山脚，增添了祖山的灵气。山上有始建于元末的福源寺，明宪宗八年（1472）创建的翠峰寺，明正德年间创建的醉峰寺，以及圆通寺、云台庵，它们共同组成闽西北规模最大的寺庙群。传说客家保护神定光古佛云游到此，曾作法助力为灵台山下长潭河“筑陂止水”。另据《清流县志》载，定光古佛到清流城郊金莲寺当住持，寺旁岩泉枯竭，定光作法，泉水汩汩流出。因定光古佛圣迹，灵台山又被称为“古佛山”、“仙人岭”。清流县客家文化研究学者甚至把灵台山当作“客家人世代景仰的保护神——定光古佛驻锡的圣山”①。自 2007 年开始，清流县以灵台山和定光古佛信仰为依托打造客家祖山文化园。把灵台山建设成与长汀客家母亲河、宁化客家祖地、永定客家土楼齐名的景观，使之构成“一河一地一山一楼”的客家文化景观旅游精品线路。2011 年，灵台山客家祖山文化园被纳入福建省“十二五”规划当中的“客家祖地文化生态保护与建设”十个重点项目之一。建设灵台山客家祖山文化园可谓是大手笔：总投资 3 亿多元，已经建成包含定光古佛铜像、客家文化广场、祖山禅院、客家文化博物馆、客家宗氏长廊、客家宾馆等的客家民俗活动区，客家人信仰朝圣区及接待配套设施。其中由 200 多吨钷铸成高达 45. 99 米的定光古佛金身，端坐于十余米高的莲花宝座之上，头戴天冠，面朝西方，在蓝天下、碧树中金光夺目，山下万人文化广场中央安置一尊特大祭坛，拾级而上的青石石阶直通山顶的佛像宝座，宽大的石阶当中是一条长 218 米的“客家之路”浮雕，分“先民南迁”、“中原板荡”、“清流聚散”、“粤东聚散”、“闽西拓土”、“走向世界”五个板块，浑然一体，蔚为壮观。

2012 年 11 月，福建三明召开了第二十五届世界客属恳亲大会，灵台山客家祖山文化园作为“灵台朝觐，祈福客家”的重要活动场所，极大地提升了客家祖山的世界影响力。灵台山已经成为集定光古佛朝圣、客家祭祀庆典、客家文博展览、客家民俗活动、休闲娱乐于一体的文化景观。

邱立汉

---

① 江天德、刘光军、黄德骏：《“客家祖山”原由考》，http：//www. qlzx. gov. cn/E_ ReadNews. asp？NewsID =281。

赣南地区“客家景观”的创造

——以郊区客家文化建筑为例

本文基于笔者在2012年6月到2014年1月所做的田野调查，以近年赣州郊区修建的客家文化建筑为例，重点讨论景观人类学与客家文化之间的关系。客家是汉族族群之一，近几年，赣州市政府对客家文化越来越重视，并以客家特色建筑、农具、绘画等为主要依托进行各种客家文化景观的建造。景观人类学主要采用“空间”与“场所”理论，对地方政府、媒体、旅行社、餐厅经营者、本地人等各种各样的主体进行分析。

本文围绕赣南地区“客家景观”建设的背景，选择哪些文化作为所谓“客家文化”的代表，以及本地人如何解释和消费这种情况等问题，分析近年来的社会动向及其变化。本文的研究对象是江西省赣州市郊区的“五龙客家风情园”与赣县的“客家文化城”。在城市媒体与客家表征的双重影响下，本地人日常生活中本有的客家文化开始走向大众表征的所谓“客家文化景观”，“客家文化景观”进而成为所谓“客家文化”的代表，本文即以此为基础展开论述。

引　言

本文主要以景观人类学的视角分析江西省赣南地区“客家景观”的创造过程。日本的景观人类学研究者河合洋尚指出，景观人类学（anthropology of landscape）是20世纪90年代以后开始受到关注的新领域，其主要论题是关注奇异（exotic）文化表征如何创造现在的社会。[①]据河合洋尚的总结，早期的研究采用了“空间”与“场所”理论，前者定位于国家、行政区划、保护区等政治性的边界领域面，后者则定位于地域居民的记忆、身份认同、价值观、社会关系、交谈等本地人所共同拥有的生活面。在此基础上，河合洋尚提出“多相律”（multi-phase）的概念，意指“两种以上

---

① 河合洋尚：《景観人類学の課題——中国広州市における都市環境の表象と再生》，东京：风响社，2013年，第3~4页。

的群体所呈现的不同景观在一定条件下互相平衡，其合理成为一种新的景观”[①]。这个概念比此前的研究更加关注对象景观内在的多层次性。

本文所讨论的赣南地区位于江西省南部，目前主要以客家文化资源为依托开始大力发展旅游观光业。因为有客家先民南迁的史实，与广东省梅州的“世界客都”和福建省汀州的“客家首府”一样，江西省赣州市也被称为“客家摇篮”。近年来，在研究者、报纸以及旅游观光业中，一方面强调“赣州＝客家”这个符号，另一方面又以20世纪80年代以来的后现代（post-modern）视角批判以往的研究将“客家”当作一个先验（a-priori）的、近几年建构起来的文化体系。客家研究的这种立场不仅在中国国内，而且在美国、日本等国的研究中也同样是被讨论过。[②]

江西南部一直被称为传统的客家居住地之一，因此，笔者最初极力想要在赣州追寻所谓的“客家性”面貌，但是在田野调查中看到的实际情况不同于书籍中所描述的“客家”。“客家”主题公园里很少见到本地人，有些人甚至说主题公园所展示的“不是客家”。那么，对本地人来说，什么才是“客家”，什么又不是“客家”呢？这对于把赣州视作客家地区的笔者来说是很有意义的话题。通过对本地人的访谈和观察，笔者逐渐感觉到书籍中的“客家”与本地人认同的“客家”之间有着很大差异。比如，书面记录的“客家文化”大多以梅州半月形的围屋、福建圆形的土楼、赣南四角星的围屋等各地特色建筑为主，强调其奇异性和独特性。但是，实际上赣州市本地人并不都讲“客家话”，大多数时候讲的是赣州话或者普通话，而且，在同一个客家地区内部也有很大的差异。[③]以梅州、汀州、赣州为主表述的“客家空间”与本地人实际生活的文化实践“场所”并不一致。

本文的讨论以赣州市和赣县的客家文化建筑为例，通过景观人类学的理论分析充满多样性的赣南地区的客家文化特征。文章主要集中深入讨论以下三个问题：第一，“五龙客家风情园”和“客家文化城”是如何表征所谓“客家文化”的；第二，本地人对上述“客家文化”表征如何解释；第三，以景观人类学的视角所见的“客家文化景观”具有怎样的特征。下面首先介绍赣南地区的大致情况。

---

① 河合洋尚：《景観人類学の課題——中国広州市における都市環境の表象と再生》，东京：风响社，2013年，第56页。

② 比如，中川学（1980）、濑川昌久（1993）、房学嘉（1994）、谢重光（1995）、Constable（1996）、陈支平（1997）、程美宝（2006）、饭岛典子（2007）等。目前这一连串的流程被称为“范式转换”（paradigm-turn）。

③ 赣南地区的本地人确实讲客家话，但是客家话内部的声调和语法差别很大。

一、赣南地区概况

（一）赣南地区的客家研究

上文的讨论是基于罗香林在《客家研究导论》中提出的江西省南部地域属于客家交界地区的观点。在罗之前也有许多客家研究的学者涉及过该领域，1808 年广东和平人徐旭曾在《丰湖杂记》中首次详细地向世人介绍了客家人的历史来源和文化特质，文中讨论到江西地区的客家人时写到，“江西之南安、赣州、宁都都属于客家”①。而罗香林的研究全面介绍了江西境内的客家人的来源、人口、特征等。到了 20 世纪 80 年代，语言学以外的客家研究基本停滞。改革开放以后，以江西学者为中心的客家研究重新展开，1988 年吴释创设华东师范大学客家研究室，出版了《客家史和客家人研究》和《客家学研究》等刊物。1986 年，万幼楠、薛翘、刘劝锋等开始讨论关于粤东与闽南的历史。20 世纪 90 年代赣南的研究正式开展，进行了与客家研究问题相关的调查，其中尤以罗勇与林晓平的客家研究课题、客家研究室及赣南师范学院的客家研究为代表。此外，谢万陆也是较早从事客家研究的赣南学者，他重视小说、散文、戏剧创作及风水文化研究。1991 年由华东师范大学主办，在上海举行了首届国际客家学研究讨论会，掀起了对大陆客家研究的热潮，极大地推动了江西客家研究的进一步发展。② 1992 年，中国香港的谢剑、刘义章，马来西亚的郑赤琰，法国高等实验学校的劳格文（John Lagerwey）等联合组建国际客家学会，并逐渐在中国香港、台北及新加坡等地扩展开来。美国的孔迈隆（Cohen Myron）、裴达礼（Hugh Blake）、科大卫（David Faure）、康斯坦布（Constable），日本的中川学、濑川昌久、渡边欣雄等外国学者也积极投入到相关研究中来。③ 尤其是劳格文主持了“客家传统社会结构与原动力”大型国际项目，通过与大陆客家研究机构的合作，在江西、广东和福建等客家地区开展深入的田野调查研究，该研究结果以三十余卷的“客家传统社会”丛书出

---

① 本文没有言及。明清以降，在广东书写文化的权利基本上由广府人掌握，在广府人的笔下，客家、瑶、疍、狼、壮等其他族群被描述为没开化的“非汉种”。为此，客家的知识分子对该描述予以反驳（程美宝，2006；河合，2010：4）。

② 周建新：《“在地”与“旅游”——客家族群和区域文化的研究实现与跨越：以赣南为例》，《赣南师范学院学报》2007 年第 2 期，第 17 ~ 22 页。

③ 房学嘉著，小林宏至译：《文化人類学からみた客家研究——広東省梅州を中心とした事例分析》，载《民俗文化研究》，东京：白峰社，2008 年，第 84 ~ 105 页。

版，在国际学术界引起很大的反响。[①] 世界客属恳亲大会的开展也促使政府注意到“客家文化”的特色，开始了促使“客家文化”商品化的过程。

在赣州被视为客家地域之一的背景下，20 世纪 80 年代以后，赣州政府开始重视客家作为文化资源的价值。[②] 尤其是 1988 年广东省梅州市政府的代表参加世界客属恳亲大会时，发现长期潜在却从未动用的优势资源——客家。他们意识到，如果大打“客家牌”，让海外都知道客家人的大本营在梅州，那么所带来的投资与经济发展将前途无量，于是，便紧锣密鼓地在第二年于梅州举行了第九届世界客属联谊会。这次大会取得了令人瞩目的成绩，不但在经济、投资方面大有收获，更为重要的是，打响了中国大陆客家运动的第一枪。也正是在这次大会上，内地的赣州、汀州、宁化等地都开始清楚地意识到客家意味着什么了。[③] 赣州市博物馆和赣南师范学院客家研究中心等开始有了诸如“客家摇篮”的提法。这一概念在赣州市的学术研究机构、都市代表性建筑物、博物馆以及媒体的推进和宣传下得到不断普及。

（二）地域概况

赣州市位于江西省南部，面积占全省总面积的 1/4，位于赣江上游，辖 1 区 2 市 15 县（章贡区、南康市、瑞金市、赣县、信丰县、大余县、上犹县、崇义县、安远县、龙南县、全南县、定南县、兴国县、宁都县、于都县、会昌县、寻乌县、石城县）145 乡 138 镇 7 个街道办事处，总面积 3.94 万平方千米，其中市区建成面积（章贡区和赣州开发区）81.2 平方千米。按 2010 年的统计数据，总人口 918.26 万人。[④] 政府的人口统计数据分类中并没有“客家”这个词，全市汉族人口占总人口的 99%，杂散居少数民族以畲族为主，还有回族、苗族等。[⑤]

赣州市人民政府网页上写道：“赣州是客家先民中原南迁的第一站，

---

① 周建新：《“他者”的视野——国外、港澳台地区的客家研究》，《赣南师范学院学报》2010 年第 2 期，第 1 ~ 2 页。

② 本地籍贯客家研究者黄志繁说：“现今被社会和民众所广泛认可的赣南是客家文化区的观念，是 1980 年代以来的产物，并不是历史上既定的事实。以笔者作为赣南本地人之生活经验，在 1990 年进入赣州读大学之前，并不知道自己是‘客家人’。”

③ 彭兆荣：《帝国边陲政治地理学对客家文化的影响》，《客家研究辑刊》2008 年第 2 期，第 5 页。

④ 《江西年鉴》编辑委员会编：《江西年鉴》，2011 年，第 399 页。

⑤ 《赣州年鉴》编辑部编：《赣州年鉴》，2009 年。

是客家民系的发祥地和客家人的主要聚居地之一。”该网页资料中称，赣州的客家人口占95%以上，作为“客家摇篮”的主要特征，全市现存600余幢神奇的客家围屋，被称为“东方的古罗马”。①

但是，赣州市与“客家摇篮”联系起来实际是很晚才出现的情况。2004年11月19日的《江西日报》上提出，应把赣州称为“客家摇篮”。赣南师范学院的周建新和紫可选取了从1990年到2004年期间的《赣南日报》，分析媒体功能在赣南地区客家文化中的作用，“客家”话语如何在地方政府、学者、经济界以及一般大众中确立。该研究划分出三个时期：第一期为1990—1993年，第二期为1994—1998年，第三期为1999—2003年。在第一期中，20世纪90年代后出现的“客家”话语与学术机构及政府的积极推动有重要的关系。从第二期开始，政府逐渐意识到发展客家文化与推动地方经济之间的关系，便极力倡导文艺宣传部门对客家文化的推广。在第三期，随着对客家文化认识的逐步深入，客家文化结构与目前社会经济发展浑然一体的特点开始受到重视，客家文化反映人们生活的总体面貌这一现象开始得到关注。“客家文化”的话语——以赣州“客家摇篮”的地位和政府的“客家情潮”（加深客家的家乡情谊）、“客家学潮”（客家学术文化研究的潮流）、“客家商潮”（客家地域的经济贸易发展潮流）等关系的加深成为发展的潮流。在这当中，2004年在赣州举行的世界客属恳亲大会起了很大的作用。②

如上所述，将客家作为文化资源的具体性措施与2004年在赣州召开的第十九届世界客属恳亲大会有很大的关系。在该大会上，时任全国政协副主席的罗豪才、省委书记孟建柱、省长黄智权、全国人大华侨委员会主任委员陈光毅，以及对客家文化复兴有很大贡献的香港金利来集团有限公司董事局主席曾宪梓均列席参加。全国政协原副主席叶选平为大会题词“客家摇篮——赣州”。在开幕式上，江西省省长黄智权对包括迁居海外的世代客家人强调，客家民系是有着特殊意义的族系，江西赣州是客家先辈南迁的重要客居地和途经地，许多客家先辈正是在此栖息繁衍后再度辗转闽粤及其他地方的。对客家投资有较大影响的客属乡贤代表曾宪梓也强调：“赣州是我们客家的摇篮。弘扬客家文化，光大客家精神，发展客家经济

---

① 赣州市人民政府网，http：//www. ganzhou. gov. cn/。

② 周建新、紫可著，横田浩一译：《赣南地区における客家文化の構築過程——“赣南日報”を事例として》，载濑川昌久、饭岛典子编：《客家の創生と再創生——歴史と空間からの総合的再検討》，东京：风响社，2012年，第77～102页。

都是我们客家人长期形成的优良传统。”①

下文所要论述的“五龙客家风情园”于2003年开始动工，这一方面源于政府对第十九届世界客属恳亲大会的重视，另一方面也是因为赣州市政府希望通过发展客家的文化资源进行融资，以带来经济效益，推进旅游观光业的发展。如此一来，客家人将得到国内外的广泛瞩目，赣州政府也能够实现宣传客家文化以及推进其“商品化”的目的。2004年在赣州市的龟角尾公园放置的“客家鼎”，即赣州市作为“客家摇篮”地位的确立。②此外，赣州市郊区的“五龙客家风情园”和赣县的“客家文化城”等景区在2009年被评为国家AAAA级旅游景区，客家旅游胜地及国家AAAA级旅游区也产生了相应的名牌效应。③ 2011年，省政府同意在赣州市的章贡区、赣县、上犹县、崇义县、南康市、大余县、信丰县、龙南县、定南县、全南县、安远县、寻乌县、于都县、兴国县、瑞金市、会昌县、石城县、宁都县等18个县（市、区）的行政范围内设立“客家文化（赣南）生态保护实验区”④，目前主要是利用“客家”这一文化资源来制定城市发展政策以及进行多个观光设施的建设。观光业方面，2007年成立五龙客家国际旅行社，2011年组建客家旅游集团。2013年，当地将“五龙客家风情园”的旅游业宣传为“客家文化体验之旅”，观光产业正式形成。⑤ 同年8月举行的“第六届海峡两岸客家高峰讨论暨第十一届赣台经贸文化合作交流大会”也强调，要重视以客家独特性文化为主的赣南客家景观的建设。

图1 赣州市的龟角尾公园“客家鼎”和客家景观

① 《江西日报》，2004年11月19日。

② 河合洋尚：《空間概念としての客家——“客家の故郷”建設活動をめぐって》，《国立民族学博物馆研究报告》2013年第37卷第2期，第223~227页。

③ 《赣州年鉴》编辑部编：《赣州年鉴》，2009年，第313~315页。

④ 《江西年鉴》编辑委员会编：《江西年鉴》，2011年，第336页。

⑤ 2013年1月做的田野调查。

二、赣南地区的“客家景观”表象

在大部分市民都是客家人的赣州，“客家文化”是怎样体现的呢？笔者想通过“五龙客家风情园”与“客家文化城”里的导览板和建筑来介绍客家文化景观的形成。“五龙客家风情园”值得一看的地方有五个：第一个是客家四大围屋，第二个是客家典型建筑，第三个是有“次黄金广场”之称的罗盘广场，第四个是有“天下第一井”之称的龙井，第五个是古色古香的巨型水车。① 每个建筑都设置了导览板，由于参观风情园的人不太多，所以笔者以导览板为研究材料，具体描述如下。仍然强调一点，这里的景观人类学瞩目的问题实际上是以奇异为特征的代表“书写文化”（writing culture）的文化表现是如何影响社会的。

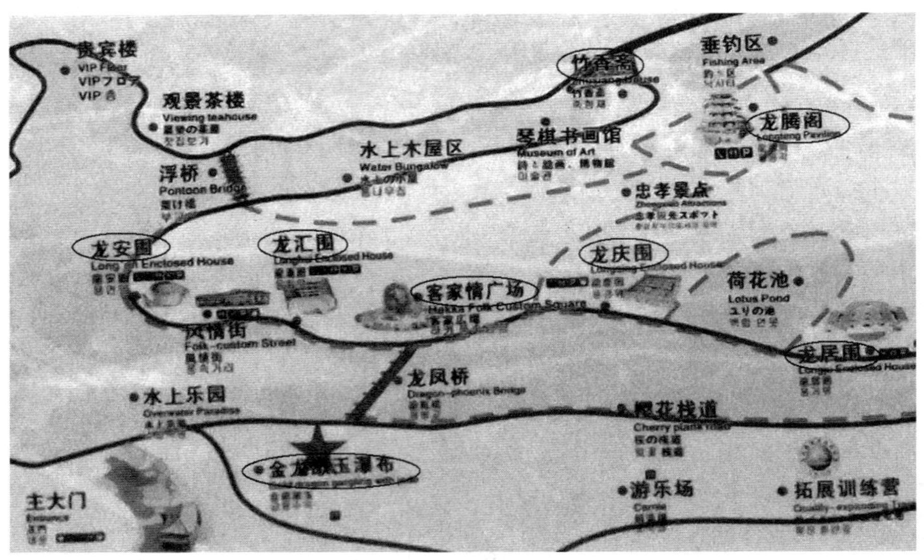

图 2　“五龙客家风情园”景区导览图

（一）“五龙客家风情园”之“客家景观”的文化表象

“五龙客家风情园”位于赣州市郊区，离赣州火车站很近。笔者在赣州市里做田野调查时，问本地人“客家人集中在哪里呢”，本地人（30 多岁的男性）说：“火车站附近有很多。”在赣州市区很少看到的“客家餐

① 赣州市人民政府网，http：//www. ganzhou. gov. cn/。

厅”，也聚集在火车站附近。

在赣州市2004年召开第十九届世界客属恳亲大会期间，政府决定建立“五龙客家风情园”，致力于把这里改造成一个观光地。“五龙客家风情园”位于江西省赣州市中心城区东南部，占地2 000亩，其中水面300亩。客家人在赣州这块土地上繁衍生息了几千年，创造了灿烂的客家文化，演绎着浓郁的客家风情，创造了许多宝贵的旅游资源，是一块风水宝地、一块“客家”味十足的旅游胜地。“五龙客家风情园”是以生态为主题、客家为品牌、龙文化为底蕴，集旅游度假、休闲娱乐、修身养性、运动健身、科教会展、户外素质拓展训练等多功能于一体的旅游胜地。它集客家文化之大成：建筑文化、饮食文化、服饰文化、曲艺文化、方言文化、民俗风情等——展示了客家的辉煌盛景。①

籍贯为广东省梅州市的香港金利来集团有限公司董事局主席曾宪梓，也参加了第十九届世界客属恳亲大会，他给予“五龙客家风情园”很大的经济支持。从园内设有的曾宪梓阅览室，可以看出他在风情园修建之初提供的经济支援和其巨大的影响力。以下是在“五龙客家风情园”中所见的“客家文化”表象的具体介绍。

图3　“五龙客家风情园”入口

图4　“五龙客家风情园”里的“客家摇篮”石刻

1. 五龙漱玉

一进入“五龙客家风情园”，首先映入眼帘的是一个叫“五龙漱玉”的龙。其说明如下：“‘五龙漱玉’雕塑瀑布是根据当地客家人的一则民间故事创作而成。主题为‘五龙’送水哺育当地百姓，盘腾于巨石之上的金

① 《赣州年鉴》编辑部编：《赣州年鉴》，2009年；赣州市人民政府网，http：//www. ganzhou. gov. cn/。

龙似从天而降，栩栩如生、气势恢宏，片片金鳞在阳光下闪着耀眼金光，其口中喷出延绵的水脉象征着客家的昌盛与国泰民安。”根据导游分发的宣传册内容可知，这里以前其实不叫“五龙”，而是流传着一个与此地名相关的古老而美丽的客家民间传说。但是笔者访问的南康籍贯20多岁的女大学生［下文称她为“关键资料提供人”（key informant）］，并不知道“五龙”是什么意思。来了“五龙客家风情园”，听了导游的解说或者看了说明后才能将“五龙”和“传说”对上号。

2. 客家情广场（客家水车）

客家人与自然关系密切这一观点一直被强调，比如，客家人五次南下，忍受严峻的自然环境就是表现之一。“水车是客家人巧用自然界水流的力量做成的一种古老的提水灌溉用具。它起源于明朝，发源于黄河沿岸，至今已有近五百年的历史。据史料记载，客家先民在南迁赣南、闽南、粤东时，将中原地区的水车等先进的科学技术带到了南方，它体现了客家人的创造精神和聪明才智。”这个景点表现了以黄河为发源地，距今有五百多年历史的客家人的状态，强调了客家原住民如何把汉族的技术带到南方，赞扬了客家人的精神和才能。同时，把以罗香林为中心的传统客家表象作为基础，强化了学术正当性，摆正了“客家文化景观”的位置。

图5　客家水车

图6　龙安围

3. 龙安围

赣州以外的梅县新城受福建土楼的影响很大。由于福建的圆形土楼更有名，能够吸引更多游客，因此当地政府在2004年建造的“大新城围龙居”就是模仿福建的土楼所建的建筑物，而这并非具有梅州客家特色的传统围龙屋。[①]“五龙客家风情园”的龙安围也是模仿福建土楼建造的，其特点为不是用土，而是用混凝土建造。因此，与笔者同行的关键资料提供人说这不是真正的传统土楼。

据导览板所述，“龙安围仿福建永定振成楼形状而建，为四星级旅游酒店。圆形的主体的构成，体现了客家人将圆奉为天体之神的原始崇拜世界。该围由内外两环楼组成，外环楼四层，内环楼二层。外环楼按《易经》八卦图布局建造，卦与卦之间既以拱门相通，又设有防火墙，开关随意，既便于通行又利于防火防盗。它以别具一格的建筑风格和造型，体现了客家人的聪明才智，是客家人向世界贡献的珍贵的文化遗产，是休闲、度假、娱乐、聚会的最佳场所”。

“五龙客家风情园”的土楼是模仿被 UNESCO（联合国教科文组织）认定为世界文化遗产的福建永定土楼而建造的，而永定土楼是最有名的土楼。目前，“五龙客家风情园”的外观已大致处于完工状态，但是内置仍未完工。土楼十分重视风水，这源自客家人将对天上的神的原始崇拜与土楼的建造相结合，即赋予物质景观“意义”的特征。

4. 竹

客家与自然的结合这一观点经常被强调，但客家文化与竹子、象棋的结合，笔者是第一次见到。2011 年在“五龙客家风情园”举办了“五龙杯”全国象棋锦标赛，各路精英在此植竹寄情，由此，客家文化中的“名人竹”和象棋结合了起来。

“竹香斋”是为纪念 2011 年“五龙杯”全国象棋锦标赛在“五龙客家风情园”内举办，让广大象棋大师的足迹在风情园永久典藏，同时弘扬棋艺、发展国粹而规划建设的。2011 年 4 月 22 日，十九位象棋特级大师在此植竹寄情，“棋王”柳大华亲笔为“竹香斋”题名。

“竹香斋”，取名自古代著名象棋谱《竹香斋象戏谱》。《竹香斋象戏谱》布局严巧，出棋离奇曲折，真正达到了相生相克、虚实厅正、起伏顺逆之境。“竹香斋”景点融古建筑与自然竹林于一体，依山傍水，曲径通幽，且与琴棋书画馆连为一体，是沉思对弈、休闲品茶、放松心情、提升境界的绝佳场所。

除了在风情园内，笔者在赣州街道上并没有看到客家文化与竹子、象棋有更多的联系。因此，笔者考虑在未来就赣州本地人对客家文化与竹

---

① 夏远鸣著，河合洋尚译：《“客都”の変遷——清末以降の梅州における客家意識の形成と客家文化の創生》，载濑川昌久、饭岛典子编：《客家の創生と再創生——歴史と空間からの総合的再検討》，东京：风响社，2012 年，第 67 ~ 68 页。

子、象棋如何结合及改变的看法，展开深入调查与研究。

5. 龙腾阁与龙庆围

高度代表权力，俯瞰的举动也在暗示着某种权力关系。龙腾阁处于风情园的最高处。导览板上有如下介绍："龙腾阁是五龙风情园的制高点，也是赣州地区的制高点之一。阁身高36.9米，占地约2 000平方米，共五层，建筑工艺精湛，气度不凡，雄峙于景区中央山顶，犹如一条巨龙昂首苍穹，意欲腾空飞去，站在龙腾阁顶极目遥望，似乎能感到龙安围、龙居围、龙汇围、龙庆围与龙腾阁融成一体，与远山近岭遥相呼应，奏起雄浑的五龙交响曲，让人心旷神怡，飘飘欲仙。"

在龙腾阁俯瞰，最先映入眼帘的是模仿江西省关西围屋的龙庆围，但简介中所提到的龙安围、龙居围、龙汇围笔者则没有看到。而笔者看到的龙庆围，也是媒体视角所呈现的局部景观。笔者实际考察赣州的关西围屋时，并没有从上面俯视围屋的这种景观，这类俯瞰图却经常在媒体上看到。因此，笔者认为，从上部俯视龙腾阁的角度设计显然受到媒体的影响，不是"看到"建筑，而是与权力有关系的"俯视"建筑。[①] 文化研究（cultural studies）的学者约翰·费斯克（John Fiske）讨论"高视角"权力关系时，通过以最高的世界第一塔Sears Tower（现在称为Willis Tower）为例分析符号与意思的关系，从而考察获得权力的"快乐"[②]。笔者要考虑本地人利用"高视角"来建的客家景观如何解释。

龙腾阁一层的展览室，展示了广东东部、福建西部、江西南部的图片以及物品。

图7　龙腾阁俯视视角的围屋"龙庆围"

图8　龙居围

① 笔者2013年3月去过关西围屋。

② ジョン・フィスク著，山本雄二译：《抵抗の快楽》，京都：世界思想社，1998年，第308～337页。

6. 餐厅中的客家文化和世界

模仿广东梅县围龙屋的龙居围，是“五龙客家风情园”里唯一的餐厅。笔者曾经去过广东梅县的围屋，梅县围屋和这里的“龙居围”的最大区别是颜色。前者的墙是白色的，后者是茶色的，和福建的土楼十分相近。而且，它结合福建土楼的圆形和赣州围屋的方形建筑样式，形成了糅合福建、梅州、赣州建筑样式的独特风格。另外，别具特色的是餐厅里的各个房间都以召开世界客属恳亲大会的国家或地区的名字与年份命名，有中国的赣州、西安、河源、梅州、龙岩、三明、成都、郑州、香港，印度尼西亚的雅加达，泰国的曼谷，新加坡，马来西亚的吉隆坡等十九个国家和地区。①这样的设计象征世界各地的客家代表于世界客属恳亲大会期间在梅州围屋风格的景观下聚在一起。

“龙居围仿广东梅州棣华居而建。外圆内方的形制，体现了客家人刚柔相济的处世美德。建筑材料采用泥土、青瓦和木材，表现了客家后裔崇尚和亲近自然的朴实情怀。四周群山环抱，门前绿水缭绕，实现了客家风水‘两边有抱后面有靠，前面有照，照中有泡’的人与环境和谐相生的建筑理念。此围风格精致，清丽动人，是住宿、餐饮、雅聚的难得去处。”

图9 餐厅内部

图10 餐厅各个房间的名字（举办世界客属恳亲大会的地点和年份）

7. 客家民俗文化展示区的农具

客家民俗文化展示区是风情园中唯一没有设置导览板的展区，不过，在客家民俗文化长廊中有一段“五龙客家风情园客家民俗文化展示区”的介绍，如下描述了客家文化：“客家是汉族一个重要民系。在其中农耕文

---

① 基于2012年11月和2013年1月做的田野调查。

化对客家人的影响最为重要，它是自客家民系诞生以来便形成的最重要的文化之一，是其他诸如庙会文化、信仰及艺术文化发展的基础，也是客家人世世代代锤炼的文化传统与维系群体团结的黏合剂。五龙客家风情园客家农耕文化展示区对客家人的生产资料……”

这里所展示的农具包括客家人实际生活中使用的农具，比如说车拨、耨、耙、杨簸、风车等，在农具旁展示农具的图片，并以文字说明它们的使用方法。

展示区展示这些农具，是为了强调农耕文化对客家的巨大影响。但由于现代技术的发展，人们已经不怎么使用这些农具了。与笔者同行的关键资料提供人说：“我小时候用过，虽然现在仍在用的地方很少，但也能确定在少数地方还在使用。”这是到目前为止风情园里所能看到的与日常生活最息息相关的部分。

图 11　展示区展示的农具

如此，赣州市郊区的“五龙客家风情园”作为“客家文化景观”的表征：第一，重视客家与自然相协调的景观；第二，突出以梅州围屋、福建土楼、赣州围屋为主的特色建筑。第三，忽视当地人日常生活中本有的客家文化。以上即可看作横跨广东省、福建省、江西省的作为“客家空间”的“客家景观”表征。跟笔者同行的关键资料提供人说：“客家的建筑是与福建、梅州、赣州不一样的，比如福建是圆形的、梅州是半月形的、赣州是四角形的围屋。”[①]但是，其实在梅州也有极少量圆形的围屋存在于大埔，而赣州则只有数得清的几处。从中可以看出，“五龙客家风情园”的“客家景观”是模范“客家空间”。接着，让我们来考察另外一个客家公园。

① 2012 年 11 月的田野调查。

（二）“客家文化城”的“客家景观”表征

“客家文化城”和“五龙客家风情园”同时于2004年在赣州建立，被评为“国家高级旅游景区AAAA”景点，距离赣州市中心区车程20分钟，对面即是“赣南客家名人（樱花锦绣）公园”。因为赣县离赣州市中心很近，因此，做街道调查时，经常听到“赣县是客家人最多的地方”的说法。

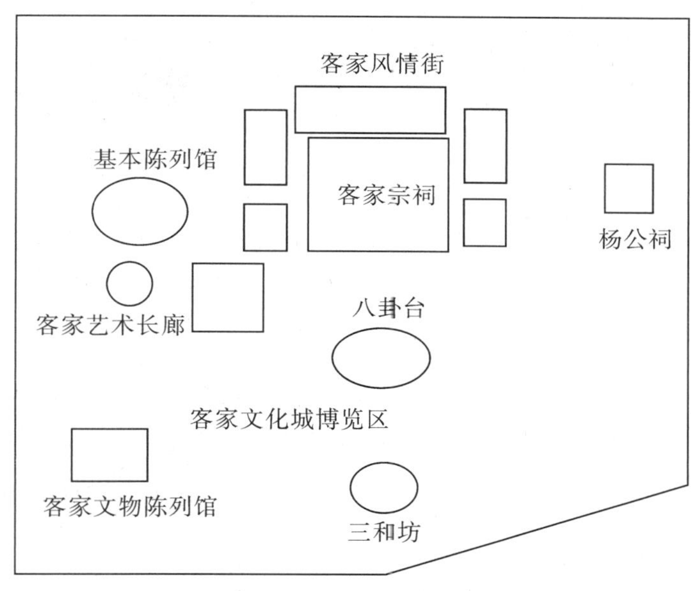

图12 江西客家博物院导览示意图

2004年11月13日在“客家文化城’举行了“客家节系列活动启动仪式”，全国政协委员、中国侨联顾问唐闻生，市委常委、市委宣传部部长潘昌坤，市政协副主席、赣县县委书记温会礼等参加了该仪式。[①] 据现场的管理者说，在举行大型庆典以及政府人员到来之际，这里会有戏剧表演等活动。[②] “客家文化城”是以客家牌坊、太极广场、南迁柱、客家宗祠、济和塔、客家艺术长廊、客家博物馆、杨公祠、客家风情街、客家风情园

① 潘昌坤主编：《赣南汇集原乡情——世界客属第十九届恳亲大会》，《新闻报道稿件选编》，中共赣州市委宣传部，2004年。

② 2013年12月26日的田野调查。

为主的旅游胜地之一。虽然如此，但是现场并没有导览板和宣传册。因此，笔者将着重介绍一下建筑物的各种文化表象。

图 13 “客家文化城”的正门

图 14 客家宗祠

客家宗祠位于“客家文化城”中心，是最重要的建筑。客家宗祠内部有介绍赣南地域的传统仪式、风俗、饮食文化等的图片。具体是以汉族祖先的炎、黄两帝为起点，陈列了族谱、牌位、祖墓、祭祖、农具、米果、擂茶、四星望月的饮食、采茶戏、木偶戏、赣县东河戏的照片。这些民俗文化属于赣南地域 18 个县（市、区）的客家文化，其内容为“场所”的客家表征。[①] 祠堂里面供奉着谒氏等各个姓氏的牌位，共同说明了各姓氏的起源。本地人和游客来这里祭祀时会先确认自己祖先的来源和过去的历史以及与之有怎样的联系。跟笔者同行的赣州籍贯 20 多岁的女大学生说，“建筑漂亮非常重要”[②]，她的意思是说，现代建起来的建筑比传统的建筑更漂亮，这才应该是合乎情理的。通过漂亮的景观和“客家文化”结合，推进对客家文化的认同和信仰。如上所述，在“五龙客家风情园”很少强调精神和信仰，大部分凝聚为“客家空间”的形式表征，而在“客家文化城”则将客家空间通过各种主体作为“实践场所”来设置。

---

① 但是也必须注意这个被表征的客家文化是被分离文化的一部分（ジェームズ・クリフォード、ジョージ・マーカス（James Clifford and George Marcus, ed., 1996)。

② 2013 年 12 月 26 日的田野调查。

图 15　祠堂

图 16　各姓氏的说明

“客家文化城”有土楼样式的客家博物馆，其为水泥建筑，内部收集了族谱、历史资料、陶器、农具、花轿等物品，现在不再使用的各种生活生产用的物品也都作为客体化的表征。

图 17　客家艺术长廊的客家文化绘画

图 18　土楼样式的客家博物馆

图 19　客家博物馆里的农具

笔者认为，“客家文化城”的祠堂、族谱、典籍、祖先与探究同姓起源的研究等相结合，使客家景观从“空间”走向“场所”的变化具有了可能性。亦即，在全球化当中，本地人与世界的客家共同体连接起来，通过直接的视觉感受而非文字，认识在“客家文化城”表现出的实际的客家，以及所提供的以同姓为主的客家共同体。但是似乎“当地人一般不去‘五龙客家风情园’和‘客家文化城’，都是外地人去的”，在笔者的调查中也发现当地人很少去这种地方。在今后的考察中，也有必要研究到底哪些人会聚集于此，以及伴随活动来的政府相关人员、观光客和当地人之间的差异。

（三）本地人的客家文化

笔者逐渐感受到在“五龙客家风情园”和“客家文化城”看到的“客家文化”，不仅模仿了赣南地区的“客家文化”，还模仿了福建和广东的“客家文化”。也就是说，在赣州市区和赣县的主题公园中看到的是具有“客家空间”表征的“客家景观”。这里需要重视的是由政府和学者区分的“客家空间”。那么究竟在本地人实践的“场所”中可以看到怎样的日常生活呢?“五龙客家风情园”和“客家文化城”展示的“客家文化”跟赣州本地人想象的客家文化不同，许多当地人甚至没有客家文化的意识。所以，为了探求本地人如何解释客家文化，笔者在赣州进行了访问调查。结果发现，人们的日常生活跟书面的“客家文化”是不一样的。原因如下：①虽然赣州属于客家地区，但是客家餐厅很少；②日常对话除了使用客家话之外，也使用普通话和赣州话；[①] ③没有看到客家文化特色的风俗习惯。

在赣州街道上，客家餐厅很少，笔者问本地人，“我想吃客家菜，在哪里可以吃”，大部分的本地人说“不清楚”。于是，笔者改变了询问的方法：“这里有什么特色或者特产?”赣州籍贯60多岁的女性指着这里（赣州）说，“这里的特色吗? 赣州的吗? 啊，赣州有18个县，这条路有18个县的特产。这里的特产的话，还是这个”，于是递给笔者一个脐橙。另外一个商店的60多岁的男性说，“这里的特产就是小吃吧！你去钓鱼台的话，能吃到所有的小吃”。笔者期待看到“客家文化”特色的建筑，于是问本地人：“这里的特色建筑是什么呢 ?”许多本地人表示是郁孤台、八

① 据本地人所说，这里有三种语言：赣州话、客家话、普通话。但是最近说赣州话以及客家话的人逐渐减少，说普通话的人逐渐增加，跟以前（2013年1月的田野调查）相比有很大的变化。

境台、浮桥以及古城墙。[1]这些都是赣州地域的观光景点，本地人没有认识到它们和“客家文化”的关系。笔者问本地人：“听说这里是‘客家文化’的代表地区，那么，‘客家’是什么?”60 多岁的本地女性说：“客家就是从中原来的人，皮肤的颜色以及眼睛的颜色没有大的差别，所以住在这里的人们应该都是客家人吧!”笔者继续问她：“怎么知道自己是客家人呢?”她说：“这个都是父母和亲戚告诉我的，都是祖先们的历史。从历史文献或者族谱我们也可以看到。”包括其他本地人，他们都说是通过书籍和历史文献等所谓的科学的被正当化的知识得知自己是客家人的。[2] 因此，笔者在街上看到的事物，很少有客家文化特征。另外，当地人认为“客家文化”指的是知识和历史书籍等被客观化的事物。另外，如果存在不属于两者之间的流动性文化的话，笔者认为就是客家菜。跟笔者同行的关键资料提供人说，“我不能辨别客家菜的真假”，她认为，“我们每天吃的就是客家菜，不知道怎么分辨”。

那么，在哪里存在“客家性”的事物呢? 一名 20 多岁的赣州籍贯的剧团女演员说：“如果你想了解客家文化的话，要去看采茶戏。但是是用客家话表演的，所以你应该听不懂。本地人虽然不会说客家话，但是听得懂，所以他们可以享受客家文化。”于是，她比较其他地区说：“这跟欧洲的歌剧（opera）最大的差异就是使用本地方言。欧美的歌剧使用日常用语进行表演，但我们这里可不是这样。因此这就是我们的特点。”笔者认为，被本地人客观化的采茶戏最具客家文化特色。今后笔者希望从非物质文化角度，探讨人们共用的民俗性知识，以及日常生活中的客家文化观念。

2013 年 8 月 12 日在赣州举行了“第六届海峡两岸客家高峰论坛暨第十一届赣台经贸文化合作交流大会”，那时笔者正在做田野调查，看到了“客家文化”特色的表征介入日常生活，尤其是交通工具的广告。比如公共汽车里面有“客家文化”的说明，又如，赣南客家方言、赣南围屋、舞龙灯活动、客家擂茶、采茶戏、客家山歌等。有意思的是，将赣州观光地的建筑物与客家建筑物结合，说明客家与赣州的关系。赣州籍贯 20 多岁的女学生说：“2011 年新的公共汽车中分别用普通话、英语还有客家话来报站，住在赣州 20 多年了，我听得懂赣州话，但是听不懂客家话。”

---

① 其中，八境台是为了世界客属恳亲大会（2004 年 11 月）的召开而建的，里面设有表现客家文化的鼎状建筑，详见河合洋尚：《空間概念としての客家——“客家の故郷”建設活動をめぐって》，《国立民族学博物馆研究报告》2013 年第 37 卷第 2 期，第 228 页。

② 笔者问了几个长时间住在赣州的本地人同样的问题，几乎都是同样的回答。

图 20　路上表征的大会宣传

图 21　公共汽车里的“客家文化”说明

媒体对当地人日常生活的影响可从本地报纸《赣南日报》与《赣南晚报》看出。比如，2013 年 8 月 7 日到 15 日的《赣南日报》特辑详细报道了“弘扬客家文化，深化赣台合作”讲座。笔者认为，通过报纸和交通媒体等的表征对当地人的影响而引发的今后人们对客家文化的认识是不容忽视的问题。

结　语

笔者在客家人的边境地区之一——赣州市区进行田野调查的时候，想象着赣州是“客家文化”的代表地域。但是如上所述，这里不仅有被学者、政府以及旅游业界作为“客家空间”设定的“客家景观”，也存在本地人没有意识到的日常生活实践的“场所”，而且在以发展观光业和教育为目的而建的场所，笔者发现赣州市郊区和赣县的客家文化建筑与作为客家地域表征的福建省和广东省梅州等的土楼和围屋连起来，形成了独立的地域特征。布律诺·拉图尔论述过科学如何跟政治以及权利相联系，[①] 在这一点上位于客家交界区的赣州也没有例外。[②]在本来没有客家文化意识的赣州，为了主张这里就是客家地域，政府通过视觉表征来影响人们，用特征性的建筑物影响人们（尤其是没去过广东和福建客家地域的人们）对“客家文化”的看法。根据赣州市区里的访谈，本地人不仅没有结合学术

---

① ブルーノ・ラトゥール著，川崎胜・高田纪世志译：《科学が作られるとき》，东京：产业图书，1999 年。

② 赣县的“客家文化城”里存在这种动向。所谓“客家交界区 = 客家空间”的话语，是被建筑物以及博物馆等塑造的想象体。结构空间具体内容参见河合洋尚：《空間概念としての客家——“客家の故郷”建設活動をめぐって》，《国立民族学博物馆研究报告》2013 年第 37 卷第 2 期。

去认识“客家文化性”，而且赣州客家餐桌上也没有相关书籍中强调的客家菜，而更多是赣南18个县（市、区）的地方特色菜。笔者发现，本地人认识的日常场所不是政府和学术定义的作为“空间”的“客家景观”，而是与日常生活最近、最具体的“场所”。反过来说，作为“客家文化”的赣州“客家景观”却维持着当地的发展，也逐渐影响本地人的日常生活，这体现在客家菜以及客家话、媒体等实践当中。总之，现在赣州市区和赣县出现的“客家景观”是带有“客家文化”意味的社会动向。

在此文化问题上，存在把被“他者”发现的族群特征视为“文化”的看法。① 围绕赣南和客家的关系，周建新提出地方历史和区域文化研究，讨论新的赣南客家研究的可能性，从“赣南客家”到“客家赣南”的转变，从“赣南研究”到“超越赣南”或“走出赣南”的跨越。② 如上所述，形式多样的“客家景观”在2004年赣州举行世界客属恳亲大会时被创造出来，同时笔者认为本地人的记忆在今后的研究中也要考虑。法国的社会学者莫里斯·哈布瓦赫（Maurice Halbwachsm）提出“集合性记忆”的概念，意为记忆不仅仅是私人的直接体验，而且是跟一个社会与集团一起创造出来的记忆。③有名的社会学者保罗·康纳顿（Paul Connerton）援用莫里斯·哈布瓦赫的概念，扩大了社会记忆理论。他着眼“集团的记忆是怎么传达和维持的”，在进行表演性（performative）行为的纪念仪式当中会出现社会的记忆。④另外，出版《记忆的场》的法国历史学者皮耶·诺哈（Pierre Nora）在《在记忆与历史的夹缝》一书中分别记述记忆与历史：记忆的定位是具体的，即根植于空间、动作、形象（image）、事物等中；历史则是在时间上的连续、变化、关系。他提出了新的看法，就是记忆是绝对性的存在，而历史是相对性的存在。他主张“记忆的场”包括作为物质、象征、功能的场三个意思。⑤

通过“五龙客家风情园”与“客家文化城”的“客家景观”表征笔

---

① 河合洋尚：《客家文化重考——全球时代下空间和景观的社会生产》，《赣南师范学院学报》2010年第2期，第3~9页。

② 周建新：《“在地”与“旅游”——客家族群和区域文化的研究实现与跨越：以赣南为例》，《赣南师范学院学报》2007年第2期，第17~22页。

③ アルヴァックス著，小关藤一郎译：《集合的记忆》，京都：行路社，1999年。

④ ポール・コナトン著，芦刈美纪子译：《社会はいかに記憶するか》，京都：新曜社，2011年。

⑤ ピエール・ノア著，谷川稔监译：《記憶の場1》，京都：岩波书店，2002年，第13~37页。

者发现的是，本地人通过直接接触或依靠视觉、感觉体验客家文化来逐渐认识客家文化的存在过程。由于客家被描述为奇异的文化，客家地域被覆盖“客家空间”之后因而创造了“客家景观”。通过以前没有意识到的一些现象，如本地人说的“我也可能是客家人”①，笔者认识到今后也要注意以“客家景观”为主介入日常生活的社会过程。

本文以景观人类学理论为主来分析“空间”与“场所”的关系。如上所述，日常生活的客家文化在城市里变成了“客家文化景观”表征，“客家文化景观”表征通过媒体强化“客家文化”的真实性。笔者将就今后本地人在日常生活的场所怎么记忆“客家文化”，或者现在所凝结成的“客家景观”是否会变成坚持真实性和正统性的不同的“客家景观”展开研究。笔者今后还将把本地人怎么说明、记忆和历史有关系的“客家景观”作为新课题进行研究。

谢词：初稿以日文写就，之后译为中文。中文版翻译当中，兰州大学民族学研究院王含章和宁夏大学高晶晶提供了帮助。特此感谢。

星野丽子

参考文献

（中文）

1. 陈支平：《客家源流新论》，南宁：广西教育出版社，1997 年。

2. 程美宝：《地域文化与国家认同——晚清以来“广东文化”观的形成》，北京：生活·读书·新知三联书店，2006 年。

3. 房学嘉：《客家源流探奥》，台北：武陵出版社，1994 年。

4. 广东省兴宁市政协文史资料研究委员会编：《客家研究导论　罗香林专辑②》，2003 年。

5. 黄志繁：《建构的“客家”与区域社会史：关于赣南客家研究的思考》，《赣南师范学院学报》2007 年第 4 期。

6. 彭兆荣：《帝国边陲政治地理学对客家文化的影响》，《客家研究辑刊》2008 年第 2 期。

7. 谢重光：《客家源流新探》，福州：福建教育出版社，1995 年。

8. 严忠明：《〈丰湖杂记〉与客家民系形成的标志问题》，《西南民族

① 2013 年 12 月的田野调查。

大学学报》（人文社科版）2004年第25卷第9期。

9. 周建新主编:《江西客家》，桂林：广西师范大学出版社，2007年。

（日文）

1. 饭岛典子:《近代客家社会の形成——“他称”と“自称”のはざまで》，东京：风响社，2007年。

2. 河合洋尚:《“民系”から“族群”へ——1990年代以后の客家研究におけるパラダイム転換》，《华侨华人研究》2012年第9号。

3. ジェームズ・クリフォード、ジョージ・マーカス编，春日直树、足羽与志子、桥本和也、多和田祐司、西川麦子、和迩悦子译：《文化を书く》，东京：纪伊国屋书店，1996年。

4. 濑川昌久：《客家——華南漢族のエスニシティとその境界》，东京：风响社，1993年。

5. 中川学：《客家论の现代的构図》，东京：アジア经济学会，1980年。

6. ミッシェル・ド・セルトー著，山田登世子译:《日常的実践のポイエティーク》，东京：国文社，1987年。

7. ミッシェル・ド・セルトー著，山田登世子译：《文化の政治学》，东京：岩波モダンクラシックス，1999年。

（英文）

Nicole Constable, ed., *Guest People: Hakka Identity in China and Abroad*, Seattle: University of Washington Press, 1996.

（其他资料）

1. 《江西年鉴》编辑委员会编:《江西年鉴》，2011年。

2. 《江西日报》，2004年11月19日。

3. 《赣南日报》，2013年8月7—15日。

4. 《赣南晚报》。

广西客家的认同感与文化景观

——改革开放后的空间政策以及族群变动

引　言

客家人是什么？客家文化是什么？随着笔者在中国南部和东南亚华侨社会田野考察的开展，笔者开始对这些问题产生疑问。对中国的许多学者或者政府官员来说，这种问题也许是“不言而喻”的，因为不少概况书籍已经明确地说明客家人及客家文化是什么。

无论是中国大陆、香港、台湾还是日本出版的一般关于客家的概况书，都如此描述客家人：①是唐末以来从中原迁移到南方的纯粹汉族；②迁移到南方后主要在闽粤赣交界区（以下简称为“交界区”）居住，并形成族群意识；③从中原迁移到交界区时把原有的中原文化与土著文化结合起来形成了独特的语言文化；④持有强烈的汉族意识和爱国意识；⑤辈出了文天祥、洪秀全、孙中山等名人；⑥客家人的大本营闽粤赣交界地区（特别是梅州、河源、龙岩、赣州地区）是纯粹的客家地区，近100%的居民是客家人，也是海外客家华侨的故乡。这些解释已经成为客家的“常识”，同时也成为博物馆的展览、旅游开发、文化政策的前提。

然而，笔者在中国南部和海外华侨社会进行田野考察时，经常遇到不符合以上“常识”的客家人，而这种现象在广西的玉林市尤为明显。例如，居住于此的客家人原先的迁移途径不一定经过闽粤赣边界地区到广西，而往往与广府人的一致。他们以前持有“艾人”、“客”、“玉林人”等别的认同感，至少在改革开放前不知道自己是客家人。甚至，部分人说他们从祖先开始一直不会说客家话，只说广府话。虽然从迁移途径、语言、文化等标准看，他们明显不是客家人，但从某一时期开始，他们又渐渐有了作为客家人的认同感。那么，他们为什么会有这种认同感呢？他们又是从何时开始产生这种认同感，并且塑造了他们的文化特色呢？本文将通过介绍与分析玉林这个个案来回答这些问题。

一、广西客家的基本概况

广西是壮族自治区，但也有很多客家人。根据《广西客家》的描述，广西客家的起源能追溯到公元前 219 年，秦军 50 万兵进入岭南地区的时候。到了明清时期，大量客家人从广东、福建移民到广西，构成了广西客家社会的基础。目前，广西的客家人口有 900 多万，约占全广西人口的 10%。但是，广西没有居民几乎全部是客家人的“纯客住县”[①]。

图 1　广西地图

总体来说，广西壮族自治区内的客家人多分布于东部和南部，较少分布于西北部。具体来讲，客家人口最多的是东南部的玉林地区，玉林管辖的博白县有约 85 万的客家人，陆川县有约 50 万的客家人。而客家人在博白县占的比率约为 65%，在陆川县占的比率是约 69%。就人口总数来说，博白县是广西客家人口最多的县，而陆川县的客家人口比率最高。另外，客家人在防城港市区和东兴市的比率均是约 50%，在贺州市八步区的比率是约 41%，在柳州市柳城县的比率是约 38%，在贵港市区的比率是约 35%。与此相反，客家人在西北部的河池市和百色市非常少，除了河池市管辖的罗城区之外其他区都低于全区人口的 3%。[②]

可以说，现在《广西客家》一书的内容似已被官方采用。广西政府的公开网站——“广西壮族自治区人民政府参事室网”上关于客家的资料，根据的就是 2005 年版《广西客家》的表述和人口统计数字。[③] 该网站记

① 钟文典：《广西客家》，桂林：广西师范大学出版社，2011 年，第 91 页。

② 钟文典：《广西客家》，桂林：广西师范大学出版社，2011 年，第 59 ~ 88 页。

③ 《广西客家从哪里来》，http：//www. gxcsws. com/，2014 年 2 月 10 日。

载:“博白县的客家人约 100 万，是广西客家人最多的县。”① 笔者在玉林考察时经常听政府机关的人士说，广西大约 10 人中有 1 人是客家人，特别是博白县的客家人口近 100 万，陆川县的客家人口比率在广西最高。② 虽然具体的数字稍微不同，③但是目前官方和学术界对广西客家的人口（700 万 ~900 万）以及分布比率（10% ~11%）的看法大约一致。

不过，以上的数字与“二战”前罗香林展示的数字相差很大。《广西客家》一书中提到，广西客家人分布在 80 多个县区，④ 但罗香林认为客家人在广西只分布在 13 个县区，而且都是客家人口约占 30% 的“二级客住县”⑤。罗香林指出的 13 个“二级客住县”如下：

广西客家的分布——罗香林（1933）和钟文典（2011）的比较

地区名	现在的称呼	现在的管辖市以及位置	罗著的比例	现在的比例
贺县	八步区	贺州市中心	约 30%	41.00%
藤县	藤县	梧州市西部	约 30%	1.30%
柳城	柳城县	柳州市北部	约 30%	38.00%
马平	—	估计现在的柳州市区	约 30%	13.70%
象县	象州县	来宾市东北部	约 30%	6.70%
武宣	武宣县	来宾市东部	约 30%	24.00%
桂平	桂平市	贵港市东北部	约 30%	10.74%
平南	平南县	贵港市东北部	约 30%	13.50%
贵县	贵港市区	贵港市中心	约 30%	35.00%
博白	博白县	玉林市东南部	约 30%	64.64%
郁林	玉林市区	玉林市中心	约 30%	?
陆川	陆川县	玉林市东南部	约 30%	69.00%
北流	北流市	玉林市东部	约 30%	14.00%

笔者在表中还加入了钟文典在《广西客家》一书中表达的见解。看该

① 《广西客家人最多的县——博白》，http://www.gxzf.gov.cn/，2014 年 2 月 1 日。

② 2012 年 3 月笔者与渡边欣雄教授（原日本文化人类学会会长，日本东京都立大学教授）一起去广西玉林进行田野考察。我们在玉林时承蒙了玉林师范学院的徐天河教授和陈碧副教授以及当地政府、侨联会和居民的关照，特此表示谢意。

③ 例如，徐天河在《客家文化与和谐广西》一书中认为广西的客家人口是 700 万。

④ 徐天河在《客家文化与和谐广西》一书中认为广西客家人分布在 100 多个县区。

⑤ 罗香林：《客家研究导论》，上海：上海文艺出版社，1992 年，第 128 页。

表就很清楚，1933 年罗香林对广西客家人的见解与现在的不同，他提出的藤县、马平、象县、桂平、平南、北流这 6 个县，现在反而被认为是客家人低于 20% 的县。相反，尽管现在博白县和陆川县被认为是客家人占多数的地区，但罗香林认为客家人在这些地区不算是多数族群。

那么，为什么两个时代对广西客家的认识这么不同呢？我们可以考虑的一种可能性是，罗香林没去过广西进行考察，他对广西客家的认知并不正确。至少罗香林没说明以什么样的方法和标准认为广西的 13 个县区都是“二级客住县”。但即使如此，我们也不能将罗香林提出的数字与现在不同的理由都归结于他的调查不足。因为，在广西自称为客家的部分居民不会讲客家话，持有与其他汉族同样的习俗。并且，他们在改革开放之后才开始有客家认同感。也就是说，依据什么样的标准判断是否是客家人，对于客家人口数字的变动影响很大。

二、玉林客家的族群认同感

（一）艾人的客家认同感

玉林位于广西东南部，毗邻广东湛江。玉林管辖福绵区、玉州区、博白县、陆川县、兴业县、容县、北流市。玉林的大多数人口属于广府系或者客家系的汉族，少部分为外来人口和壮族。[①] 根据《广西客家》所述，玉州区、兴业县、容县、北流市的多数族群是属于广府系的玉林人，客家人的比率都低于 20% 。[②] 另外，如上所述，博白县和陆川县多数是客家人，比率约 2/3，其余约 1/3 是广府人。笔者于 2012 年 3 月在博白县和陆川县进行田野考察时发现，这里的居民已经有“广府人”和“客家人”的认同感，他们常说谁是“广府人”（玉林人），谁是“客家人”。

然而，在博白县和陆川县，“广府人”和“客家人”是改革开放后才有的称呼。除了部分的知识分子，大多数居民用本地的称呼指称自己和他人。例如，博白县的客家人，以前将自己称为“艾人”，将自己的语言称为“艾话”；[③] 将广府人称为“地佬”，[④] 将广府人的语言称为“地佬话”。

---

① 兴业县的山区也有壮族。2012 年 3 月 4 日笔者和渡边欣雄教授一起在兴业县山心镇的壮族村进行田野考察。

② 钟文典：《广西客家》，桂林：广西师范大学出版社，2011 年，第 59 ~ 88 页。

③ 或者有时将自己称为“自家人”，将自己的语言称为“自家人话”。这种称呼只是用来指称自己的集团。

④ “艾人”有时把广府系汉族称为“地老鬼”，是个贬义词。

笔者在考察过程中发现，博白县的艾人以前没有客家认同感，改革开放之后他们才知道自己是客家人。我们在玉林外面考察“艾人”时可以了解到他们以前没有客家认同感的事实。艾人不仅在博白县，而且在从广东湛江地区到广西防城港等地区都有广泛分布。2012 年 3 月上旬笔者在湛江地区考察时，当地人说湛江地区的汉族能分为四种族群：讲海话的雷州人，讲白话的客人，讲艾话的艾人以及讲官话的人。海话，又称雷州话，是与潮州话比较接近的语言，为雷州半岛人民的主要语言。白话，是与香港、广州的粤语接近的语言，由于讲白话的人是比雷州人晚到湛江地区的移民，故被当地人称为“客人”。[①]艾话，是与粤东的客家话接近的语言，主要在湛江地区北部的廉江市流行使用。官话，是北方的方言。笔者采访了一位李氏宗族成员，他认为，艾话不是客家话，他们讲的官话才是客家话，因为他们的宗族从中原经过江西的赣县到湛江地区。他们认为自己才是客家人，讲艾话的艾人应属于山区的少数民族。[②] 1979 年“排华”之前，越南东北部的广宁省也有很多从广西移民的艾人。[③]与湛江地区的个案相同，他们一般不被认为是客家人。艾人本身不知道自己是客家人，他们只认同自己是艾人。笔者在广州花都的华侨农场进行田野考察时，这里的艾人说，他们以前在越南只认同自己是艾人，1979 年到花都时才知道自己原来是客家人。

同样的，博白县的艾人也在改革开放以后，随着与外面的接触，慢慢“发现”自己是客家人。部分艾人外出到广东工作时遇到与自己语言接近的人，才知道自己的语言原来叫客家话，自己是客家人！另一部分艾人在 20 世纪 80 年代后期开始编族谱，随后寻求祖先的故乡，在走访粤闽交界地区时，得知自己是客家人。另外，还有一些人于 20 世纪 90 年代因博白县政府的宣传，得知自己讲的语言为客家话，才知道自己是客家人。2012 年 2 月笔者与同事在博白县考察时，帮我们介绍了许多客家人的 40 多岁的博白县西南部松旺镇的客家男性和他的朋友们回忆说：

---

① 陈玉潜在 1939 年出版的书中也说，广州湾（现湛江地区）的语言分类为“土话”和“客话”，“土话”指黎语和潮州话，“客话”指粤语（陈玉潜，1939：2）。

② 笔者跟渡边欣雄教授和湛江海洋大学的李晶教授一起采访李氏宗族。

③ 笔者在 2013 年以后跟广东外语外贸大学的吴云霞等在越南的胡志明、边和、海防以及中国云南和广东的华侨农场进行与艾人相关的考察。越南广宁省的大部分艾人从防城港地区到越南北部，也有部分人的祖籍地是廉江地区。“排华”后，大部分艾人移民到欧美、澳大利亚等地，少部分人在越南胡志明的护国观音庙建立了钦廉会馆。

我们小时候叫自己艾人、自家人等，不知道我们是客家人。我记得我们第一次知道自己客家人身份，是20世纪90年代初。当时，博白县政府推广普通话，把我们说的艾话称作客家话，叫我们是客家人。

20世纪80年代学术界开始语言考察后，将与粤东客家话相同的艾话定义为客家话。而这之后，政府也采用了这种在当地较为普及的看法。尽管艾人本身没有客家认同感，但学术界和政府以“客观”的科学标准宣布艾话是客家话，艾人是客家人。此后，从“主观”的角度看，艾人接纳了自己是客家人的说法。

一些艾人持有客家认同感后，修改了他们宗族的历史。例如，上文中的博白县松旺镇的客家男性属于朱氏，在建造他们宗族的博物馆来展览朱氏的历史时说，朱氏的始祖为朱熹，六世祖曾到广东梅县，而九世祖先到江西赣州地区的安远县，后来到了广西。但是，1989年编辑的族谱中，只写他们的祖先从江西的安远县移民到博白县，而没写他们的祖先经过梅县的事实。根据展览的记载，写以上历史的人物是朱氏宗族的一位大学教授，他后来在资料中又加上了梅县的迁移路径。虽然一些朱氏的老一辈人只知道他们的祖先从安远县来（没经过梅县），但是，由于现在安远县也被认为是纯客住区，① 所以他们也觉得自己是客家人。

（二）“非客家人”的认同感变化

以上是艾人变成客家人的个案。但是，从“客观”的科学角度来说，艾人讲的语言属于客家话，他们还是客家人。笔者说他们“变成”客家人，只是主观的认同感问题。然而，在博白县也有从“客观”的角度看不是客家人的居民，改革开放后开始持有客家认同感的个案。

例如，笔者访谈过的博白本地人郡说，20世纪80年代之前博白县的北部居民主要用地佬话，南部居民主要用艾话。由于博白县的县城位于北部，县城及其周围地区使用的语言基本上都是广府话，而博白县的南部基本上都是农村。因此，在20世纪末之前从南部到县城的艾人觉得地佬话是都市人用的语言。可是，近二十年博白县城及其周围地区的一些广府人开始认为他们是客家人，或是持有广府人和客家人的双重认同感。博白县松旺镇的一名客家男性回忆说：

① 可是，安远县在改革开放之前不一定被认为是纯客住区，这里的居民也不一定持有客家认同感（河合，2013：208～212）。

我到博白县城读中学时，这里的居民主要讲地佬话。当时地佬话就是都市的语言，我们学地佬话过都市的生活。可是，进入21世纪以后，县城的语言环境变得完全不同。首先，20世纪90年代南部农村的客家人开始居住在县城，很多人当政府高官或者富裕商人，客家人的势力越来越强。后来，客家话在县城有了地位，原来讲地佬话的居民也开始讲客家话。现在在博白，能用地佬话、客家话双语的人主要是客家人，部分地佬人开始自称为客家人。

实际上，现在博白县城及其周围地区的强势语言就是客家话。即使是原来以广府话作为母语的人，他们对外地人也常说客家话，有时候认为他们就是客家人。一个典型的例子就是，博白县城的郊区出生的著名语言学家王力。现在王力出生的村落有纪念他的故居，王力被宣传为博白客家人的代表。可是，他出生的村落本来是说广府话的，王力就是这里的本地人。这是从“客观”角度来看，广府的居民被认为是客家人的一个例子。

图2　玉林地图

玉林地区也有不少类似的个案。本文将提及博白县、陆川县以及玉州区的三个个案。

1. 博白县的王氏

2012 年 3 月笔者采访王氏宗族时，他们说王氏是客家人。可是，从“客观”的条件看，他们完全不像客家人，因为他们历代祖先一直都不会讲客家话，只能讲地佬话。加上，王氏的一位老人家说他们祖先从安徽过来，不经过江西、福建等地直接到广西。但是，他不知道王氏的祖先具体从安徽的哪里过来，又是如何从安徽到博白，也不知道宁化县石壁村、赣州、梅县等闽粤赣交界地区的地名。甚至，王氏的中青年已经不知道他们的祖先从安徽迁移过来的事实。

王氏的族人说，他们以前不知道自己是客家人，但是后来听别人说，博白中部的人是客家人，所以才知道自己的身份。王氏的个案表明，他们的客家认同感是后天性的，而且不是根据语言或者祖先的迁移途径这些客观标准来界定的。王氏认为他们是客家人的根据只是他们居住在客家大县——博白县。

2. 陆川县[①]的吴氏

与王氏同样，陆川县的吴氏历代祖先也是一直使用广府语系的玉林话。在吴氏居住地，玉林话被称为“白话”。吴氏的族人说，他们的祖先从江西的“珠玑巷”过来。确实，他们的族谱上也记载了他们的始祖出身于“江西省吉安府西门珠玑巷”。这种现象不仅是吴氏一个，在陆川县是普遍的现象。黄震也指出，在陆川县，珠玑巷成为客家人的族群象征，许多宗族认为他们的根在珠玑巷或者“朱玑巷”、“朱衣巷”、“猪子巷”、“瓦子巷”等与珠玑巷类似的地名。[②]众所周知，在华南汉族中，珠玑巷是广府人的族群象征。[③] 许多香港、广州等珠三角地区的广府人认为他们的祖先从珠玑巷来。可是，吴氏认为他们是客家人。

吴氏的族人也承认，他们以前不知道自己是客家人。那么，为什么吴氏认为他们是客家人呢？对此，吴氏的老人家解释说：说白话的宗族移民的时间比讲艾话（客家话）宗族的晚一些，说艾话的人在本地做“主”，

---

① 陆川县与博白县同样，广府人多分布于北部，客家人多分布于南部。

② 黄震：《族谱、历史记忆和族群认同——以广西陆川县客家人为例》，载《华人族群关系与区域比较研究学术研讨会会议论文》，新加坡国立大学，2009 年，第 8 页。

③ 河合洋尚：《景観人類学の課題——中国広州市における都市環境の表象と再生》，东京：风响社，2013 年，第 107 页。

他们一直被叫作“客”。他们居住的建筑类似于围屋，这几年学者和地方政府跟他们说，围屋就是典型的客家文化，因为他们“客”的身份，所以就是客家人。

从以上可知，吴氏认为他们是客家人的背景受到了学者、政府等外部因素的影响。有意思的是，由于他们一直认为自己是“客”，所以更加容易接受他们是客家人的话语。不用说，“客”和客家是不同概念，前者指外来者，后来指从闽粤赣交界地区移民的说客家话者及其后裔。根据《吴氏族谱》，吴氏的祖先从江西的珠玑巷经过广西的梧州到陆川县，他们不是后者意义上的客家人。可是，吴氏受到外部因素的影响将“客”和客家人混在一起，以此解释自己客家人的身份。

3. 玉州区的文氏

笔者在玉州区的某一个社区采访了文氏宗族，他们也认为自己是客家人。可是，他们与上述的两个宗族同样，也是这几年才知道自己祖先是客家人的。从族谱来看，他们的始祖出身于江西省吉安府，他的养子到广西的海北道做官。后来，他的子孙（第四代）经过博白县到玉州的西街区扫墓后一直居住在这里。康熙年间，十八世祖先到现在的社区，建祠堂居住。现在的文氏已经发展到三十世。语言上，文氏从祖先一直到现在都讲广府语系的玉林话。

文氏祠堂的管理人解释说，文氏之间一直都有他们是文天祥后裔的传说。文天祥是南宋末期的宰相，出身于江西省吉安府，是因反抗元朝而死去的汉人。文氏之所以知道自己客家人的身份，是因为前几年他们一族的知识分子通过书籍和网络得知文天祥是客家人，进而在宗族内宣传。文天祥是否真的是客家人是很难讲清楚的问题，因为宋代末期还没出现客家人这个族群。①但是，文氏接受文本上这样一种说法，改变了族群认同感。

目前，文氏在春节、文天祥诞（五月初二，同时过清明节）、二阳节（九月十九日）时会举行有规模的宗族活动。特别是他们的二阳节活动非常隆重，每年约有 5 000 族人从广西、广东各地来，一起在祠堂和墓园举行祖先祭拜仪式。因而，这几年玉州区政府也开始关注他们的活动，还出过修建祠堂的经费。但是，与博白县和陆川县的个案不同，玉州区政府还没提到与客家文化相关的事情，也没有参与宗族活动，所以他们在举行活动时不强调客家文化。文氏的客家意识与政府没有关系，他们受到文本上、网络上的话语的影响才改变了原来的族群意识。

---

① 饭岛典子:《近代客家社会の形成——“他称”と“自称”のはざまで》，东京：风响社，2007 年。

三、玉林客家的文化景观

（一）玉林地区的客家文化政策

可见，不管是客家语系的艾人还是广府语系的地佬人（或者玉林人），其中有一些人在20世纪八九十年代慢慢产生了客家认同感。如上所述，他们产生客家认同感的理由五花八门，但都受到不少学者和地方政府的影响。那么，为什么学者和地方政府对玉林居民的客家认同感有不小的影响力呢？

上文已经提及，1933年罗香林提出的客家人分布和21世纪的数据比较相差很大。罗香林认为广西只有13个客家人居住的县区，其中的博白县和陆川县是客家人占约30%的“二级客住县”。可是，改革开放后，学者说的客家人口以及客家人的分布地区逐渐增多：1999年徐杰舜认为广西有客家人约350万，分布在44个县区，其中以陆川县和博白县的客家人最多；现在学术界一般认为广西有客家人约900万，广西有近100个客家人居住的县区，博白县和陆川县是客家人占近70%的“客家强县”①。

当然，广西的客家人口在仅仅半个世纪不会突然增多。目前我们不能找到1933年后大量客家人从外省迁到广西的记录。但能确定的是，以上人口和分布地区的增加速度超过该地区出生率的增加速度。笔者认为，客家人口在数据上增加的理由之一，是学术界对客家观念的改变。例如，罗香林的客家观念是“粤东中心主义”，也就是说，他将梅州地区的客家话作为标准，将梅州方言定义为客家地区的标准方言。因而，他将闽西和赣南的27个县区中的13个县区认为是“二级客住县”。② 可是，由于20世纪90年代后闽西和赣南的27个县区一般被认为是客家人约占100%的“纯客住县”，学者们按这个标准在广西考察时重新“发现”了客家人。广西师范大学的熊守清教授在2009年7月举办的国际人类学与民族学大会上承认，广西的一些客家人以前没有客家认同感，当学者进行田野考察时，他

① 徐杰舜主编：《雪球——汉民族的人类学分析》，上海：上海人民出版社，1999年，第175页。

② 河合洋尚：《空間概念としての客家——“客家の故郷”建設活動をめぐって》，《国立民族学博物馆研究报告》2013年第37卷第2期，第207～209页。

们才被宣布为“客家人”。①

就这样，在“二战”前，学者就开始慢慢在广西“发现”客家人。尽管学者的社会影响力有限，但也有如玉州区文氏那样的个案，能通过文本或者考证影响部分居民的认同感。加上20世纪80年代中期以后，地方政府慢慢开始关注客家这个存在。例如，1985年陆川县政府派陆川杂技团去陆川客家居民的祖籍地——福建上杭进行交流。② 2004年以后，博白县和陆川县政府部门积极推广“客家”品牌，大力推动客家文化政策的完善与落实。

一方面，博白县政府于2004年4月举办了客家文化研究座谈会，会上中共博白县委党校校长刘斯倡导设立“广西客家网”。③中共博白委员会和博白县政府于2006年11月联合举办了第一届博白客家文化节，又分别于2007年10月、2010年10月、2013年9月举办了第二届、第三届与第四届博白客家文化节。博白客家文化节的举办、客家学术研讨会以及与客家山歌、客家菜、客家工艺相关活动的开展，旨在通过媒体宣传博白县的客家文化。另一方面，自2007年起，陆川县也开始推出客家文化政策。如陆川县政府开始主张铁锅、温泉、猪脚等特产是典型的客家文化，2007年举办了“陆川铁锅暨温泉旅游节”，2009年举办了“中国名猪（陆川）文化节”等。

根据第三届博白客家文化节的有关资料可知，中共博白委员会和博白县政府举办客家文化节是“为了挖掘、弘扬和展示广西博白客家文化特色，提高对外开放水平，加快广西博白融入泛北部湾经济区的步伐”④。也就是说，县政府强调博白客家文化的目的与地方经济的发展相关联。实际上，博白客家文化节是给海内外客家商业活动搭建的平台，举办活动时，有许多商业签约仪式。据报道，第三届博白客家文化节上，投资合同总额达到47.85亿元（《广西日报》，2010年11月11日）。

---

① 笔者于2009年7月在昆明的国际人类学与民族学大会以及2009年11月在新加坡国立大学的国际研讨会上与熊守清教授见过面。熊教授出生于梅州，长年做广西客家研究，是广西客家研究的权威学者之一。

② 黄震：《族谱、历史记忆和族群认同——以广西陆川县客家人为例》，载《华人族群关系与区域比较研究学术研讨会会议论文》，新加坡国立大学，2009年，第3页。

③ 徐天河：《客家文化与和谐广西》，杭州：浙江大学出版社，2011年，第161页。

④ 刘斯主编：《第三届博白客家文化节——客家文化与经济发展论坛论文集》，2010年。

对官员和商人来说，“客家”品牌是吸引旅客和投资者，创造商业机会的经济资源。这几年博白县政府将发展客家文化当作基本的政策。2007年10月发布的《博白县国民经济和社会发展第十一个五年规划纲要》表明，博白县的文化建设以客家文化、廉政文化、中小企业文化的发展为主。根据黄震的研究，陆川县采取以客家文化推动地方经济发展的方针。[①] 2012年1月17日博白县和陆川县第一次合办了“客家之春”2012年春节联欢晚会。

除了博白、陆川两县之外，玉林市管辖的其他区县市（玉州、兴业、容县、北流、福绵）还没积极推出客家文化政策。因而，如玉州区的文氏那样，这些地区的居民很少受到客家文化政策的影响。[②] 与此相反，博白、陆川两县积极宣传自己的行政区是“充满客家特色的空间”，将空间内的人、物质、民俗定义为客家文化，从而影响到本地族群的客家认同感。

（二）玉林地区的客家文化景观

博白、陆川两县的居民在认同感上被分为客家人（艾人等）和广府人（地佬人等），但两者在语言上、文化上的区别不是非常之清楚。第一，这里的客家人中也有讲广府话的居民。而且，一些广府人会讲广府话、客家话双语。第二，很难找出客家人或者广府人的文化特色。笔者在博白县笼统地问过几位客家人：“你们客家人与广府人不同的文化特色是什么？”但大家都回答说：“基本上是一样，没什么持色。”笔者再拿节庆活动、饮食文化等个案具体问客家和广府文化的区别，但结果基本上一样，很难找到各自的文化特色。[③] 例如，一些博白县东平镇的客家人说，每年四月初六客家人举办的“做社”[④]活动比广府人隆宣。可是，这只不过是在东平镇的现象，玉州区永上村的广府人也会在同样的时间举办非常隆重的“做社”活动。就这样，从生活的层面来看很难找出两种族群的文化特色。

然而，受到客家文化政策的影响，一些官员、商人、居民等开始强调

① 黄震：《族谱、历史记忆和族群认同——以广西陆川县客家人为例》，载《华人族群关系与区域比较研究学术研讨会会议论文》，新加坡国立大学，2009年，第3~4页。

② 2012年3月1日玉林师范大学的徐天河教授在与笔者交谈中提及，20世纪70年代他去容县时，一些居民虽然说客家话，但否认他们是客家人，认为自己是地佬人。

③ 河合洋尚：《広西省玉林市における客家意識と客家文化——土着住民と帰国華僑を対象とする予備的考察》，《客家と多元文化》2012年第8号，第38~39页。

④ “做社”是供奉猪肉、大米等祭拜树下的土地伯公以求平安的活动。

客家文化特色。因为，客家文化会突出博白、陆川两县的空间特色，从而吸引外面的旅客和投资者。简单地说，他们可以利用客家文化特色赚钱。因而，这几年他们开始"塑造"有本地特色的客家文化，打造客家文化景观。文化景观是有地方特色的自然、建筑及其精神因素。基于此，笔者将在下文提及围屋建筑、谢鲁山庄、陆川温泉九龙山庄等个案。

1. 围屋建筑

以圆形土楼、围龙屋为代表的围屋建筑，一般被认为是典型的客家文化之一。大部分关于客家的书籍以及网络信息也都认为围屋建筑属于客家文化特色。博白、陆川两县也有类似于围龙屋、赣南围屋的建筑。因而，一些官员、商人、居民等开始认为博白、陆川的围屋建筑也是有客家特色的文化。

笔者在博白、陆川两县考察时，在政府机构服务的几位工作人员都将围屋建筑认为是客家文化之一。甚至，如吴氏的个案，即使围屋里的居民是从珠玑巷迁移来的，说的是广府话，但官员认为围屋就是客家文化，所以其居民就是客家人。

当然，博白、陆川两县也有说客家话的人（原艾人）居住的围屋建筑。并且，一些居民受到"围屋建筑＝客家文化"话语的影响，所以也认为他们的围屋建筑具有客家文化特征。根据这个逻辑，与圆形土楼、围龙屋、赣南围屋不同种类的围屋建筑也被认为是客家文化特征体现的载体。

举博白县朱氏的例子讲，他们有大型的建筑，但与闽粤赣交界区的围屋建筑不同，不呈中轴线对称（图 3）。虽祭拜土地公等神明的庙位于中轴线的里面，但池塘不在中轴线上，房屋在围屋里散开。而陆川县吴氏的围屋建筑类似于粤东的建筑。围屋呈中轴线对称，中轴线的里面有祠堂，两侧有房屋（图 4）。

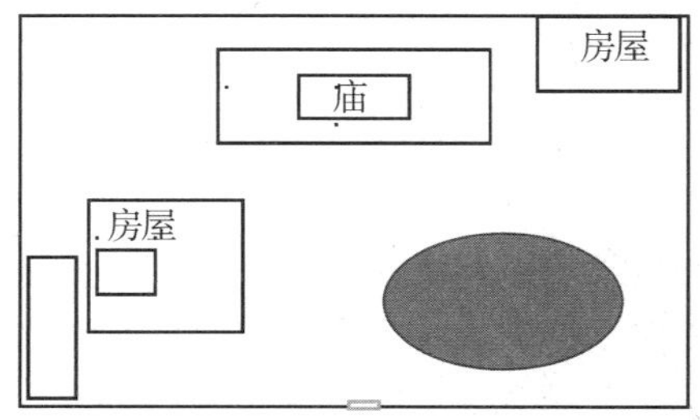

图 3　博白县客家人（艾人）的围屋建筑

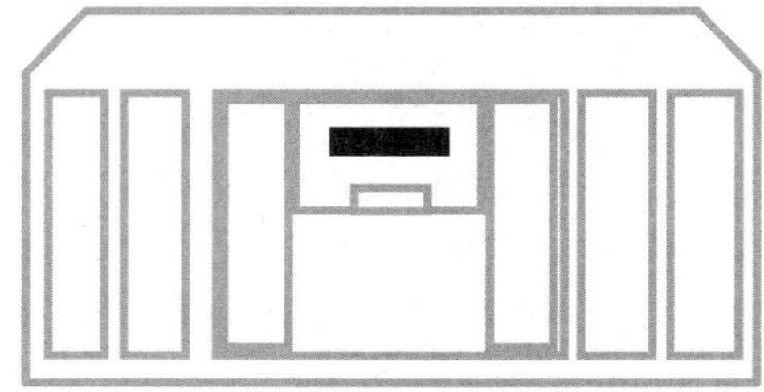

图 4　陆川县客家人（客人）的围屋建筑

如上所述，博白、陆川两县的客家文化和广府文化原来没什么区别，但只要是围屋建筑，就被认为是客家建筑。可是，对这里的居民来说，因为他们本身是客家人，所以他们所有的建筑都是客家建筑，其中包括非围屋的建筑类型。据此，其他居民有时强调非围屋建筑也是客家建筑。

例如，笔者在当地进行田野考察时看到的一个祠堂也被当地人说成是客家建筑（图5）。这座祠堂由青砖、趟栊门以及像耳朵一样突出的屋顶构成。笔者在《景观人类学的课题》一书已说明过，这种建筑在珠三角一带一般被认为是广府文化的特色，20 世纪 90 年代中期以后，政府、媒体、学者等多用青砖、趟栊门等打造具有广府特色的文化景观。像耳朵一样突出的屋顶也被认为是广府建筑的特色，在珠三角往往被称为“镬耳墙”。可是，使用这座祠堂的宗族是历代讲客家语系的艾话的客家人，因而这种建筑也被认为是客家建筑。

图5　博白县客家人的祠堂

可见，本地居民至少从两个标准来判断什么是客家建筑。一是根据文本上、网络上的话语，只要是围屋建筑就被认为是客家建筑。二是根据实际的生活经验，只要跟他们的生活密切相关，而且附近的广府人没有类似的建筑，那么就认为这是客家特色的建筑。

2. 谢鲁山庄

陆川县西南部的乌石镇有一座庄园，名为“谢鲁山庄”。谢鲁山庄是国民党少将吕芋农的家宅，号称“中国四大私人庄园”之一。2012 年 3 月笔者去谢鲁山庄时，导游介绍说，谢鲁山庄是具有客家特色的景观。但是谢鲁山庄的建筑基本上由青砖构成，看这里的建筑、庭园等不知道哪里有客家特色，导游也没说清楚谢鲁山庄的哪个部分有客家文化色彩。

图 6　谢鲁山庄的景观

图 7　谢鲁山庄的招牌

笔者问导游谢鲁山庄如何与客家文化相关联。导游回答说因为这周围都是客家人的村庄。但是，广西师范学院的一位老师说她有乌石镇出身的学生，但是这些学生不一定是客家人，大半是广府人。不管怎么样，谢鲁山庄现已被表征为具有客家特色的文化景观。谢鲁山庄前面的广场有一个招牌，写有“陆川客家民俗”。这个招牌将陆川客家民俗分为四个部分——保健、娱乐、美食和信仰。其中，用文字说明的客家娱乐有“吹喃嘟号”、“树叶吹曲”等，客家美食有“金川扣肉”、“客家白切鸡”、“客家牛杂”等。

3. 陆川温泉九龙山庄

2013 年 3 月，笔者跟随广西师范学院的几位老师、商人、县政府的官员等一起去陆川温泉九龙山庄，他们将它称为“客家温泉”。笔者问同行的人为什么他们将陆川温泉九龙山庄称为客家温泉，但没得到明确的回答。一位官员笼统地说，陆川县是客家大县，这里约 70% 的居民是客家人；另一位官员说这个温泉提供的一些菜有客家特色。

在客家温泉提供的饮食中，在场的官员、商人、学者跟笔者介绍的客家饮食有白切鸡、金川扣肉、水烫菜。

其中，将白切鸡看作客家特色菜的看法在玉林地区较普遍。不仅在陆川县，而且在博白县和玉州区的不少餐厅都有“客家白切鸡”。玉林地区的白切鸡与香港、广州等珠三角一带的几乎一样，从外观上、味道上很难理解为什么说是“客家特色”。当地人往往回答说白切鸡是玉林的客家人经常吃的菜。可是，在广东，白切鸡一般跟上述的牛杂等一起被视为粤菜，盐焗鸡、梅菜扣肉才被认为是正宗的客家特色菜。[①]

---

① 河合洋尚：《広西省玉林市における客家意識と客家文化——土着住民と帰国華僑を対象とする予備的考察》，《客家と多元文化》2012 年第 8 号，第 38～39 页。

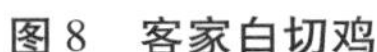

图8　客家白切鸡

图9　金川扣肉

金川扣肉是用陆川产的猪肉烹饪的菜。与梅菜扣肉不同，不跟梅菜、咸菜等一起吃。陆川被称为中国八大名猪之乡，猪肉本来是陆川县的特产。因而，这里的猪肉，特别是猪脚也被认为是陆川客家文化。除了猪肉之外，铁锅和蛇酒也往往被认为是客家文化。猪脚、铁锅、蛇酒在陆川商店都可以买到。当然，陆川县的广府人也会吃猪肉，也是用铁锅，从生活习俗来看这些并不是客家特有的文化。这一点水烫菜也一样。水烫菜除了陆川县的客家人经常吃之外，广东徐闻人（讲闽南语系的徐闻话）也经常吃。可是，由于陆川县是客家大县，所以这个地方的特产往往被表述为客家文化。

4. 其他

除了博白、陆川两县之外，玉州区、兴业县、容县、北流市的政府几乎没打客家文化品牌，也没有类似的政策。例如，玉州区城北街道高山村有一幢建筑，从空间结构上像粤东的客家围龙屋。笔者不禁问居民："你们是不是客家人?"但他们回答说："不是，我们是住屋人家。"族人说，他们的祖先从山东来，历代讲广府语系的玉林话。虽然最近高山村开始发展旅游业，但还没有人跟他们说过围屋建筑代表客家文化或者其居民是客家人之类的话，他们自认为是玉林人（广府人）。这与陆川县吴氏的个案对比鲜明。

但是，值得瞩目的是，玉州区的一些商人开始将"客家"品牌作为文化资源在利用。因为客家文化有特色，会吸引更多的消费者。现在我们在玉州区的市中心逛街就发现，一些餐厅用"客家"一词作招牌或者介绍菜名。这些餐厅提供的客家特色菜，除了上述的客家白切鸡、客家牛杂、金川扣肉之外，还有猪肚鸡——尽管在玉林，客家人、广府人都爱吃猪肚鸡。

结 语

上文中，笔者以玉林地区的个案讨论分析了广西的客家认同感以及客家文化景观。

迄今为止，美国、日本的一些学者研究过广西客家，但是大部分成果是历史学或者历史人类学研究，①特别缺少田野考察的民族志。一方面，美国和日本的人类学家一般在广西研究少数民族。例如在日本，2012 年在笔者写论文②之前，学术界还没有全面介绍广西客家的文章，只能透过部分信息了解。另一方面，中国国内的客家学者已经积累了许多广西客家的研究成果，也有不少学者在广西客家地区进行田野考察。可是，除部分研究③之外，大部分学者将客家及其他族群本质化，很少指出客家人和其他族群之间的族群变动以及与政策的关系。

正如濑川昌久④和约翰逊⑤用香港新界的个案指出的：客家人的族群性容易随着社会经济的变动而变化；客家人会变成广府人，广府人也会变成客家人。特别是博白县和陆川县，受到改革开放后学术界的客家研究以及与客家相关政策的影响，艾人开始持有客家认同感，连一些被称为“地佬人”的广府人也变成了客家人。加上县政府以及有客家认同感的商人、宗族等将围屋建筑、山庄、温泉以及习俗视为客家文化，从而形成了今天的客家文化景观。

值得注意的是，在玉林地区被强调的客家文化特色往往与在广东（有时包括海外华侨社会）被认为的客家文化特色不同。如上所述，从经过“珠玑巷”迁移的途径，由青砖、趟栊门、镬耳墙构成的建筑方式，以及白切鸡和牛杂等玉林的客家特色文化，在广东往往被认为是广府文化的特

---

① Cohen Myron, The Role of the Frontier in Chinese Village in Historical Perspective, *Ethnology*, 1969, Vol. 15, No. 3；小岛晋治：《客家と太平天国》，《教育学科紀要》1984 年第 17 号；小岛晋治：《洪秀全と太平天国》，东京：岩波书店，1986 年；菊池秀明：《広西移民社会と太平天国》，东京：风响社，1998 年。

② 河合洋尚：《広西省玉林市における客家意識と客家文化——土着住民と帰国華僑を対象とする予備的考察》，《客家と多元文化》2012 年第 8 号，第 38 ~ 39 页。

③ 黄震：《族谱、历史记忆和族群认同——以广西陆川县客家人为例》，载《华人族群关系与区域比较研究学术研讨会会议论文》，新加坡国立大学，2009 年。

④ 濑川昌久：《客家——華南漢族のエスニシティとその境界》，东京：风响社，1993 年。

⑤ Johnson E. L. , Hakka Villager in a Hong Kong City, in N. Constable, ed. , *Guest People: Hakka Identity in China and Abroad*, Seattle: University of Washington Press, 1996.

色。相反，博白县东平镇有一座义民庙，是祭祀清末的天地会之乱和太平天国起义时战死者的庙，并没有被当地人视为客家文化特色。义民爷在台湾关于客家论述的书中经常被表述为客家的保护神，但在这里还没有义民爷是客家文化特色的说法。

那么，为什么在玉林地区会产生这和文化逆转现象？一方面，玉林地区的客家文化和广府文化本来相差不大，广府人和客家人都住由青砖、趟栊门、镬耳墙构成的建筑，都吃白切鸡、牛杂等菜。可是，为了突出地方特色，从而达到利用、消费客家文化的目的，官员、商人等强调产品的客家文化特色。其中，也有在广东被视为广府特色的文化被说成是客家文化的情况。另一方面，虽然文本上的话语逐渐影响到玉林地区，但话语的普及并不全面。如在宗教信仰方面，“义民爷信仰 = 客家文化”的观念就还没有被接受。

可见，目前广西玉林地区的客家文化景观有自己的特色，而且往往与广东的广府文化有相同的因素。当然，客家的族群文化边界还在根据社会情况的变动而变化。本文提及的客家文化景观，就是笔者 2012 年到 2014 年看到的。如果笔者几年后再到玉林地区考察，可能又会看到不一样的客家文化景观。广西玉林地区的客家文化景观将来是会因受到广东等地的影响而更加与其他地区接近，还是会找到新的文化因素以突出自己的特色？这种变化是我们以后要探讨的。

河合洋尚

参考文献

（日文）

1. 河合洋尚：《都市化と食景観の創造——広州の広東料理》，河合利光编：《世界の食に学ぶ——国際化の比較食文化論》，东京：时潮社，2011 年。

2. 菊池秀明：《太平天国前夜の広西における移住と“客属”エリート——桂平県金田地区の族譜分析を中心に》，《史学雑誌》1992 年第 37 号。

3. 濑川昌久：《族譜——華南漢族の宗族・風水・移住》，东京：风响社，1996 年。

4. 台湾银行调查课：《广东、广西两省出张概要》，1919 年。

从洛带博客小镇看客家文化产业的新走向

2012 年 5 月，一个斥资 23 亿人民币，占地面积 1 200 亩，以“博客小镇”命名的复合型观光旅游项目，在洛带古镇核心位置对外开放，引起了社会各方的关注。该项目既是洛带古镇国家 AAAA 级风景旅游区的配套设施之一，同时也是洛带文博旅游产业示范区的项目。目前该项目第一期——综合文化旅游示范区块已经基本成型，开始对外开放，其他区块的项目建设正在加紧推进。本文拟以博客小镇项目为个例，着重探讨客家文化产业的走势问题。

一、博客小镇的立项背景

洛带旅游文化产业的起步始于 20 世纪末，是从特色文化资源发掘、开发入手的。洛带古镇有着深厚的客家文化积淀，造就了数量众多的物质和非物质遗产，以及为数不少的物态和活态文化景观资源。借助于以当地官员和地方政府为代表的经济力量，以及以客家文化研究为代表的文化智力力量的推动，洛带古镇初步实现了经济与文化的良性互动，从而走上了利用特色文化发展观光旅游产业之路。[①]

在推广洛带的特色文化——客家文化的过程中，政府充分发挥了“文化搭台，经济唱戏”的作用。借助于 2001 年“第七届国际客家学研讨会”的举行，成功地实现了“客家文化”与“桃花”的联姻，使“一节一会”成为龙泉驿区对外宣传的固定模式和品牌，洛带古镇因此在世界客家舞台上亮相。2005 年借助于第二十届世界客属恳亲大会在四川举行之机，作为主题会场的洛带，加大了对古镇旅游基础设施的投入，整治周边环境，健全景区管理机构及规章制度，使海内外的 3 000 多名客属乡亲在洛带充分领略了四川客家文化的风采与魅力。挟第二十届世界客属恳亲大会的强势，洛带客家文化品牌名扬海内外，由此也带动了洛带观光文化产业的发展。

---

① 参见陈世松、郭一丹：《客家文化产业的发展路径及运作模式研究——以成都洛带镇为例》，载王建周主编：《客家文化与产业发展研究》，桂林：广西师范大学出版社，2007 年，第 15 ~ 27 页。

在2005年第二十届世界客属恳亲大会之后，洛带旅游业飞速发展，基本上完成了由传统商贸集镇向旅游集镇的转型。但是，从发展文化产业的角度来衡量，这仅仅是迈开了第一步，诸多制约其发展的问题依然存在。这集中体现在：发展空间不足，全年数百万游客基本上聚集在两千米长的古街之上；文化内涵发掘不深，真正富有特色的本土文化创意不多，客家文化特色不浓；粗放经营，缺少能够生产出巨大商业价值的创意文化产品，且投入客家文化产业经营的商家、企业不多，实力有限，与文化创意严重脱节；投入大于产出，社会效益大于经济效益，在创造人均国民生产总值（GDP）、增加就业机会、提高人民生活、推进城乡经济一体化方面的成效还有待加强。

面对文化产业发展带来的机遇和挑战，围绕如何拓展产业发展空间，如何深入挖掘客家文化内涵，寻找支撑产业升级换代发展的重大项目等问题，洛带镇政府形成了放开思维、长远发展，资源集中、项目集约，营造氛围、招商引资的认识。在坚持强根固本、高举客家大旗的前提下，洛带镇政府强化了对文化艺术产业的引进，对进入洛带古镇的企业和项目做出了舍小选大的抉择。这样做的目的在于，拓宽客家文化的表现形式，深化文化产业的内容，为洛带镇社会经济与文化产业的发展带来强大动力和支撑。总之，出于迫切呼唤产业升级的需要，洛带企盼能以客家文化大资源带来产业大发展，进一步实现古镇经济社会的“第二次腾飞”。也正是在这种背景下，一个总部位于成都高新西区，一直在成都西边从事综合产业开发的成都地建集团公司，终于在2010年初，带着一个投资数十亿的大项目——“博客小镇”落户洛带。

二、博客小镇的景区特色

博客小镇项目启动前，洛带古镇早已是闻名中外的“西部客家第一镇”、国家AAAA级旅游景区。新建的博客小镇，位于古镇南侧，地处古镇的核心位置。如何使新建的项目融入古镇的旅游环境，保持并提升原有的景区品质，是摆在博客小镇项目面前的亟待解决的首要问题。从目前已经成型的第一期项目的景区建设特色看，博客小镇较好地回答了这个问题。

首先，建筑风格的相融性。在一个有着千年历史、客家文化特色鲜明的古镇旁边，重新打造一个崭新的博客小镇，本身就存在着巨大的挑战。如果照搬一般古镇的设计思路，新打造出来的小镇不过是原有街道、商铺的延伸，必然是大同小异，索然无味；而如果抛开传统，采用过分现代时尚的设计模式，新打造出来的小镇则有可能与原有古镇风貌抵牾，陷入不中不洋、不伦不类的误区。目前博客小镇新建成的公共景观与商业街区，保留了中国传统民居中南方建筑的风格，其标志性建筑如土楼、书院与五凤楼，原型来自于福建西部的客家地区，属于异地移植性质的建筑；商业街区则将闽派、徽派建筑特色融入其中，属于创新性质的建筑。这些南方的特色建筑，与洛带古街原有的川西乡土建筑，在源流上有相通之处；在空间布局、造型、体量、装饰、色彩上，也与洛带本地的会馆建筑和民居建筑特色相协调。因此，从总体看，这些因素的导入，不仅没有打乱古镇原有的建筑肌理和空间布局，而且为古镇带来了传统与时尚元素交相辉映、本土与外来文化彼此融合的审美视觉效果。

图1　成都洛带古街

其次，文化脉承的延续性。文化脉承是一种综合性的、地域性的自然地理基础和社会心理积淀的三维时空组合。洛带古镇的历史文化脉络贯穿于洛带历史发展的过程之中。明末的战乱兵火，焚毁了这个千年古镇原有的街道屋舍。清初以来，自广东、福建、江西等地迁入的客家人带来了多元的移民文化，在重建洛带古镇的过程中发挥了重要的作用，为后人留下以湖广、江西、广东会馆为代表的传统建筑。基于这样的历史文化背景，博客小镇在突出洛带客家文化特色的主体地位的基础上，适当引入闽派、徽派等建筑风格元素，较好地延续了古镇的移民文化。此举不仅没有割断和破坏古镇原有的文脉，反而丰富和扩展了洛带的多元文化特色。这对于满足当今社会多元文化消费的需要也是十分必要的。

再次，设计建造的精致性。城市需要精品，建筑需要精致性设计。细节决定成败，影响品质的高低。任何时代和地域的建筑物，撇开它的风格和形式之外，品质高的建筑物必然经过很仔细、很精致的设计和建造。博客小镇项目秉持这些理念，从项目策划、设计到施工建造，坚持高标准严要求，无论是仿古建筑还是街区的建筑设计，从建筑构件、工艺技术水准到施工质量等环节，都严把细部关，使已建项目建筑质量有保证，经得起行家和游客的检验。正如有的游客在网上发表评述指出："博客小镇尽管还没有完全建成，但是其仿古建筑和街区的设计还是很精致的，可以看出设计者和开发商对整个项目所承载的文化元素还是有研究的，考虑也是很细致的，视觉效果还是不错的。"在当前中国大陆景区遍地开花、城镇大兴土木、浮躁之风甚嚣尘上、只求速度不重品质的社会风气之下，博客小镇能够打造出这样一个建筑精品面市，应该是相当不容易的。

三、博客小镇的客家元素

2010年初，博客小镇项目动工兴建时，最初的案名为"博城"或"洛带文化艺术村"，宣称"将以浓缩世界十大知名博物馆原型和集中国道教、佛教庙宇风格为一体的仿古建筑向公众展示开放"。经过两年多的建设，当项目第一期推出之时，项目的名称已改为"博客小镇"。据投资方介绍，"博"代表博大、博览，也有博物馆聚落的含义，"客"代表客家文化，可见这两个字代表的就是传统文化的保护与传承；而"博客"又与"BLOG"谐音，这也意味着传统文化与现代时尚文化的交融。案名从"博城"改为"博客"，二者虽然只有一字之差，但体现了项目立意已经从最初的构思向客家文化主题做了大幅度的倾斜和调整。

最近，在"洛带博客小镇"的"百科"条目上，对该项目的目标定位有了这样的表述："博客小镇以古镇文化、客家文化为灵魂，以高起点、高水平、高品位营造古镇客家文化历史场景，整体营造高端文化旅游休闲区风貌和宜居环境，在创新中实现古典与现代、文化与商业的完美结合，让客家生活艺术化，让文化艺术生活化。"剖析博客小镇已建和在建项目，可以发现客家文化元素已被广泛运用于建设实际之中，"以客家文化为灵魂"的指导思想正在贯彻落实。具体表现在：

（1）客家文化环境的营造。通过客家土楼、书院、五凤楼等标志性建筑，以及其他公共空间（含广场及街巷）景观及小品中的客家文化元素的应用，营造出一个与洛带客家古镇相辉映的客家公共景观环境。

（2）客家移民迁徙概念的演绎。博客小镇项目运用客家移民迁徙概念，以五次大迁徙作为背景，通过汇集南北建筑形态和特色，艺术地还原了晋派、徽派、闽派、江西、江南、川西等建筑风格，体现了新时期移民文化的精髓。整个项目建设好后，将成为一座浓缩中国移民迁徙主题的建筑实景艺术园区。此举有助于从源头上挖掘客家文化的深层内涵，加深人们对客家民系深厚传统和文化底蕴的认识。

（3）客家标志建筑的打造。博客小镇新建的圆形土楼，不是巴蜀大地土生土长的建筑形态，但因为当地确有不少来自闽西的客家移民后裔，植入这些来自原乡的民居形式，从文化源流上看是一脉相承的。更何况，闽西土楼作为客家建筑的标志，是中华民族不可多得的文化瑰宝，从传承中华文明角度而言，将其移植于古镇，也是无可厚非的。新建土楼在保留其传统外观形式的基础上，部分采用了现代建筑工艺、材料，适当增加了一些观赏性的现代设计元素，无论是仿制还是新作，都追求构件华丽精巧，规模宏大，堪称西部之最，这也为洛带古镇新增了一座客家标志性建筑。

图 2　成都洛带的“博客楼”

（4）客家文化博物馆的开辟。通过博物馆来集中展示客家文化的精髓，是弘扬客家文化精神的有效方式，同时也是发挥该投资方自身文化优势的重要举措。为了充分发挥土楼的教化功能，博客小镇在土楼二楼开辟了一个面积约 1 200 平方米的“西部客家博物馆”。该馆定位为公共免费展示场所，旨在全面展示四川客家的历史与文化。全馆分设五个展厅，通过

"源流篇——客从何来"、"迁徙篇——志在四方"、"创业篇——传薪播火"、"民俗篇——和而不同"、"成就篇——名播天下"，集中展现客家文化的精髓，生动揭示"开拓，使客家走向世界；开拓，让客家精神誉满天下；开拓，为巴蜀留住客家记忆"的陈列主旨。博物馆序厅镌刻有著名辞赋大家、有"巴蜀鬼才"之称的魏明伦撰写的《客家赋——为博客小镇题壁》。作品以大气磅礴的辞赋为表现手法，热情讴歌了客家的辉煌历史与精神个性，并以"吾客家，早已为中华增光矣；我中华，能不以客家自豪乎"作为结束，堪称画龙点睛，值得回味。

四、博客小镇的产业构成

博客小镇以"时光小镇，岁月博客"作为行销广告，规划在1 200亩地的范围内，打造11万平方米的建筑，集中发展五个主题的产业：博物馆聚落、文化商业街区、艺术家工作室、企业会馆群、五星级酒店。其最终目标是：以高起点、高水平、高品位营造古镇客家文化历史场景，整体营造高端文化旅游休闲区风貌和宜居环境。剖析博客小镇目前和未来的发展规划，清楚勾勒出其产业走向，大致分为三个部分：

（1）旅游文化休闲产业。以第一期文化商业街区为依托，主要发展为游览洛带古镇的游客提供吃、住、行、游、娱、购等各种服务的综合性服务产业。

（2）文化艺术博览业。以第二、三期博物馆聚落为依托，主要发展文化艺术珍品的展示、收藏、鉴定、交易；以艺术家工作室、文化创意产业园区为依托，主要发展原创艺术品和文化创意产品的展览、制作、交易，对接高端文化消费市场和国际旅游市场。

（3）高端休闲娱乐产业。在第二、三期地块内，依托私人会所、企业会馆群、时尚青年社区、艺术家工作室、五星级酒店，集中发展以美食、娱乐、演艺为主的高端休闲娱乐产业，以满足创建新型休闲社区和游客的需要。

目前入住第一期街区商铺的商家业态，主要集中在美食类、非遗类、工艺品类、民族服饰类、艺术家工作室、零售及休闲类。分布在土楼一楼的非物质文化遗产项目，集中展示了颇具地方特色的泥塑、青神竹编、羌族刺绣、贵州蜡染、绵竹年画、蜀绣、皮影、东阳木雕、庆阳香包等民间工艺制品。这些商店采取现场制作展示的销售方式，极具观赏性，能与游客进行互动。这些业态既与古镇原有的业态相联系，同时也有自身鲜明的个性特点和风格，显然有助于丰富和提升古镇原有的观光旅游

产业的形态。

五、关于客家文化产业走向的思考

所谓客家文化产业，是指将以精神内容为主体的客家文化资源，转化为附加值资本，使之成为能够加工、生产出不可取代的文化产品的产业。这一新兴产业源自20世纪末，随着“文化产业”在欧美国家的兴起，很快被亚洲国家借鉴，在引入中国大陆和台湾后，海峡两岸都出现了朝着开发客家文化资源、以客家文化资源投入产业开发的方向努力，并为客家文化产业的发展积累了不少经验。

台湾的客家文化产业起步较早，较为成熟，为中国大陆提供了许多值得学习借鉴的经验。21世纪初，基于过去依赖制造业的优势风光不再，台湾开始大力提倡文化创意产业，旅游成为产业发展的新选择。于是，许多客家县乡顺应大众消费注重文化感受和实行每周双休日的闲暇时间带来的变化，大打文化品牌，走产业振兴之路。在这种背景下，通过举办节会活动（如“桐花祭”）推广客家文化，向外界行销各种具有客家意象的商品，借以打开客家文化产品市场。如雨后春笋般兴起的“客家庄”，无不立足于当地文化资源，竞相追求个性文化内涵的发掘、创意、设计与塑造，形成了特色鲜明的核心竞争力。台湾客家地区发展文化创意产业，从发展过程看，一般经历了从地方特色产业向文化与创意产业提升的阶段。①从产业发展路径看，一般是双向发展，齐头并进：其一是客家文化产业化；其二是客家产业文化化。②从产业类型看，有新旧之分。旧的客家产业可以细分为客家传统文化产业、客家文化观光产业和客家地方文化活动产业；③而客家新产业，则可以定义为非延续性传统文化产业，是由客家人开创、推动、参与，从事生产及商业的行为。④台湾客家文化创意产业，率先从旅游观光业入手，破壳而出，取得成功。其基本做法是，将客家文化元素融入观光业之中。最引人注目的是，将农业转型为休闲业，将产品与客家地区

---

① 俞龙通：《从地方特色产业到文化与创意产业》，载王建周主编：《客家文化与产业发展研究》，桂林：广西师范大学出版社，2007年，第44～60页。

② 王琛发：《论客家文化在全球化境遇里的忧患与进路》，载王建周主编：《客家文化与产业发展研究》，桂林：广西师范大学出版社，2007年，第6～14页。

③ 蔡淑真、曾喜城：《海峡两岸客家文化观光产业的未来》，载国际客家文化学术研讨会专家组编：《客家文化与社会和谐》，桂林：广西师范大学出版社，2011年。

④ 陈和贤、邱春美等：《屏东六堆文化产业现况与发展探讨》，载王建周主编：《客家文化与产业发展研究》，桂林：广西师范大学出版社，2007年，第61～71页。

或者创办人相联系，将品牌来源与客家的祖籍或家乡历史相结合，赋予产业的故事或背景以客家色彩，引导消费者走进客家文化历史、百姓生活的现象等。①尤其值得称道的是，台湾客家文化创意产业受到的社会普遍重视，已贯穿于教学、科研、人才培训、产业发展、产品销售各个环节之中。②

大陆客家文化产业发展起步相对较迟，目前正处于方兴未艾、奋起直追阶段。与台湾地区的“客家庄”模式形成鲜明对比的是，大陆客家文化产业发展一般都是立足于一个省区，以推动客家地区的经济社会发展为背景。最初的做法几乎都是从“文化搭台，经济唱戏”拉开序幕的。在这一阶段上，通常是以地方政府为主导，将客家文化作为当地的一种特色文化，通过持续不断的节会活动，为客家文化产业的发展铺平道路。在推进客家地区观光产业的过程中，一般都是以客家建筑、节庆习俗、民间工艺等作为资源，吸引游客前来观光消费，由此带动了当地经济的活跃，推进了当地文化产业的起步。如洛带古镇，在开展客家文化对外宣传活动之后，最先带动的是以观赏古镇、会馆建筑、民居，参与火龙节、水龙节为看点的产业，相继拓展的是客家饮食业和体验性的客家农家乐观光旅游业。此外，在大陆，客家演艺业十分活跃，具有旺盛的生命力和市场推广价值。例如广西贺州的客家山歌、博白城乡的采茶戏剧、赣南的花灯戏等客家歌舞表演，不失为客家特色文化产业的组成部分。目前客家地区特色观光业的兴起，也为其走上产业化的规模发展奠定了基础。不过总体而论，客家文化产业正处于从地方特色产业向文化与创意产业的转型、提升阶段，如何将客家文化与产品、产业结合起来，将客家文化元素融合进创意产业之中，尚处在起步摸索阶段。

正是在这样的发展阶段和产业背景之中，洛带博客小镇第一期面市了。虽然该项目尚未完全建成，运营刚刚开始，但从文化产业的视角来审视，由它所投射出来的三个看点，具有相当的普遍性，对立足于以地区经济社会发展为背景的大陆客家文化产业的发展走向至关重要，值得关注，并开展深入研究。

第一，从政府主导到实体支撑。在大陆客家地区推进文化产业发展，地方政府的主导是必不可少的。尤其是在客家特色产业的起步阶段，地方

---

① 参见王琛发：《论客家文化在全球化境遇里的忧患与进路》，载王建周主编：《客家文化与产业发展研究》，桂林：广西师范大学出版社，2007 年，第 6 ~ 14 页。

② 参见陈世松：《四川应大力发展客家文化创意产业》，《四川客家通讯》2006 年第 1—2 期。

政府通过节会活动推销客家文化，发挥了不可替代的重要作用。但是仅有政府主导而没有企业实体参与，尤其是没有实力雄厚的市场主体通过在当地兴办产业来加以支撑，热闹的客家节会活动可以红红火火一时，最终却难以开花结果。目前有的客家地区在举办多次客家节会活动之后，仍然难以启动当地的客家文化产业，或虽已启动却难以形成规模效应，其中一个重要原因就是缺少实力雄厚的投资主体通过大项目来加以支撑。值得欣慰的是，目前已有多个实力雄厚的企业落户洛带，一个个投资数十亿的大项目在洛带动工兴建，对未来洛带客家文化产业群的形成将发挥重要作用。相信在博客小镇示范效应的带动下，众多有实力的投资主体的参与和支撑，定会为洛带客家文化产业的快速发展注入新的活力。

第二，从空间拓展到品牌延伸。当前随着人民生活的改善和国家法定假日的增加，旅游观光热潮正持续升温。依托古城镇打造的景区，接待能力不足与日益增多的游客数量之间的矛盾十分突出。为满足日益增多的游客的需求，各景区亟待拓展旅游空间。而在实际运作之中，复制和同质化是大忌。尤其重要的是，已经形成品牌的城镇，在拓展空间的过程中，不致稀释原有的文化底蕴，消解原有的品牌。为此，这就要求景区不仅要着眼于空间的拓展，而且应当注意品牌的延伸。博客小镇从目前的建筑硬件看，做到了围绕古镇核心品牌打造新的文化景观，有助于从建筑形态上拓宽古镇的旅游空间；但从产品形态、旅游活动等软件看，还需要形成新的品牌，以实现从空间拓展向品牌延伸的转化。而这不是短期所能完成的，需要经受时间的检验，我们寄希望于博客小镇未来在品牌培育、品牌传播、品牌维护上有所创新，从而为延伸洛带古镇的客家品牌做出应有的贡献。

第三，从主题园区到旅游休闲社区。21 世纪是文化产业的世纪，洛带具有发展文化产业的诸多优势。在如何通过大力发展文化产业撬动洛带经济“第二次腾飞”上，有一种发展思路、开发模式可供选择。即按照人造主题公园的发展模式，通过打造文化产业的主题园区，在园区内规划若干个产业功能分区，借助于招商引资，依托文化地产项目，开拓市场，汇聚人气，以形成多功能旅游链条，拉动地方经济和当地居民收入增长。实践证明，随着传统房地产业发展日趋饱和，这种单一性的旅游功能景点，或者是地产功能的地产楼盘销售构思，早已风光不再，除个别有所成就外，整体似已走到尽头。当前随着“5+2”生活方式的流行，一种融观光、休闲、度假、会展、运动、教育、居住、娱乐等功能于一体的度假休闲居住地产品正在全球各地兴起。这是一种现代意义上的旅游休闲社区的开发模式，它秉持了可持续发展的理念，体现了对人们生活质量的关注，着力强调人与自然的全面融合与交流，强调游客与业主的参与性和互助性，正成为当前中国旅游业与休闲业发展的热点。博客小镇在其构思的开发项目中，依托洛带古镇，围绕客家文化主题，通过营造客家文化公共景观，修建客家商业街区，完善宜居宜商功能，将休闲观光、文博艺术、娱乐酒店与居住社区有机地融合在一起，最终将形成一个高品质文化休闲居住社区。这种做法，难道不正是一种从主题园区向旅游休闲社区转型的大胆尝试与可贵探索吗？

陈世松

东山客家的“花”样景观

一、东山客家

龙泉山位于成都平原之东，龙泉山以及它与成都平原之间的丘陵台地被称为“东山地区”。经过巴蜀著名学者谢桃坊先生考证，宋人潘洞《圣母山祈雨》诗序中有言：“圣母山在灵池东山朱真人洞。”①（笔者注：东山地区以前包括新都县、华阳县、金堂县、简州之间的部分地区，简州唐宋时期名为灵池县）可见，早在宋代这里便有“东山”之名。成都客家学者胡开全先生经过实地调查，发现龙泉山东侧的金堂淮口白塔寺有一块明嘉靖三十二年（1553）的石碑，碑文便有“东山白塔寺”的记载。傅崇矩在《成都通览》中描述“成都之山”时说道：“成都系平阳大坝，并无大山。东路之山起于五十里简州之龙泉驿……近城一带之凤凰山、东乡之东山，皆黄土小坡，实非山也。”②

东山地区在明末清初主要是墓葬、采樵、狩猎和放牧之地，人烟稀少。因历史上那场轰轰烈烈的“湖广填四川”移民运动，四川迎来了各省移民。清政府鼓励改土造田，山地垦荒，故有“康雍复垦”和“乾嘉续垦”之说。③ 粤东北、闽西及赣南的客家人在此次移民大潮中也纷至沓来，与各省移民“五方杂处密如罗，开先楚人来更多。闽人栽焉（烟）住平地，粤人种芋住山坡”④。各省移民共同来四川“复垦”、“续垦”，再造天府，而东山客家人大多是康雍乾时期从广东嘉应五属（梅县、蕉岭、平远、五华、兴宁）以及惠州府的龙川、连平、河源等州县辗转迂回来“填四川”的。因千山万水、路途遥远，他们成为迟来者，只能在山区和丘陵地区零星插占，聚族而居，生息繁衍。东山地区便成为四川客家人最为集

---

① 谢桃坊：《成都东山的客家人》，成都：巴蜀书社，2004 年，第 8 页。

② 傅崇矩编，袁庭栋等点校：《成都通览 · 成都之山》，成都：巴蜀书社，1987 年，第 6 页。

③ 黄权生：《西南地区民间生态知识与森林保护探析》，《长江师范学院学报》2008 年第 5 期。

④ 林孔翼、沙铭璞编:《四川竹枝词》，成都：四川人民出版社，1989 年，第 74 页。

中的聚居地之一。

东山地区相对于“水旱从人”的成都平原来说，丘陵广布，土地贫瘠，交通闭塞，难以灌溉，土壤透气性差，当地人形象地称之为“天晴一把刀，下雨一包糟”。他们只能因地制宜地发展旱地农业，种植小麦、玉米、芋头和番薯，零星间种果木。因为贫穷，也因文化差异，语言不通，长久以来，他们被称作“山上的”、“苕筲儿”、“乡广广”或“土广东”。

二、从“土广东”到“国际桃花节”

龙泉驿区位于成都中心城区东部偏南、龙泉山脉中段，是东山客家的主要分布区域。20 世纪 30 年代，酷爱园林果技的龙泉客家人晋希天开始在龙泉山泉镇尝试引进水蜜桃、黄蜜桃和蟠桃。1942 年，晋希天邀约好友品茗赏花，乘兴赋诗一首：“龙泉山中桃花源，桃花堆成龙泉山。今年赏花人两桌，半个世纪万倍多。”20 世纪流传于龙泉的客家儿歌中就有“桃花树、李花树，红红白白开无数……”的广泛传唱。勤劳的龙泉客家人在山区台地大力发展果林经济，终于使这块贫瘠之地获得了“四时花不断，八节佳果香”的美誉。水蜜桃种植更是远近闻名，龙泉逐渐发展成为中国水蜜桃三大基地之一，并被授予“中国水蜜桃之乡”的称号。

图 1　成都龙泉桃花节①

正如晋希天的期望，如今的龙泉桃花早已吸引了“万倍多”的赏花

① 图片来自：http：//blog. sina. com. cn/s/blog_8ee4c52b01011v1w. html。

人，而山泉镇更是升级为“桃花故里”、国家AAA级风景区。每年阳春三月，这里都是一派云蒸霞蔚、缤纷绚烂的人间美景，吸引人们自发前往赏花。初时，由于担心对果园造成损害，果农并不欢迎“不速之客”的打扰，甚至会和赏花人发生摩擦。尽管不愉快时有发生，但桃花每年依旧烂漫，游人游兴不减。客家人渐渐意识到这么高的人气是绝好的商机，可以合理利用，搞活当地经济，于是开始兴办“农家乐”，将桃园、农舍开放，吸引游客前往赏花游玩、休闲、消费。

半个世纪后的1987年，龙泉驿区开始举办首届“桃花会”，仅开幕当天就吸引上万游人前来争睹桃花风采，龙泉桃花为游人带来了春天的色彩和游赏快乐，也为当地客家人带来了可观的收入。经过多年的发展，从1987年举办首届“成都龙泉驿区桃花会”到1994年改名为“成都桃花会”，桃花会由区级提升为市级，影响力逐步扩大，品牌效应开始形成。2000年，“成都桃花会”升格为“中国成都国际桃花节”，完成了由“会”到“节”的转型升级。

图2　成都龙泉桃花节①

在龙泉桃花节升级发展的过程中，“客家”意象发挥了重要的“文化搭台”作用。2001年，当地将桃花节与客家文化结合，采用“一节（桃花节）一会（国际客家学研讨会）”的开发思路，使客家文化成为龙泉桃花节中独特的地域文化名片。2002年龙泉驿区又举办了“中国成都国际桃花节暨客家亲情联谊会”，邀请了客家名人、专家学者、海内外客家乡亲

① 图片来自：http：//www. huayo365. com/hyarticles/3427。

前往赏花游玩，举办各种形式的客家文化活动：客家火龙舞、“移民会馆与客家文化”报告会、“渔家乐·客家游”、桃乡垂钓节……桃花节在开发过程中充分利用客家意象，逐渐完成了区级—市级—国家级—世界级的升级发展，最终升格成为“中国成都国际桃花节”。现在，龙泉驿区每年还负责举办国际化的活动，如2008年与美国的佐治亚州桃郡共同举办桃花节。据统计，“桃花节品牌价值超过4亿”①，龙泉驿区实现了“以花为媒，广交朋友，扩大开放”的经济发展诉求。

如今，桃花节国际化的活动越来越多，对龙泉驿区乃至成都旅游目的地品牌的打造起着至关重要的作用，品牌效应进一步增强，每年都为当地带来大量的人潮和钱潮。经由成都客家人辛勤耕耘的漫山桃木，不仅使这里成为著名的“中国水蜜桃之乡”，更使“中国成都国际桃花节”蜚声内外，成都市民也认同了桃花烂漫、春光无限的“桃花生活方式”，每年或举家出动，或呼朋引伴，前往游赏桃花、品茗就餐、消费购物、娱乐消闲。这种“桃花生活方式”俨然已成为成都一大新民俗。

龙泉客家人通过“桃花节”的平台，盘活了乡村闲置的建设用地资源、民房、宅基地，通过提供观光、休闲、娱乐服务，向游人展示了农家文化、农家生活方式，有利于客家文化的保存、承继与发展。如此人气和大量商机，春华秋实，水果丰收之时还会带来经济收益。不仅如此，他们还过着一种令人艳羡的诗意生活。龙泉驿区每年在桃花节期间都会定期举办乡村诗歌论坛或诗歌节，因为这里曾经有过吴雪琴、晋希天、冯体刚等乡村诗人，地方文人雅士编印了《花驿》文学报，乡村文学作品集《春花》、《桃乡吟》、《桃都春华》等文学读物，涌现出了如《我的客家，我的乡村》等大量的乡土诗歌，喜怒哀乐中充满着浓郁的生活气息与乡土气息，让人不得不对他们在“现代田园城市”的辛勤建设中的这种“诗意的栖居”油然憧憬。试问，如今山上的客家人还是当年贫穷落后的“土广东”吗?

三、从高店子到“五朵金花”

三圣乡位于成都市东南部，东部与龙泉驿区接壤，是龙泉与成都之间的另一个客家人较为集中的聚落，也属东山地区。这里因地势较高，因此俗称“高店子”或“三圣场”，民国时为“三圣乡”，因境内有三圣庙而得名。关于三圣庙民间有两种说法，一说为供奉炎帝、黄帝及仓颉；一说

① 龙泉驿区公众信息网，http://www.longquanyi.gov.cn/pd/detail.jsp?id=79989。

为供奉刘备、关羽、张飞。至今这里有超过六成的居民为客家人。

曾经这里也非常贫穷，乡人形容为“土地不多人人种，年年丰产不丰收”，正如当地儿歌里所唱的那样：“天老爷，快下雨，保佑娃娃吃白米，白米甜，白米香，今年不得饿芒芒（音 mang，四川方言）……”不甘贫穷的三圣人在这里尝试种植鲜花，这些辛勤的园丁不懈地摸索鲜花的种植经验和技术，终于使这里成为“茉莉飘香的高店子”，成为成都市的鲜花生产基地，先后被国家林业局、中国花卉协会评为“中国花木之乡”。经过多年发展，三圣乡已经成为“全国十大花卉基地”之一、“国家文化产业示范基地”，诸多光环让三圣乡声名远播。但当地在包装、推介等各方面很少涉及“客家”色彩与内涵，只有一些餐饮还用“客家”显示产品的独特性。

三圣乡引种梅花的“鼻祖”是清乾隆二十七年（1762）由“广东省惠州府河源县乐湖溪五甲，小地名邓村中心屋”迁川的王氏遗孀吴氏的三子——王仕宏。王氏家族几经繁衍发展，成为三圣乡远近闻名的“王家花园”，是当地客家人津津乐道的发家致富的能者。如今，“王家花园”的名字仍在沿用，成为远近闻名的农家乐之所，王家花园引种花卉发家致富的历史也被铭记，祖先“由广东上川”的记忆仍然留存，但他们已经不会去刻意宣扬“客家”的身份，更少以“客家”来推介自己的产业。如果游客不仅仅限于在三圣乡游玩，还要坐下来和他们拉家常，谈到祖籍、方言、习俗等相关问题，他们会很快就告诉游客他们是“土广东”。但因为讲“土广东话”会引发沟通障碍，因此和游客打交道时不会讲客家话。

从建筑方面来讲，这里的民居建筑几乎是清一色的“川西民居”。从特色农业来讲，实现了错位发展，即“一村一品”：“花香农居”、“幸福梅林”、“东篱菊园”、“荷塘月色”、“江家菜地”，这便是为人们所称道的“五朵金花”。从语言的保留来讲，五六十岁以上的老人在家庭中坚持讲客家话，而对儿孙们坚持讲“成都话”的现象已经慢慢习惯，过去会骂不讲客家话的子孙：“你把祖宗都卖了哇?”现在老人也说子女“自己愿意讲什么话就讲什么话”，因此形成了老人讲客家话、儿孙讲“成都话”的双语现象。在通婚习惯上，早已打破“不与湖广人通婚”的束缚，随着通婚圈的扩大，后代已经不可能从血缘上再分“省籍”界线，因此后代的“祖籍”意识开始渐渐模糊，尤其是在对外交往中鲜有“原籍××”的刻意区分。因此，三圣乡的客家文化认同并非不存在，客家人内里还是崇宗敬祖，认同自己祖先的来源和历史的，只是这种认同内化为一种内在记忆，而不需要刻意利用，因此这里的“客家”是隐形内敛的。开发“五朵金花”的商机使客家人不再是当年贫穷落后的“土广东”了。正如当地人所言：“我们这里的姑娘现在抢手得很！以前是嫁出去，现在基本上是招进来，大家都不愿意走了！”在人们眼中，他们早已成为比都市人更幸福的成都人。

四、余论与启示

作为汉族的一个支系，客家人也创造了属于自己的文明，在不断的迁徙与发展的历史进程中，既汲取了传统文化精华，又与时俱进，创新文化，是农耕文明在大都市边缘发展传承的历史见证。东山客家“花”样景观的生成与发展记录了东山客家社会进步与发展中社会、经济、文化、生态的发展脉络，传递出东山客家特有的文化信息，将东山客家创造的物质文明、精神文明加以展现、推广和传播。

东山的龙泉驿区更加注重推介“客家”，不仅提出“扬客家文化之名，观中国桃花之最”、“赏龙泉桃花，叙客家亲情”等招牌语，而且注重客家文化元素的保护与恢复，如修复客家会馆、客家民居，修建客家博物馆、客家广场，恢复客家民俗，宣传简单易学的客家话、客家乡土诗歌，客家文化事象不断被激活。同时，又将这些物质与非物质的客家文化元素与龙泉桃花节有机结合，“结合”出了蓬勃生机。而三圣乡的“五朵金花”则没有刻意宣传“客家”，这里的客家人在政府和有关部门的引导下，积极进取，辛勤耕作，大力发展“鲜花”经济：幸福村的“幸福梅林”梅花产业链；红砂村的“花香农居”的以小盆鲜花和旅游观光产业为主导的国家级风景区；万福村的“荷塘月色”的艺术写生创作基地；驸马村的“东篱菊园”的“环境、人文、菊韵、花海”花卉设施化、产业化生产；江家堰村的“江家菜地”吸引市民前往认种，把传统种植蔬菜、瓜果和农作物的产业变为市民体验农家生活的休闲产业。

对于外部族群的人来说，龙泉桃花节与客家文化息息相关，而三圣乡的“五朵金花”则更多体现的是川西农耕文化。因此，龙泉客家是显性的，而三圣客家是隐性的。但不管是显性的客家，还是隐性的客家，都是当地客家人所创造的文化和景观。正如哲学家路德维希·维特根斯坦所说：“我也许正确地说过：早期的文化将变成一堆瓦砾，最后变成一堆灰土。但精神将萦绕着灰土。”[①]沧海桑田，时代变迁，东山客家的祖厝、祖

① 路德维希·维特根斯坦著，黄正东、唐少杰译：《文化和价值》，南京：译林出版社，2011 年，第 4 页。

茔、祠堂、民居、碉楼、寺庙景观大都消失了，甚至客家话也从西向东渐渐消失了。但总体来说，客家文化的独特性已经渐渐被抹平，被现代都市文明“格式化”或不断“刷新”。只要客家的家谱还在，历史的记忆仍在，那几经流离仍然开拓进取、耕读传家的客家精神也将一直萦绕左右，不管将来呈现出来的会是何种景观。

郭一丹

汕尾客家与“渔民”的文化景观创造

引 言

本文以广东汕尾的客家和“渔民”（以前的水上居民）为例来分析文化景观创造的动态。笔者于 2004 年至 2007 年在中山大学人类学系攻读硕士学位期间，在梳理中国相关族群与民族研究的研究成果的基础上，通过文献资料和田野调查材料，具体分析了“疍”和水上居民群体“渔民”的形成及再造过程中所展现的田野话语。

众所周知，中国南部的水上居民旧称疍民。岸上居民往往歧视水上居民，歧视的主要原因是水上居民有特殊的居住形态和生活方式。他们有时有强烈的自我群体意识，但反而因此更加受歧视，这也说明他们与岸上居民具有不对等的群体关系。水上居民与岸上居民的群体界线有时明显，有时又很暧昧。笔者硕士论文的目的，是从人类学族群（ethnic group）及族群性（ethnicity）研究的视角出发，来分析中国东南沿海水上居民的形成、再造及其与岸上居民的相互联系。

当时，笔者的田野调查点是广东省汕尾市城区。在田野调查过程中，曾有报告人谈及汕尾沿海的一些村庄也有“客家人”居住，这个话题引起了笔者极大的研究兴趣。

汕尾市城区原为海丰县辖地，1950 年设汕尾镇；1988 年，经国务院批准，在原海丰、陆丰的行政辖区的基础上建汕尾市，现辖汕尾市城区、陆丰市、海丰县、陆河县，合计一区一市二县。汕尾市内的客家人主要分布于陆河及海陆丰的北部山地。过去学者们的研究仅仅把这些地区的客家人作为主要的研究对象，却忽略了居住于沿海地区（汕尾市城区）的“客家人”的存在。

罗香林在《客家研究导论》一书中提及，广东省内有梅县、兴宁、五华等 17 个纯客住县与南雄、曲江等 44 个非纯客住县，其中潮阳、惠来、揭阳、海丰、陆丰等 12 个县，则有众多的福佬人。① 从以上论述可知，当

① 罗香林：《客家研究导论》，上海：上海文艺出版社，1992 年，第 95～96 页。

时的陆丰县、海丰县都有客家人，但是这两个县是非纯客住县，主要居民并非客家人，而是福佬人。

而旧海丰县境内（包括现在的汕尾市城区）的客家人，多被认为是住在毗连陆河县的北部山区。例如，《广东海丰方言研究》和《海丰县志》记录如下：

海丰的方言情况比较复杂。居民讲的话有“福佬话”、“客话”、“白话”和“尖米话”。福佬话即闽南方言，海丰讲福佬话的居民占全县人口的百分之八十，分布在本县中部、东南部和沿海地区，如海城、后门、赤坑、大湖、汕尾、马宫等；讲客家话的居民占全县人口百分之二十弱，主要居住在本县东北部山区，如黄羌、平东。此外，西部的赤石、鹅埠、小漠也有讲客话的。讲白话（即粤方言）的仅有定居在汕尾等沿海地区的七八千“深水渔民”，他们大都是近百年来从粤西陆续迁来的。他们讲的“白话”同广州、香港的“白话”有不少差异。至于“尖米话”，那是一种既像白话又像客话的混合型方言，白话的成分多于客话的成分。讲尖米话的居民不到一万，分布在海丰与惠东交界地带。①

《海丰方言词典》关于“客话”（客家话）的解释如下：

客话，一般指流行于海丰北部山区黄羌镇、平东镇、莲花山镇、赤石镇、黄羌林场和西坑乡的客家话，是梅县客家话的一个分支。这六个镇、乡、场大约81 500人讲客家话，也讲带客家话腔调的海丰福佬话。②

综上所述，我们可以确认客家人主要住在海丰县的北部山区，他们除了使用客家话以外，也讲带客家话腔调的海丰福佬话。然而，笔者在汕尾市城区进行田野调查的过程中，有报告人提及城区沿海的部分村庄也是客家人村庄，它们是城区新港街道新港村委和芳荣村委两个村委会下属的自然村。

---

① 杨必胜等：《广东海丰方言研究》，北京：语文出版社，1996年，第1～2页；海丰县地方志编辑委员会编：《海丰县志》，广州：广东人民出版社，2005年，第1077页。

② 罗志海：《海丰方言词典》，乌鲁木齐：新疆人民出版社，2000年，第293页。

圣旨妈祖庙福户村庄概况

管区	自然村名	姓氏	语言、来源等
新港	李厝	李，郑	原来讲客家话，现在讲福佬话
新港	新港	杂姓	原来讲客家话，现在讲福佬话
新港	月眉	李	原来讲客家话，现在讲福佬话
新港	白石头	曾	原来讲客家话，现在讲福佬话
新港	炮台	李，高，卢，罗	原来讲客家话，现在讲福佬话
新港	幸福	苏，李，徐，钟，郭	“渔民”，讲福佬话
前进，东风	汕尾渔村	苏，李，徐，钟，郭	“渔民”，讲福佬话
芳荣	新寮	杂姓	原来讲客家话，现在讲福佬话
芳荣	银牌	姚，曾，张	原来讲客家话，现在讲福佬话
芳荣	塭寮	杂姓	原来讲客家话，现在讲福佬话
芳荣	石角	杂姓	原来讲客家话，现在讲福佬话
芳荣	五福	曾，李	讲客家话
芳荣	旗杆	杂姓	讲客家话
芳荣	大华	刘，张，谢，余	讲客家话

资料来源：2007 年圣旨妈祖庙妈祖诞“本境各兴旺村丁口款立榜”以及笔者的访谈。

与本书的其他文章一样，上述的汕尾客家与“渔民”也利用民俗文化进行了景观建设。不过，这种行为未必获得了经济上的成功，各地的情况有所差异。所以，本文将介绍汕尾沿海的客家与“渔民”的民俗文化景观建设的动态，试图进行比较分析。

河合洋尚指出，景观人类学的一个研究方向是分析描写本地特色，以及把以权力性为对象的存在提炼出来；另一个研究方向则是分析本地居民通过日常生活实践对物理环境赋予意义的过程。① 本文试图探讨汕尾客家渔民的景观建设是如何策划、如何被赋予意义的。

一、汕尾“渔民”与文化景观建设

“疍民”、“水上居民”在历史上曾遭受各种歧视和剥削，甚至被当作

---

① 河合洋尚：《景観人類学の課題——中国広州市における都市環境の表象と再生》，东京：风响社，2013 年，第 4 页。

“贱民”对待。[①] 但是，现在的他们不是少数民族而是汉族。而且随着上岸居住进程的加快，水上居住也逐渐成为往事。所以，不论从制度上还是居住地来说，“疍民”、“水上居民”的存在好像都是过去的事。

然而，在地方政府鼓励旅游开发的背景下，为了发掘旅游资源，“渔民”（水上居民的后裔）民俗文化受到了关注。对于地方政府等希望招徕游客的群体来说，“渔民”民俗文化是要宣传的东西。不过，到目前为止，“渔民”内部好像并没有为了追求经济利益或自我认同的强化而积极利用他们的民俗文化。

汕尾市政府为了发展第三产业，试图利用海洋资源和民俗文化进行旅游开发。汕尾市市委、市政府在2004年的党代会和政府工作报告中提出，今后五年的目标之一是把汕尾初步建设成为“珠三角旅游度假的东后花园”。[②]

这个计划的目标是把汕尾打造成度假城市，吸引经济状况良好的珠三角、港澳游客。黄汉忠说：“汕尾市滨海民俗文化资源较丰富且多数处于未开发利用状态。从汕尾市现已开发的滨海民俗文化资源看，知名度较高的主要有汕尾市区凤山祖庙旅游区和陆丰市碣石玄武山旅游区……据此，笔者已于2004年初撰文向当地政府提出了建设疍民民俗文化景点的构想。”[③] 他建议以已经建成的凤山祖庙（妈祖庙）等为中心来建设疍民（渔民）民俗文化景点。

为什么要选择海洋和民俗文化呢？高山阳子分析了中国的旅游业，她认为中国旅游业可分为五大类：①以历史文化遗产为对象的人文旅游、历史文化游；②以少数民族风俗习惯为对象的民族旅游、民族风情游；③以自然环境为对象的自然旅游、生态旅游；④以主题公园或度假地为对象的度假游；⑤以爱国主义教育基地为对象的红色旅游。不过，她同时提出，实际上这些旅游形态不是独立存在，而是互有交叉、相互融合的。比如民族旅游与历史文化游的融合等。[④]

---

① 何家祥：《农耕他者的制造——重新审视广东“疍民歧视”》，《思想战线》2005年第31卷第5期，第45页。

② 黄汉忠：《汕尾市滨海民俗文化资源与旅游开发》，载中山大学中国非物质文化遗产研究中心编：《中国非物质文化遗产》（第9辑），广州：中山大学出版社，2005年，第252页。

③ 黄汉忠：《汕尾市滨海民俗文化资源与旅游开发》，载中山大学中国非物质文化遗产研究中心编：《中国非物质文化遗产》（第9辑），广州：中山大学出版社，2005年，第252~257页。

④ 高山阳子：《民族の幻影——中国民族観光の行方》，仙台：东北大学出版社，2007年，第19~21页。

图 1　凤山祖庙妈祖石雕

在过去，海丰县的政治、文化中心，是从汕尾出发需要往内陆走 20 公里才能到达的县城所在地——海城镇。汕尾长期以来只是小渔村，所以没有出色的历史文化遗产。当地的知识分子认为，妈祖庙等寺庙是历史遗产。不过这些寺庙的历史只能追溯到清代，而且大部分是 20 世纪 80 年代以后重建的，所以不像八达岭长城或故宫那样，对外具有极大的吸引力。而且，汕尾也没有像海城的彭湃故居那样出色的革命古迹。因此，汕尾市城区政府选择以海洋为中心的生态旅游度假村开发，并大力宣传与海洋不可分割的渔民民俗文化，是很有道理的。

那么，什么样的东西能被当作渔民文化呢？

中国民俗学大师、海丰人钟敬文，在其所撰的关于民国时期汕尾疍民的报告中，先介绍了他们的人数、地址等，然后记述如下：

居住：以小船为家，名“戴母船”，或曰“住家艇”，终年漂浮水面。间有上附近陆地住居者，但亦不另盖房屋，即以其住家的小船，安放地上，充作居室而已。

衣服：多穿着粗恶的土布衣服。因经济关系，衣衫褴褛得如乞丐者，频不少。

装饰：男女皆赤足，不穿著鞋屐。帽子亦极少戴，寒时，则以黑布蒙头。妇女的耳环，长度达两三寸，真是一种别致的装饰。男子的耳和足，多有戴耳环和足环的。[2002（1926）：410]

风俗：娶亲的时候，男家必送礼于女家，同陆上的居民一样。婚时亦有“食圆”的风俗。女儿既至男家，拜过祖宗后，即回女家。迟了一会，方再由女家回到男家那里去。新婚之夕，邻居的姊妹们，必移船来听他们歌唱。[2002（1926）：412]

歌谣：他们善于唱歌（尤其是妇女），其歌多艳冶骀荡。但音调清越，词意真切，不失为一种出色的艺术。其妇女间频有以卖唱赚钱的。

而且，钟敬文出版了一本《渔歌》民谣集，对“疍民”的歌谣亦有关注。亦梦在论文《汕尾新港疍民的婚俗》中，也介绍了“渔民”的婚礼仪式过程、结婚当天的情况、媒人、唱歌四个方面。

如上所述，民俗学家所关注的，首先是他们在船上的居住形态、他们的耳环等服饰和他们唱渔歌的婚礼仪式。

半个多世纪过去了，曾在船上居住的人们已经上了岸，旧时“疍民”、“渔民”最大的特点——船上居住已经没有了。但是，近年也有不少关于“旧时代”，也就是新中国成立前的“疍民”风俗的记载。

例如，《海丰水产志》的“疍民风俗”一节，关于旧时代的风俗，除了介绍疍民一户以一船为单位生活等基本情况之外，还列举了女子穿蓝黑或青蓝两色缀成的圆襟上衣，以银制饰物装饰头部和手脚等状况。

此外，关于婚姻方面也有比较详细的介绍，其内容包括：疍民之间通常联姻，其婚姻与陆上人一样，由媒人介绍、父母主婚，婚礼的时候，需要唱《心焦歌》、《麻船歌》等渔歌。资料中还附有《心焦歌》、《麻船歌》的歌词，疍家新娘的照片和汕尾渔女的画像。

同时，钟绵时也提出，“时代不同了，随着社会的发展，文化教育的普及，渔民政治、经济地位的提高，疍民原来的风俗习惯，已经逐渐被陆上居民同化了”①。

总体来说，这些学者介绍了渔民的船上居住状况、衣服与装饰、婚礼与渔歌等风俗，而且提到这些风俗近年来正在逐步消失。

---

① 钟绵时：《海丰水产志》，海丰县水产局，1991 年，第 104 页。

现代的汕尾民俗学者所提到的传统“渔民文化”，在《海丰水产志》中也有同样的介绍。具体包括：渔民过去在船上居住，渔民妇女平时常穿蓝黑或青黑两色连缀而成的圆襟上衣（称“两色亦”、“扎衣”），头、耳、胫、手、脚的装饰品，婚礼与渔歌等。[①] 如果提及现在的渔民民俗，因为渔民已经基本不在船上住了，所以学者们认为渔歌、婚礼、衣服装饰（尤其是妇女服饰）这三个是典型的渔民民俗。《汕尾文史·民俗文化专辑》卷首的“疍民风韵”彩色照片场景，包括年轻妇女穿着鲜粉红色与白色两色衣服盯着渔网看，妇女穿着蓝白两色衣服划船（表演婚礼），以银头饰为焦点的妇女背影，公园内展示的从前的渔船，这些内容表现了当前的“渔民”意象。

图 2 《汕尾文史·民俗文化专辑》卷首彩色页“疍民风韵”

① 黄汉忠：《汕尾渔港疍民群体及文化》，载中国人民政治协商会议广东省汕尾市城区委员会文史学习委员会编：《汕尾城区文史》（第 3 辑），2004 年；黄汉忠：《漫谈汕尾港疍民传统民俗文化》，载李纯良主编：《汕尾文史》（第 14 辑），2004 年。

凤山祖庙及其周围是凤山祖庙旅游区，由政府主导修建了以妈祖庙为中心的旅游设施。凤山祖庙的主要建筑群始建于明末清初，1994 年政府将其作为旅游区整顿时，又进行了重建。正月十五的元宵节、三月二十三日的妈祖诞等节日，有许多人来拜神。但是大部分拜神者不是游客，而是当地居民或其亲戚。当然，旅游区里的小店也出售特产和汕尾旅游地图，解签人当中也有举着“汕尾话、白话、普通话”招牌的人，所以说本地人意识到了外来游客的存在。不过，除了政府机关所派考察人员外，来寺庙的人大部分是汕尾本地人，求签也基本以汕尾话来解释。

另外，在凤山祖庙的后山有汕尾渔家民俗风情陈列馆、妈祖圣迹馆以及高 16.83 米、连同基座重约 1 000 吨的妈祖石雕等。因为去这些地方需要买 12 元的门票，而且它位于小山上，所以不及寺庙里热闹，不过来汕尾的大部分游客仍会参观这里。

渔家民俗风情陈列馆展示了以前海边的照片、渔船的模型、从“渔民”处收集到的旧渔具和衣服、用人偶来演示的渔家婚俗等。从这些展出内容来看，可以说“渔民”形象的中心是船、渔业、衣服、婚礼和渔歌。

“渔民”的民俗文化被选为旅游开发资源。在选择者看来，“渔民”是异质的、文化上的他者。在这种情况下，选择者是地方政府或岸上居民。从官方立场来看，现在的“渔民”不是少数民族，而是汉族，所以博物馆的陈列也并未直接说“渔民”是少数民族。不过，来到这里的游客很容易把作为文化上的他者的“渔民”想象为少数民族。

在笔者与其他游客一同参观渔家民俗风情陈列馆的时候，有一位出生于汕尾市红海湾的导游介绍道：“我国的漂流民族疍民……”从这样的话语与作为文化上他者的展示来看，“渔民”是文化上的他者，即具有不同文化的民族，这种看法不断被再造。

图 3　人偶所演示的渔家婚俗

图4　“渔民”的日渔具和衣服

图5　以前水上人家所住的船的模型

可是，除了外地游客，包括“渔民”在内的汕尾人很少参观这座民俗风情陈列馆。因为拜神的地方就在山下的庙里，所以他们认为需要特意买门票、爬山走远路才能到的这些地方是不需要参观的。因此，作为文化上的他者的“渔民”展示对当地社会的影响并不大。

2005年之前，主要由政府等外部力量来展示渔民文化。但是近年来，“渔民”本身也开始了这种活动。渔村理事会（主管渔村里的祭祀、民俗活动等）的理事长组织了渔歌队。他曾长年在珠海等外地工作，2004年回乡后，成为理事长。他跟渔民一起参加民俗活动，听他们的渔歌。他说，希望这么有特色的音乐能让更多的人知道，让更多人了解渔民的生活，为城区的文化建设打造品牌。于是他着手组织成立村民渔歌队，聘请老年妇女与音乐家为老师，培养青少年歌手。2012年，他们每周两次、每次花费几个小时练习渔歌。而且，渔歌队获得了街道政府等方面的支持，参加过文化节等文娱活动，并录制了活动的 VCD 等。

2004 年正是政府开始开发渔民民俗文化的时期，所以渔歌队的活动也受到了政府政策的影响。针对这类活动的细节与各方面的影响，今后还需继续展开调查。

图 6　渔歌队练习的景象

二、汕尾沿海客家与文化景观建设

本小节将通过白石头村的个案来分析族群认同与民俗文化景观的问题。白石头村位于汕尾（包括渔村）对岸，坐船需要十分钟左右。白石头村村民的祖先是客家人，但现在已经改说福佬话了。《汕尾文史》中的《“白石头”村钩沉》有着这样的记述：

白石头村位于汕尾对面凤飞山背面，面临南海，是一个自然村落……

曾姓祖宗是由山东省迁移江西省南丰县，又徙迁福建省宁化县，再转下广东五华县，最后才定居南海之滨白石头村……康熙初年，几经周折，奔向海洋，定居海丰县金锡都白石头村……

白石头的先民们在这块南海之隅耕耘、捕捉，经历了三四代人，到清乾隆三十六年后才有所积蓄，修葺住屋，修祖祠，重修祖墓，平地美化环境。

白石头曾氏是客家祖籍，在五华时靠耕田、砍柴、割草、农间打铁为生。自从来到沿海边，要适应环境，故易业。捕鱼作业起初很简陋，由钓鱼、提罾、手撒网捕鱼，发展到木船围网、拉网、拖网等掇乌、鸡毛乌作业，大形围网也随之出现。据考到清道光年间村中已有桅、有帆，比较可观。木船到附近港门过澳捕鱼……

新港曾繁荣誉世，本地居民和外港浮水蛋家（瓯船）捕鱼业日益昌盛。

这些盛况一直维持到一九五三年七月那惨烈飓风，海啸把新港吞没掉，渔民迁移汕尾新村居住，本地居民三分之二迁走。在这种情况下，白石头村甚至连村名也消烟云灭，几乎四十多年不曾听过。时至今日，在各方努力下，才恢复了白石头村是自然村的称谓。①

图7　白石头村《曾氏族谱》

从以上资料分析来看，笔者认为白石头村曾氏是客家祖籍。祖先们从江西迁移到福建省宁化县，再南下到广东省五华县，这就是典型的客家先民的迁移路径。白石头村《曾氏族谱》也有同样的记述。白石头村《曾氏族谱》中记录的祖先来历如下：

时为宋末至元朝年代，因兵乱，在宋政和二年（1112）淳公携家眷由原江西南丰徙福建汀州郡宁化县石壁村。后又因宋元兵攘，不能安居，佑孙公南迁广东嘉应州长乐县高竹园居住，后又迁同邑七都园九龙岗定

① 曾纪番：《“白石头”村钩沉》，载李纯良主编：《汕尾文史》（第14辑），2004年。

居……我族祖宗岳公生承公，承公生伫公。据西山旧谱及世界曾氏宗亲会九龙分会壬戌版族谱和我族祖祠遗下祖公神位牌，一世祖念四郎，即岳公，二世祖祖承伫公，三世祖伫公等。伫公生法谨公，法谨公生仕禄公，此是五十六起至六十派止，为裸甫房系。时处元末至清初。

我族伫公与其孙仕禄公，由长乐（今之五华）县迁来海丰，曾经暂时居金锡都桐埔，现遗有曾厝井旧址，后才移到南海之滨芳荣乡白石头村定居，时为清康熙初年，伫公为今白石头曾氏的开基祖。

笔者并不具备能力与资格来评说族谱的内容是否真实，但至少可以从以上史料中看出，历史记忆与客家人的认同意识密切相关。

在牧野巽的研究中，他将这个客家的宁化石壁传说与华北的洪洞传说、广东省的南雄珠玑巷传说、山西省北部的朔县马邑乡传说、湖南省的江西传说等，全都归为祖先同乡传说这一种类型。①

作为“历史记忆”，这样的祖先传说又是如何确定族群认同的核心地位的呢？陈春声说：

必须指出的是，此类关于自己是历史上移民的后代的传说，在中国人的社会中是很常见的。尽管在一般的历史解释和教科书的描述中，中国人常常被赋予“安土重迁”的禀性，但有意思的是，在现存的数以万计的族谱中，在乡村父老口头流传的说法里，我们听到的，都是乡民们的先祖从外地迁移到本地定居的故事。最为人所熟悉的，除了客家人从福建宁化石壁迁徙到各地的故事、珠江三角洲的居民中所流传的珠玑巷的传说、广东整个讲闽南语系方言的人群都来自福建莆田的说法外，还有整个华北都广泛流传的山西洪洞县大槐树的传奇……从某种意义上讲，整个中国社会可以被视为一个“虚拟的”移民社会。只要有机会到乡村与老人们谈谈，就会明白，中国普通老百姓关于其先祖来自另一个他们实际上并不熟悉，但在历史上教化程度可能更高的地方的观念，是如何的普遍和根深蒂固。黄遵宪、温廷敬、罗香林这些客籍文人主要的贡献，是根据族谱的记载，将一个一个家族的故事，塑造成为一个以方言为主要识别标志的具有近代

① 牧野巽：《牧野巽著作集　第五卷——中国の移住伝説、広東原住民考》，东京：お茶の水书房，1985 年。

“种族”色彩的人群的集体的“历史记忆”。①

由于客籍文人的贡献，宁化石壁传说成为客家族群认同的核心。其结果如濑川昌久所指出的那样，这样的祖先传说具有以下效应：

客家人的宁化石壁传说，就是这样一种在地方文化集团或“民系”的层次上，使得通过聚焦于祖先而生成纽带意识成为可能的传说。为了在华南汉族这一更具包容性的整体中，客家能够形成较强固的自我意识和团结意识，宁化石壁传说也发挥了极大的功效。②

因此，我们可以明晰，族谱中的宁化石壁传说与客家人的族群认同是息息相关的。由于白石头村《曾氏族谱》中也引用了世界曾氏宗亲会九龙分会壬戌版族谱，同时，白石头村曾氏代表为了编辑族谱曾走访了五华、九龙等曾氏同姓村庄。这一编辑族谱的方式也表明，一般在编辑族谱时，往往会参阅同姓的族谱。

《曾氏族谱》得以出版，主要的资助者是B。B原来是白石头村人，后来事业打拼成功，在中国香港、深圳及澳大利亚等地拥有多家企业。除了编辑出版族谱以外，他还投入巨资修缮和重建祠堂、祖坟、寺庙，铺设公路，修建学校等，对家乡贡献很大。除此之外，他对其他外族人的贡献也不少。例如，1991年新建新港村委和芳荣村委管辖内唯一的小学时，新港管区旅港校友会会员的捐助总额是93万港币，同为校友会会员的B个人捐款就达15万港币。其中，捐款金额超5万港币的会员有5人（包括B），超过1万港币不足5万港币的有16人，超过2 000港币不足1万港币的有18人，1 000港币的有68人 。而汕尾市城区人民政府、教育局，各管区各村等政府机关的捐款总额为18.9万人民币，石油公司和建筑公司捐款1.6万人民币，个人捐款（16人）共1.09万人民币。旅港校友会的捐款占捐款总额的81%。该事例表明，当地社会的经济活动，在很大程度上受到以B为首的在外族人的经济实力的影响。

同时，尽管这里没有十分详细的资料，但在外族人所掀起的文化复兴

① 陈春声：《清末民初潮嘉民众关于“客家”的观念——以〈岭东日报〉的研究为中心》，载陈支平等编：《华南客家族群追寻与文化印象》，合肥：黄山书社，2005年，第49~64页。

② 濑川昌久著，钱杭译：《族谱——华南汉族的宗族·风水·移居》，上海：上海书店出版社，1996年，第209页。

活动对本地社会也同样具有不容忽视的影响。例如：

B 不仅热心公益事业，而且尤为关注《曾氏族谱》的编纂、曾氏祠堂的重新修缮等族内事业。B 是该地区重修祠堂理事会的理事长，同时还担任《曾氏族谱》编纂委员会的组长。而 A 是 B 的堂兄弟，同时 A 是白石头村公认的最有文化的人，被称为“民俗专家”。于是，A 成为《曾氏族谱》的执笔人。他为了编纂族谱，收集了白石头村《曾氏族谱》的大部分资料。A 还与另外两位族人担任了重修祠堂理事会的副理事长职务。笔者陪同一位客家研究专家参观白石头村曾氏祠堂时，A 作为向导为我们讲解村里的情况。当时，A 向那位客家研究专家介绍说：“这个祠堂是以客家文化的建筑方式来重新修建的。”

所谓“客家文化的建筑方式”的具体内容是指祠堂前方的风水池、建筑物的中轴线等客家建筑中不可缺少的文化要素。A 为了收集编辑族谱的资料，早期曾走访过五华等客家地区，那些地区的“客家文化”的形象直接影响了 A 对“客家文化”的理解。其实，这些建筑特色并不仅限于客家文化，在岭南地区也是很普遍的。

假设因为 A 是向客家研究学者介绍祠堂的情况，所以特意用“客家文化”来解释祠堂的建筑风格的话，那也不足为奇。不过，他断言是“客家文化”的事实却颇有意思。如果没有编辑族谱的工作，他没有去过五华，那么他是否会意识到客家文化的存在，并把它定义为“客家文化”呢？正是在参与民俗文化复兴活动、增进与其他地区交流的同时，促使 A 重新认识了“客家文化”。因此，以在外族人为中心而展开的文化复兴事业对民俗文化景观的影响是不容忽视的。

图 8　曾氏祠堂（祠堂前方有风水池）

可是，这里的客家文化之中没有梅州的客家建筑中不可缺少的“五土龙神”等，[①] 所以与一般的客家研究所描写的客家文化不同。这一点是需要注意的。

结　语

正如前面所述，笔者介绍了汕尾的“渔民”、“客家”的文化景观建设的概况。汕尾“渔民”文化在民国时期就已经受到了民俗学的注目，民俗学家记述了汕尾的“渔民”文化。改革开放特别是在21世纪以后，汕尾市政府试图利用“渔民”文化进行旅游开发。旅游景点里的“渔民”文化展示就是这种设想的一部分。另外，受到这种政府的文化景观建设的影响，“渔民”自身通过组织“渔歌队”等，开始参与到文化景观的建设当中。像这个“渔民”文化事例一样，先把文化作为旅游开发的资源，之后居民开展相关的民俗文化活动，这种情况在其他地区也为数不少吧。

此外，像白石头村的客家人那样，匠在外同胞的支援而建设的文化景观之中，往往会吸收周围“同一族群”的文化。在中国民间，人们非常重视祖先来历、父系血统的关系，所以他们默认同一祖先的人会保持相同的文化传统。于是，白石头村村民按照他们祖先曾居住过的梅州市五华县的“客家文化”来建祠堂。不过，这个事例中的“客家文化”不是学术研究中的“客家文化”。因为白石头村村民的解释，与学术研究语境中的“客家文化”本身具有差异。具体来说，就是在有无“五土龙神”方面的差异。

汕尾“渔民”（当中的一部分人）从被汕尾市政府作为旅游资源使用的“渔民”文化当中，选择了渔歌，组织了渔歌队。这种动向，在今后会对渔村内外产生怎样的影响？采用了客家建筑风格的祠堂，会有怎样的变化？这些情况可能会在今后产生大的变化．所以我们要继续关注汕尾文化景观建设在未来的发展。

稻泽努

① 河合洋尚：《客家風水の表象と実践知——広東省梅州市における囲龍屋の事例から》，《社会人類学年報》2007年第33号，第70~73页。

参考文献

（中文）

1. 黄淑娉主编：《广东族群与区域文化研究》，广州：广东高等教育出版社，1999 年。

2. 陆河县客家文化集编小组：《客家陆河》，2006 年。

3. 钟敬文：《汕尾新港疍民调查》，《钟敬文文集·民俗学卷》，合肥：安徽教育出版社，2002 年。

象征地景的移置与客家性建构

——以美浓客家文物馆的“烟楼造型”为例的讨论

引 言

20世纪最后一个十年，台湾南部位于屏东平原北端的4万客家人口的小镇——美浓，在高雄县政府的主导下，购得“人”字面山南麓、中圳埤北侧的傅屋尝田，准备兴建“美浓客家文物馆”。倡议兴建美浓客家文物馆，一方面是台湾自1988年在台北都会街头高声请愿“还我母语”社会运动之后，客家人主张经由展示与推广教育将可凝聚或重拾已被压抑数十年的客家意识；另一方面则是在台湾1994年起推出“社区总体营造”政策的催化之下，各县（市）地方政府配合推动的“地方文化馆”风潮。客家人口密度高达九成七的美浓镇，是高雄县境内最富有客家特色的聚落群，加上美浓人在20世纪90年代中期全力投入“保卫家园”运动（反对兴建“美浓水库”），使得美浓人说服了高雄县政府，决定在美浓兴建客家文物馆，作为继续凝聚与活化当地客家文化的公共空间。

美浓客家文物馆的硬件设计依据政府采购法开征标案，最后由同为客籍（但为台湾北部客家人）的谢英俊建筑师及其团队获得。同时在1996年至1997年间县府更委托人民团体“高雄县美浓镇爱乡协进会”（简称“美浓爱乡协进会”）与建筑团队配合，对文物馆未来的规划与营运进行项目研究。只是后来因部分内部因素，美浓客家文物馆一直是由县（市）政府文化局直接管理，经营者为公务人员，至今并未交付民间经营。

根据美浓爱乡协进会在客家文物馆开馆前针对未来展示与营运的预想规划，该馆筹划时期的建馆目标共有两点：第一，致力于展现美浓的历史与文化上的多面性，激发民众对地方历史与文化的关怀与兴趣，增进地方族群之间的理解与互动；第二，积极参与美浓自然文化资产的调查、收藏、保存与维护，以供研究、收藏与展示教育的需要。[①]以上想法，原则上是建立在包括像生态博物馆、类文物馆网络、美浓核心馆的概念上，并主

① 1997年高雄县美浓镇爱乡协进会规划、高雄县立文化中心指导的《高雄县美浓客家文物馆规划与营运研究》。

张要有社区参与，特别是希望能避免由学者、专家主导，建立“一个社区文化社群积极运作、相互竞争、集体塑造地方历史记忆、体现多元价值”①的文化场域。十年下来，美浓客家文物馆的建筑与经营提供了许多研究的题材，本文将从该馆采用“烟楼天窗”造型元素的缘由，以及其成为文化地景的过程与话语切入关于移置地景“客家性”的角度进行相关论述。

一、“烟楼”与美浓

在直接讨论美浓客家文物馆之前，请先随笔者来注意另一个重要的移置地景。台湾最南县市的屏东县，过去曾是客家武装部队“六堆”的主要分布地。台湾客家委员会在六堆中的“后堆”——屏东县内埔乡征购大片台湾糖业公司土地，兴建以田园造景、半户外空间为主的“六堆客家文化园区”。这个园区不仅拥有主要展馆、独立办公楼，也在园艺湖景之中建造仿古碾米厂，收藏并展示一部大型的木造碾米机具，象征“六堆”过去作为米仓的重要历史。除此之外，更在仿古碾米厂的数十米外，移来并重组了一个自“右堆”——屏东县高树乡拆解来的“大阪式烟楼”，馆方表示这象征着“六堆”与烟草生产的关系。在下文中读者将会知道，其实并非整个六堆区域都是烟草生产地，仅仅“右堆”才曾有大量烟草生产，然而烟叶干燥室这类生产空间，在当代已不知不觉地因放在“六堆客家文化园区”而成为象征六堆客家的代表性文化地景。不仅此例，越过台湾南北走向的中央山脉，在台东花莲县凤林乡的客家文物馆，一样采用了烟楼外观造型，并同样以此来象征当地盛产烟草的历史。

从产业史变成一种标识客家文化并作为“客家性”镶嵌于地方的，且源自日殖时期的“舶来品”的烟楼，究竟是如何变成台湾客家的文化地景的呢?

“大阪式烟楼”，从字面上的意思即可看出，这类烟叶干燥室是来自日本大阪（Osaka）的技术。也就是说，20 世纪初从大阪引进的产业建筑技术所出现的劳动生产场所，在 21 世纪变成台湾客家文化的象征。1905 年，台湾总督府专卖局将烟草业务收回，彻底执行品种与产地管制，大规模地进行适地调查计划。20 世纪 10 年代专卖局又与主管移民事务的殖产局合作，首次在为了拯救濒临破产边缘的日籍移民村的前提下，引进当时全球竞相种植的黄金作物——美国维吉尼雅种烟草（又称黄色种烟草，为香烟

① 1997 年高雄县美浓镇爱乡协进会规划、高雄县立文化中心指导的《高雄县美浓客家文物馆规划与营运研究》。

的主要原料）。此种烟叶与雪茄种、中国种或日本种皆不同的是，其干燥过程必须经过密室高温熏蒸，而非经由日晒或晾干，因此，日后投入种植的本岛黄色种烟草种植户，都须在专卖局的监造与指导下，自资建造密闭干燥室，并依种植多寡投资一至数栋不等的烟叶干燥室。这种干燥室在不同的地方有着不同的名称，例如在高雄美浓就称为“烟楼”，到了台湾东部则被称为“烟仔间”，在北回归线上的嘉义县中埔乡，又有“烟窑”的说法。但基本上，这种熏蒸设备都是“大阪式烟楼”的简称。

在“大阪式烟楼”还未引进台湾之前，种植雪茄种烟草所需要的干燥空间只需一个简单的茅寮即可。一如上述，黄色种烟草需要的干燥空间是一种有较高技术的密闭烤房。根据高雄树德科技大学建筑与古迹维护系的调查，20 世纪上半叶经由日本总督府专卖局所引进的烤房设备共有三种：一是“大阪式”，顾名思义其技术来自大阪烟叶试验所；另外两种则是“广岛式”与“折中式”（或“新广岛式”）。这三种烤房形式最大的差异在温湿控制的天窗，“大阪式”天窗明显突出于屋顶呈现塔楼（又称太子楼）造型，而“广岛式”天窗则直接开设在两侧斜面的屋顶上，“折中式”则是融合两者但设计较为繁复。就实际效益来说，“大阪式”保温较差但排湿能力较强，“广岛式”则刚好相反。对于位于热带潮湿海岛型气候的台湾来说，对排湿的需求更大于保温。也因此，之后全岛合计 1.1 万多公顷的烟草产区，6 000 多栋干燥室几乎都以“大阪式”为设计的模板。①

台湾烟草产区在 1939 年公布的适地名单中，大致底定：依最早的产地范围大小依序是台中产区（台中县、彰化县、南投县等境内）、嘉义产区（云林县、嘉义县、台南县等境内）、屏东产区（高雄县、屏东县境内）、花莲产区（花莲县、台东县境内），以及宜兰产区（宜兰县境内，于 1962 年遭裁撤）。从地图上来看，台湾烟草产地面积其实是相当小的，极盛时期（20 世纪 60—70 年代）全岛近 1.2 万公顷产地，换算为美浓镇总耕地，也仅有美浓耕地面积的 2.2 倍。因此，当美浓镇烟草种植面积在 1975—1976 年达到 2 200 公顷时，这已经是屏东产区的 57%，全岛总烟草产地面积的 22%。同样在该年期，美浓烟草种植户达 1 791 户，占美浓农牧户数的1/3，达全岛烟草耕作户总数的 24%，几乎是每 4 个烟草农户中，就有 1 户是居住在美浓的客家人。

---

① 延续说明可参阅洪馨兰编：《高雄县美浓镇烟叶主题调查计划空间篇：烟楼、辅导区》，高雄县政府文化局，2002 年。

这样的统计数字也充分表现在地景上。大阪式烟楼在 20 世纪 70 年代因“堆积式自动控制干燥室”（地方上简称“计算机干燥室”）自美国引进后，其仍具有许可种植必须出示烟叶干燥室牌照的用途，逐渐被闲置或转作仓库、住房使用。但这个命运转折之前，大阪式烟楼就以其塔楼天窗，加上六七米的挑高，成为一般农村民居聚落中十分突兀的地景。请读者想象：20 世纪 70 年代的美浓镇，共计 1 814 栋大阪式烟楼（依屏东烟叶厂提供的干燥室登录名册），每逢烤烟季节（汉人农历新年前后），美浓平原上炊烟袅袅，十足就是一个初级烟草的大型加工区。美浓镇的客家人也因为大量投入这个专卖保障性契作，累积了许多经济资本，后他们又将这些资本投注在子女教育上，从而产生了大量足以累积社会资本的旅外美浓籍知识精英。①

因此，当美浓把大阪式烟楼的建筑元素镶嵌于当代美浓客家文物馆的建筑设计时，应该是可以被理解的——尤其当该文物馆号称希望具有凝聚认同与集体记忆的功能，毕竟烟草种植作为美浓人 20 世纪的共同记忆，是无足争议的。但这个过程并不是十分顺利。

二、关于美浓客家文物馆外部意象的双重话语

美浓客家文物馆作为“美浓客家”集体记忆的载体，如何设计与建造文物馆考验了同样身为客籍但属于“台湾北部客”的建筑师团队。笔者曾记录下 1999 年谢英俊建筑师呈现建筑话语的说明，并搜集了当时较大的几个与美浓居民之间的争议，归纳整理如下。

首先，对美浓居民而言，这样一个农村首次面对一个以“全新”建筑来呈现美浓客家文化的机会，数百年来经由宗族意识传递的“饮水思源”文化思维，遂显现出其强大的作用力。团队中一部分人认为“美浓客家文物馆”应带有“情系原乡”或“落叶归根”的展现，所以，当参考了“新竹县立文化中心”的新圆楼造型和梅州围龙屋造型时，主张应呈现此类建筑造型的居民形成一股力量。另外，亦有居民主张就应该做成像“高雄市客家文物馆”那样典型的一层楼四合院造型，红砖红瓦，非常古朴且“台湾味”极强。

不管是“原乡派”还是“台湾派”，很显然，今天当读者看到美浓客家文物馆时，它最后呈现出来的话语似乎既非上述两者，更非折中，建筑

---

① 关于烟草种植与美浓知识精英大量出现的讨论，可延伸参考洪馨兰：《烟草美浓：美浓地区客家文化与烟作经济》，台北：唐山出版社，1999 年。

师采用了自己的话语。当美浓客家文物馆在千禧年打败许多投稿者，而入选“远东建筑奖”之后，建筑师与部分地方知识精英共同打造的建筑语汇，遂更加上一层光环。谢英俊建筑师在2012年更获得国际永续建筑设计Curry Stone首奖，作为这位国际知名建筑师为小小美浓镇设计的作品，美浓客家文物馆的建筑元素与设计，更添加了其国际光环，曾经在初期时的多元话语逐渐被人遗忘，好像也变得无关紧要。本文借此机会，扼要重现当时谢英俊建筑师争取话语诠释的说法，也见证那个曾经引动民众口语论战的意义过程。

这位在日后投入到许多灾后重建协力造屋设计中并主张“将建筑还给人民”的行动派建筑师，在笔者1999年询问他如何“构想”以及面对美浓客家文物馆造型争议时，提出了一种批判式建筑观点。他认为，当“圆楼”变成客家“图腾”时，不管“采用”或“不采用”都会面临同样的问题——我们如何来为“客家”定义；同样的，究竟是黑瓦白墙（旧式）还是红瓦红墙（台式），是围龙屋还是碉楼，若把历史视野拉开来看，这些建筑形式都是客家人居住过的，都应算是客家建筑的一类：

在这种情形下，回头来思考何谓“真正的客家建筑”时，定义殊异，而建筑设计者面对这样的复杂状况所依据的唯一指标，就是：一种客家建筑，它建造在这块土地上，跟生活环境、年代时间有一定的对应关系，在以上契合的状态下，我们“建筑团队”选择一个切入点，找出在“某个时间”、“某一群人”、“某个时期”的交互作用下所形成的居住或生产形态，这就是我们要找的客家建筑。①

美浓客家文物馆作为当代美浓客家文化地景的重要象征物，它目前呈现出来的是很当代的合院式建筑。除前池、化胎、黑瓦（黑色浪形钢板屋顶）、灰墙（清水模墙面）、前低后高（逐层加高）、晒谷场（绿建筑搜集雨水处）之外，最突出的即是在“传统合院”的造型之中，利用原本“祠堂”的中轴线位置，在二楼斜尾顶上再突出一个“大坂式烟栈”形态的塔楼天窗，很明显这是移置了“大阪式烟楼”的建筑元素。建筑师尝试用新的话语来与居民思维中的“传统客家建筑元素”对话。他认为，“文物馆”

① 谢英俊建筑师在1999年接受笔者邀请，在当年由高雄县政府文化中心举办的高雄县文化节“恋恋客乡、情在美浓”文化座谈会中，畅谈即将开馆的美浓客家文物馆的设计理念。相关论述由笔者整理并收录于高雄县立文化中心编辑的《1999年高雄县文化节：恋恋客乡、情在美浓成果专辑》。

在意义上应是“采用传统”而非“复制传统”，就算是远眺即看出那是模仿了“大阪式烟楼”的建筑话语，但建筑团队其实无意“重做一个烟楼”。换句话说，塔楼天窗在建筑师的心中，其实是一种活用的“形式”，重要的在于它为文物馆实质上提供了非常良好的通风与采光功能。“我们‘建筑团队’对于客家地域主义不是只把地域‘文化’转变成一种形象，而是‘也重视’在地域主义里面‘建筑元素’实际的功能。”①建筑师说明，这个前提即肯定任何传统建筑的建筑形式都有它的主体性以及自主性，每个装置也都有它实际的功能。

图 1　美浓客家文物馆

由上述讨论，或许读者与居民一样也会开始思考，那么最初采用“功能目的”所使用的“大阪式烟楼”塔楼天窗造型，真的就只会被功能性地解读，而不会被引导到有“族群性”（族群文化）的意义上？另外，因为客家文物馆并非真的仅作为一个教育推广的“中性”场所，透过命名已经意味着其从建筑话语到展示内容，都将被镶嵌于“美浓”、“客家”几个概念底下，所以呈现“烟楼”象征的建筑元素也将会和客家文化（或至少是美浓客家文化）被强势的建筑语言恒久地镶嵌在一起——这对美浓客家文化的理解又会产生什么样的延伸诠释？

其次，地方居民中难以避免也就出现了民族主义倾向的主张。他们认

① 相关论述由笔者整理并收录于高雄县立文化中心编辑的《1999 年高雄县文化节：恋恋客乡、情在美浓成果专辑》。

为这种把烟楼造型元素用于象征地方客家文化的文物馆建筑设计，是一种对日本殖民时期“怀旧”式的作风，认为建筑团队将“怀旧”的对象指射于殖民时期而非中国大陆原乡时期，也许呈现的是建筑团队的政治意识形态。尤其是烟叶种植虽带来美浓农业的盛况，但其大量消耗燃料及浇洒化学肥料与农药，只为熏烤充裕国家财政的作物，却对山林与农田生产造成许多余害，而且影响至今，当代的文物馆是否要采用这样的意义元素作为创作素材，并从此与美浓客家文化难分难舍，应该要再议。

笔者整理建筑师团队的想法，归纳出他们的响应其实还有涵盖现实的考虑，而这或许也是回答以上民众质疑的对话。建筑师认为，县政府最初允诺投入兴建文物馆的预算，事实上很大比例都用于馆舍用地的采购，余下来作为建馆经费的额度要在这样一块土地上兴建足以映衬山景田园的文物馆，这是对建筑师如何大量评估建料成本以及日后营运成本的能力的极大考验。站在这个立场思考，采用有较充足采光与通风的塔楼天窗、较不易潮湿的日式清水模壁面等，基本上都可较为节省营运后的水电与文物保存成本。或许也是这种“务实主义”的思维逻辑，才真正打动了居民，使之改变了态度。于是，为了长久营运，成本考虑超越了民族主义情怀，终于让这样的“绿色建筑”屹立在盆地平原上，成为当代美浓的文化地景之一。

三、关于美浓客家文物馆内部功能的双重话语

美浓客家文物馆的地景语汇涉及的不仅是其外观，本小节要谈的是关于“客家文物馆”本身定义的话语。

由于“文物馆”在字面上明显是一种“对象展示”导向的空间，因此“美浓客家文物馆”在规划之初也出现了对于“这是一个什么馆”的定义争议。这项争议主要在于建筑设计团队与最早的营运规划团队（美浓爱乡协进会）都主张这应该是一个生活生态博物馆概念底下的“核心馆”，也就是说，它是运作美浓集体记忆、集体展示的发动机，而不是一个“物件馆”。建筑师团队是这么说的：

“文物馆”本身在美浓客家日常生活中本来就是“超出日常经验”的，且“文物”的定义正是脱离现实状态的对象；也就是说，几乎已经不在日常使用的物品，才会被置于“文物馆”中陈列与展示。计划将文物陈列在一栋新设计的建筑里，这个建筑本身也就跟一般在聚落村庄中的建筑，有迥异的功能，与大部分屋子现下的真实使用情形有一定的距离。因此，在

我个人设计之时，隐隐约约有一股动力将我把美浓客家文物馆设计得跟现实拉得比较远一点，希望能够重新省思美浓建筑的未来。①

建筑话语在一般民众中较难被接受，很快就有“没有文物的文物馆”这种批评流传开来。由于规划团队认为“美浓客家文化”其实很多都还在美浓“活生生地存在”，不愿意将它放进“文物馆”提早预示它即将变成“标本”，所以文物馆最开始没有做“大量展示文物”的策划。这和四合院造型的“高雄市客家文物馆”、半圆楼造型的“屏东县客家文物馆”有着非常不同的走向，后两者都透过文物展示直接体现其名称上的意涵。

这种对“美浓客家文物馆”将客家文化标本化的批判手法，使得“美浓客家文物馆”很长一段时间似乎不太能引起美浓民众的高度共鸣，参观者纷纷表示：“里面又没有什么东西。”也就是说，人们是期待“看见”“东西”来到“文物馆”，当“文物馆”不以提供对象为主时，究竟其话语是什么，民众又要如何接受与理解，就十分考验经营者的规划。

美浓爱乡协进会提供的最初规划概念，是希望能透过这个“新的”公共空间，创造“新的”美浓客家人公共生活，并因此达到活化、挽救濒临流失的客家文化的目的。例如以研究室、地方社团办公室、协商室、教学室、研讨室等来取代文物展览室，开门让美浓人直接进来“使用”与“活动”，而不是静态地、死气沉沉地诉说着“美浓客家文化”的“过去”。当美浓人进来活动了，在里面研究、讨论、办公并进行公共生活，那么这个文物馆才真正“亲近社区”，“为社区所用”，也才能真正创造另一波的集体记忆。换句话说，美浓人进来了，文化也就进来了；观光客若找不到“东西”可看，他们就会去看美浓的大街小巷，而那些才是真正的美浓文化，也才能真正创造居民都能受益的商机。

然而，这种规划团队的话语因为缺乏实践机会，至今仍停留于概念上。当县政府决定不委托民间经营而由政府直接经营时，上述概念更在“管理绩效”以及“收入考虑”的官方思维形态底下，走回一般文物馆“静态展示”的路子。这在常设展展示更新后的版本即可看出。展示更新后的美浓客家文物馆，左厢二楼虽维持一间研讨室，但也是唯一可接受外界租用的场所。左厢一楼是“真正”的文物展示，包括美浓农具以及美浓岁时节庆文物。主展场维持以展板与造景为主，但对引导游客“离开此地

① 相关论述由笔者整理并收录于高雄县立文化中心编辑的《1999 年高雄县文化节：恋恋客乡、情在美浓成果专辑》。

直接到美浓巷弄去穿梭”并没能发挥作用。右厢二楼作为亲子体验展区，一楼则为特展室。全馆除解说志工外，并没有提供地方社团进驻使用的空间。除此之外，作为“公家机关”，美浓客家文物馆的开馆、闭馆均依人事行政局规定办理，并不是依据美浓农村文化或岁时节令来“营运”。更吊诡的是，美浓人走进真正展示“文物”的文物馆时，又纷纷表示“这些东西我们老家也有啊，有什么好看呢”。所以一般美浓人也不会走进来看——即便美浓人凭身份证明就可以无限次数地免费入馆。

从上述种种来看，建筑话语中原本期望“美浓人进来使用”不仅成为艰涩难懂的概念，在实践中也因为营运权属于政府机构，让这个进步的观念就这样沉睡在美浓山下，依旧没有可被操作的机会。

四、思考：被赋予“客家性”的烟楼地景

在建筑话语与展示话语上，似乎都因其“进步性”而让居民对美浓客家文物馆产生一定的距离感，不可否认在美浓被台湾民众票选为“台湾十大观光小镇”之后，涌入的观光客、农村旅游风潮，一直默默地扮演着突出“烟楼”元素与美浓客家文化相互融合的话语的建构载体。在过去的十多年间，越来越多当地的乡村民居也采用了塔楼天窗作为新屋的建筑元素，也有采用“大阪式烟楼”的造型建造饭馆，或采用“烟楼”二字作为店名的餐厅。这种镶嵌放在美浓并不为过，但放在“六堆客家文化园区”就很有意思。表面上园区内出现烟楼好像是因为美浓是六堆的重要成员，但移置“烟楼”到六堆园区所要呈现的“客家性”其实比美浓客家文物馆采用塔楼天窗，还要来得复杂。

在此笔者依据个人的研究延伸说明，“烟楼”在台湾客家性的建构中是有历史根据的。这与“右堆”作为台湾全岛的“烟叶种植王国”有关。在植物学上，一般而言，作物的种植乃相对于自然生态环境而来，也就是说自然生态（地形、土壤、气候等）是决定何处最有利于种植烟叶的决定性条件。但在文化生态学理论的理解中，“文化”会决定人们的辨识、设计、创造等利用生态资源的观念与方法，因此生产技术以及作物选择并不是仅反映自然，很重要的还反映文化。在理解台湾烟草种植变迁史时采用以上理论即会发现，决定某些地方成为重要烟草产区的条件并不单纯。20世纪30年代日殖时期由台湾总督府专卖局进行“烟草适地调查”之时，“适地”八项条件中除土壤、气候等外，还纳入了“农民生活程度”、“劳力关系”、“自作、小作别户数”等这类带有浓浓地方文化特性的项目。正因为如此，屏东平原北端的传统客家乡镇（美浓、高树、杉林）成为台湾

最大的烟草产区，便不是偶然的事件，上述文化性的条件在这项成就上发挥了极大作用。

首先，原料烟叶（尤其是黄色种）的生产过程相对来说是一项高劳力密集的农作。不仅耕作户本身要具备足够的劳动力，在采收季节对于劳动力的需求，甚至需要村落集体以换工来相互支持才能获得纾解。某些较为接邻新兴都市的烟草产地，往往在都市发展过程中被迫成为城市工商业发展的劳力输出地，家户劳动力快速趋向高龄化，且村落总体劳动力总量亦难以支撑烟草种植产业，即便过渡时期运用向外雇请工人的方式补充劳动力，仍因现金支出的成本大幅提高，使农家很快地失去继续经营烟草种植的意愿，而改以种植劳力需求量相对较低且迎合城市消费市场需要的生鲜蔬果。相对而言，传统“右堆”的客家乡镇由于与清代台南府城（今台南市境内）以及日殖时期兴起的打狗港（今高雄市境内）两大都市之间皆有绵延丘陵阻隔，农村劳动力被吸附的时期稍晚于其他平原乡镇，因此继续投入专卖烟草种植的条件有此一优势。这种结构上的“地理偏远性”在台湾客家发展史中，乃客家优势住地普遍的特征。

其次，村落换工原本在农村中普遍存在，不仅仅是在烟叶种植，过去包括栽种水稻（大米）时的插秧、收割，甚至亲友邻里婚丧喜庆，都有着大量的换工，可说是汉人文化中“全面性报称体系”（the system of total presentation）①。传统客家乡镇由于客家文化中“女性全面投入劳动”的族群性，不仅充实家户参与农作的能量，同时也提供村落换工体系中优质的劳动力。

再次，台湾客家人崇尚稳定收入的迷思，具体反映在对专卖烟叶种植的偏好上。在许多乡镇受都市化影响而逐渐“弃”种烟草的20世纪70年代，居于屏东平原北端一隅的客家村落却选择争取更大量地投入，甚至必须以抽签来决定新增的烟草种植权限“奖”落谁家。这中间除了因地理偏远性缺乏农业以外的就业机会之外，台湾客家人长期对从事“吃公家饭”（军、公、教）情有独钟，是背后极大的文化根源。烟草与一般农作物不同，它属于政府垄断管理的作物，从申请许可开始，种植过程与农业资材都是在政府相关单位及其代理机关（代理人）的指导与监督之下，战战兢兢进行的。笔者曾以“公务农”描述农家投入烟草种植的这种心态，尤其客家人特别觉得投入“政府经营的”农业，风险较小且收益相对稳定。这

① Marcel Mauss, *The Gift*: *Forms and Functions of Exchange in Archaic Societies*, London: Cohen Press, 1954.

个偏好让客家乡镇与烟草种植之间的镶嵌更为紧密，也让屏东平原北端的“烟叶种植王国”散发出浓浓的“客家味”。

最后，由于烟草植物喜爱高温日照，屏东地区的许可面积逐年增加，而美浓一地更因为盆地地形在采收季节时可阻挡来自北方的冷空气，在日均温上略高于周围乡镇，所以当各地烟草种植户纷纷因许多因素离农离村时，美浓在 20 世纪 70 年代由美国人类学者 Myron L. Cohen 记录到，曾因种植烟草出现延迟分家的情形，强化家（族）长权威以获得足够的劳动力，只为争取并因应更多转移到美浓的烟叶种植权限。

在这样的说明之后，便不难理解何以在非烟草产地设置的“六堆客家文化园区”，会从传统“右堆”乡镇中的高树，将一栋“大阪式烟楼”移置入园区作为六堆客家的象征地景。它不仅是地区产业的呈现，也象征了客家文化“成就”了台湾“烟叶生产王国”的历史。

图 2 “六堆客家文化园区”的烟楼

本文从美浓客家文物馆中“塔楼天窗”造型的角度出发，论述这个采用日殖时代烟叶干燥室的建筑元素如何被“移置”成为“美浓客家”的文化象征，再讨论何以同样的生产建筑又被“移置”到用以象征台湾南部六堆的客家文化。一百年前漂洋过海来台的建筑技术及其元素，一百年后又被赋予“客家性”，并在“六堆客家文化园区”、美浓客家文物馆、花莲凤林客家文物馆等中都成为一种象征客家的元素。在这个过程中，从建筑师、地方社团、知识精英到地方居民，都贡献了不同的话语诠释。而显然地，笔者的文章也加入了这个建构过程。

洪馨兰

越南客家的神佛信仰与宗教景观的创造

引　言

越南是位于中南半岛东部的社会主义国家，其北部与中国广西壮族自治区以及云南省相邻。越南有 54 个民族，其中占人口 86% 的主体民族是京族，与中国汉族有关的华人占总人口的 1%。

据估计，在越南约有 1 万多客家人，他们组成崇正会等团体。从东南亚整体来看，越南客家人口总数不算很多。根据罗英祥[①] 20 世纪 80 年代中期的统计资料，相比于印度尼西亚、马来西亚、泰国、新加坡等客家人口超过 50 万的国家，越南客家人口仅 5 万而已。

1975 年，当越南战争结束时，众多客家人有的作为难民回到中国，有的移居到澳大利亚、美国或加拿大等国。正因如此，根据其他的统计资料，1950 年在越南约有 10 万客家人，而到了 1989 年急剧减至约 1.5 万人。可能受人口流动的影响，当前跟印度尼西亚、马来西亚、泰国、新加坡的客家研究相比，有关越南客家的研究显得单薄。

越南客家分布在艾族、华族等少数民族中。关于艾族的概况，古田元夫[②]与范宏贵[③]等曾经写过文章。此外，末成道男编的《越南文化人类学文献解题》也简单提及华族里有客家。[④] 但这些资料只是简略提到艾族籍客家及华族籍客家的移住、语言、社会组织等情况，未能从实地调查出发详细论述两者在源流、认同感、团体组织、文化等方面的关联性。

---

① 罗英祥：《飘洋过海的客家人》，开封：河南大学出版社，1994 年，第 25 页。

② 古田元夫：《ベトナム人共産主義者の民族政策史——革命の中のエスニシティ》，东京：大摫书店，1991 年。

③ 范宏贵：《越南民族与民族问题》，南宁：广西民族出版社，1999 年；范宏贵：《自称客家的越南艾族》，《中国民族报》，2004 年 7 月 9 日。

④ 芹泽知广：《華僑・華人——南部》，载末成道男编：《ベトナム文化人類学文献解題》，东京：风响社，2009 年，第 130 页。

最近，台湾学者吴静宜[①]的硕士论文以及林开忠等完成的研究报告书[②]，明确说明了东南亚地区华族籍客家的语言、团体组织、生活文化等的实质，遗憾的是，这些资料尚未出版。

有鉴于此，本文的两位作者：从事客家研究的河合洋尚、从事越南研究的吴云霞决定合作，用文化人类学的方法调查越南客家的概况及其客家认同感的具体表现。调查结果显示的情况恰好与中国客家地区近些年的趋势一致：越南胡志明市的客家也通过建设有客家特色的景观来主张作为客家的自我认同。

越南客家在胡志明市建设了具有客家特色的景观，这跟强化带有客家特色的祖先崇拜以及神灵信仰的实践有密切关系，更令人振奋的是，在这里发现了一些与中国客家地区相似的景观，从中可以探寻客家元素在世界范围的流动。

之前的越南客家研究尚未论及宗教景观的建设，本文借此一并描述近十年发生在越南客家的新活动。为了便于讲述，下文将从实地资料以及田野调查的角度来讨论艾族籍客家和华族籍客家在源流、认同感、活动实践方面的新发现。

一、越南的客家和客家团体

（一）艾族籍客家与华族籍客家

在越南官方确认的54个民族中有一些民族与中国汉族或少数民族有渊源，比如越南的主体民族——京族相当于中国广西的京族；越南的芒族相当于中国的苗族；岱依族、侬族则相当于中国的壮族。

这54个民族可分为八个语族[③]，其中属于汉藏语系汉语族的少数民族是

---

① 吴静宜：《越南华人迁移史与客家语的使用——以胡志明市为例》，“国立”中央大学客家语文研究所硕士学位论文，2010年。

② 未公开发表的《苗栗园区海外——东南亚客家第二期研究计划：越南、印尼与泰国客家研究》总结报告书。台湾客家委员会为保存、推广客家文化，筹建“客家文化发展中心——苗栗园区”，园区海外客家研究规划以客家族群移民人口较为集中的东南亚地区为优先，2008—2009年开展“海外研究——东南亚客家研究先期计划”，研究新加坡、马来西亚客家。2011—2012年继续进行“东南亚客家第二期研究计划”，研究泰国、越南、印度尼西亚的客家群体。

③ 这八个语族的名称是：南岛语系马来—波利尼西亚语族、汉藏语系汉语族、汉藏语系藏缅语族、南亚语系孟—高棉语族、苗瑶语族、壮侗语系仡央语族、壮侗语系侗台语族、壮侗语系越芒语族。

艾族、华族、山由族。其中艾族被认为是客家人，本来 Ngái（艾）是客家话中的第一人称代词“我”，由此推测艾族应该跟现在的客家有某种关联。

有关艾族的先行研究是范宏贵教授等人撰写的相关简介，但缺乏源流、认同感及文化方面的详细调查报告。现在很多艾族移居海外，更给实地调查增加了困难。

如果要研究艾族，除了我们正在进行的越南境内调查之外，还要追踪中国南部的华侨农场，以及移居到美国、澳大利亚的艾族。我们询问过一些越南的客家团体，他们也认可艾族是客家。笔者（河合洋尚）在中国云南省元江华侨农场调查时发现，那里有来自越南的艾族人，他们也认为自己是客家。

简而言之，艾族是从中国广西出发，尤其是从防城港一带经陆路走到越南东北部，逐渐移居到越南中南部，随后走向世界各地的客家。还有一些艾族人可能居住在广宁省以及海防市周边地区，胡志明市的华族籍客家将艾族称为“海防客”。

艾族籍客家最早于 17 世纪从广西移居到越南境内时，主要从事农业，由于受到侬族等定居少数民族的影响，甚至有的华族籍客家把艾族叫作“侬族”。华族籍客家的祖先是从广东坐船直接来到越南南部的，现在聚居于以胡志明市为代表的越南南部地区。对华族籍客家而言，艾族籍客家和他们的语言有微妙的差别，而且后者的越南语也带有北方口音，一听就知道。

越南战争结束之后，胡志明市的很多华族籍客家也移民到澳大利亚、美国或者加拿大。笔者（河合洋尚）在墨尔本、旧金山、纽约调查时发现，从胡志明市移住的华族籍客家在当地客家社会中的影响力较大，这说明移民者的数量很多。

但是，跟艾族籍客家不同，华族籍客家现在还有部分留在越南中南部，他们结成崇正会等客家团体。在越南，包括崇正会在内的大部分客家团体都由华族籍客家管理。①

（二）胡志明市主要的客家团体

越南的客家团体除了胡志明市内的崇正会以外，在越南中南部各省普

① 在越南，客家大部分属于华族或者艾族，但也有属于其他民族的可能性。例如芹泽指出有一些侬族自称为客家［芹泽，2009b：6］。越南社会科学院宗教研究所的周春交认为山由族也属于客家，因为他们用“艾”来称呼自己。越南的客家研究还处于初始阶段，哪些民族属于客家，还有待于进一步研究。

遍存在。关于越南客家团体，在前面提及的林开忠编的报告书里，高雄师范大学的利亮时有所记述，可惜未能记录总数。①

越南最近出现了一些新创办又被取消的客家团体，因此很难掌握准确的数字。但是，相对来说，越南的南部比北部有更多的客家团体，活动也更频繁。特别是华人聚集的胡志明市，现在有十多个客家团体。这些客家团体大部分是根据祖籍结成的同乡会，崇正会则是代表客家共同体的总会。

胡志明市华人最多的地方是堤岸（Cho Lón），长期以来那里的华人形成了广府、福建、海南、潮州、客家“五帮”。在堤岸地区还有从明代末期开始移住到越南，在语言、文化方面已本土化的华人，他们被称为“明乡”。在堤岸地区，各帮建立了穗城会馆（属广府），二府会馆、温陵会馆、霞漳会馆、三山会馆（以上属福建），海南会馆（属海南），义安会馆（属潮州），崇正会馆（属客家），福安会馆（属明乡）。

客家的崇正会馆与潮州的义安会馆及其庙宇关帝庙相邻，可是近旁没有自己的庙宇，崇正会下属的群宾会馆设有天后宫。根据澳大利亚国立大学李塔娜的研究，群宾会馆是最早成立的客家团体，最初由经营农产品的越南人捐资建成。在崇正会的管理下，现在这里已成为供奉妈祖的宗教场所。

图1　义安会馆，右边是崇正会馆

图2　崇正会的办事处

① 参见《苗栗园区海外——东南亚客家第二期研究计划：越南、印尼与泰国客家研究》。

关于胡志明市的崇正会以及前身组织的概要，已经有李塔娜[①]、吴静宜[②]等的研究。根据他们的解释，18 世纪的阮朝时期，华人依据祖籍分为广肇（广府）、福建、琼州（海南）、潮州“四帮”，那时还没有客家的名称。胡志明市的客家大多来自广东，而且当时他们的故乡嘉应州属于潮州府，所以客家人最初隶属于潮州会馆。

但是，到了 20 年纪初，客家的经济实力开始逐渐增强，又受到在中国广东的客家文化自觉运动的影响，增强了作为客家的认同感。特别是 1919 年，客家人与潮州人之间发生了纠纷，导致他们脱离义安会馆，创设金边六省客帮会所。关帝庙本来是两者的共有财产，客家人脱离潮州会馆后，关帝庙香火钱的 70% 给义安会馆，30% 归金边六省客帮会所。[③] 类似叙述在 2013 年 8 月初访问崇正会时也听到了，实际情况是在义安会馆的潮州“九邑”里，来自大埔县、揭西县、丰顺县、饶平县的人转移到客家。

根据在崇正总会采访的内容，至少从 1920 年开始胡志明市的客家会馆就建立了附属小学（现在的崇正小学），同时客家会馆还设立图书馆、医院等其他机构。而此后这个团体在 1955 年才自称“崇正会”。[④]

崇正会作为客家团体的总部，代表客家跟其他的会馆交流。然而在胡志明市还有不少用籍贯地命名的客家团体。比如，直至 1976 年越南南北统一之前，源自广东省客家地区的同乡会，包括兴宁同乡会（1928）、紫金同乡会（1935）、大埔同乡会（1946）、惠东宝同乡会（1972）等，以上团体都以华族籍客家为主。此外，近年祖籍广西的客家结成了钦廉会馆，我们推测其主体是艾族籍客家。

对照中国部分客家地区在近二三十年才萌发作为客家的自我认同，我们在胡志明市的调查显示，60 岁以上的老人在童年时代就强烈地意识到自己是客家人，可以看出至少在 20 世纪 40 年代的胡志明市已根深蒂固地存在客家认同感。

但是年长的客家人对年轻一代的客家意识产生了危机感，他们努力开

---

① Li Tana, Vietnam, in Lynn Pan, ed., *The Encyclopedia of the Chinese Overseas*, Singapore: Chinese Heritage Center, 1998, pp. 228 - 233.

② 吴静宜:《越南华人迁移史与客家语的使用——以胡志明市为例》,“国立”中央大学客家语文研究所硕士学位论文，2010 年。

③ 吴静宜:《越南华人迁移史与客家语的使用——以胡志明市为例》,“国立”中央大学客家语文研究所硕士学位论文，2010 年，第 116 ~ 117 页。

④ 吴静宜:《越南华人迁移史与客家语的使用——以胡志明市为例》,“国立”中央大学客家语文研究所硕士学位论文，2010 年，第 115 ~ 116 页。

设客家语课程，在暑假期间为青少年开班，用客家话讲授书法和客家童谣。另外，在崇正会招待其他华人时，会准备酿豆腐、盐焗鸡、梅菜扣肉等典型客家菜。

最近十多年，胡志明市出现创造“客家神”的趋势，进而发展成为增强族群认同感的动力，举办这些活动的主要是华族籍客家。观音阁的建设与宗教景观的创造有关，其建设过程与内在的文化意味都表达了客家形象在胡志明市的创造。

二、胡志明市客家景观的创造

（一）客家神的创造

如上所述，胡志明市有九个华人会馆，各个会馆供奉特别的主神。广府系的穗城会馆供奉妈祖，海南会馆供奉妈祖和水尾娘娘，明乡的福安会馆供奉关帝；而福建系又细分为四个会馆，二府会馆供奉本头公，温陵会馆供奉观音，霞漳会馆供奉妈祖、关帝，三山会馆供奉关帝。①

此外，如上文提及，潮州的义安会馆和客家的崇正会馆曾经共有一座关帝庙。但是，根据崇正会提供的信息，1976 年越南南北统一后，因为政府判断关帝庙属于义安会馆，这座原本被共享的关帝庙变成专属潮州人的庙宇。因此，长期以来客家没有存在特别属于自己族群的神明。

研究者会提出设想，最初建立的客家团体群宾会馆所供奉的妈祖是否可以看作客家族群的象征？目前群宾会馆同时就是一座妈祖庙（天后宫）。考虑到妈祖是胡志明市广府人的主神，因此不能选作客家神灵的代表。而胡志明市的谭大仙庙，因为由客家团体管理，所以有时这位神明被看作客家神。

谭大仙在广东惠阳历史上确有其人，他因精通术数及医术，在当地救济百姓而受到崇拜。胡志明市谭大仙祠内悬挂的萧典达撰写的《惠阳多祝九龙峰与谭公先圣庙》介绍，谭公是唐代人。此外，饶宗颐先生在 2010 年撰写的《挂榜阁记》提到：“惠州归善人谭公道者，居九龙山，其年代有唐及元时人诸说。”尽管谭公的年代说法不一，但是其信仰流传很广，供奉谭公的庙宇在惠阳及香港的筲箕湾都有，特别是在马来西亚沙巴州

① 在胡志明市，福建系华人未必占人口的多数，但是福建系的庙宇数量最多，这是由于在福建内部存在方言差异，影响较大的方言包括以福州话为代表的闽东方言，以厦门话为代表的闽南方言。例如，马来西亚沙巴州福建系华人是当地华人社会最大的集团，讲闽南话者归福建会馆，出生于福州周边的人建成福州会馆。可见，在海外华人社会中福建系的华人有因方言差异而各自建立会馆的倾向。

（Sabah）的山打根（Sandakan），谭公被当作主要的客家神明。①

在上述林开忠编的报告书里，台湾交通大学的张维安提到胡志明市的这座谭公庙，② 但是尚还不明确成立的具体时间。现在的管理者说谭大仙庙以前在胡志明市的第八郡，现在的庙是1972年建成的，之前的情况因为战争而丢失了材料，信息不明确。但可以肯定谭大仙是客家人的信仰。

图3　现在的谭大仙庙

根据崇正会的介绍，谭大仙尽管是客家信仰的神，然而不足以成为越南全体客家供奉的神。谭大仙是惠阳较为偏僻的地方（九龙山）的“地方神”，1972年成立的惠东宝同乡会将谭大仙祠作为办公聚会地点，③惠东宝指广东省东江流域的惠州、东莞、宝安三个客家聚居的地方。

胡志明市的华族籍客家主要包含了广东省的大埔、兴宁、梅县、紫金以及惠州、东莞、宝安出身的客家人。尽管惠州、东莞、宝安出身的客家人是胡志明市的客家主流，可是从全体来看，它只是整体里的一部分而已。因此谭大仙不适合作为全体客家族群的神明。

最终，崇正总会将观音确定为客家族群的代表神灵，并且从20世纪90年代后期开始，在胡志明市的第八郡开始创造客家神——观音的形象，

---

①　河合洋尚：《马来西亚沙巴州的客家人——关于移民、认同感、文化标志的初步报告》，《客家研究辑刊》2013年第1期，第144页。

②　张维安在前述的《苗栗园区海外——东南亚客家第二期研究计划：越南、印尼与泰国客家研究》中负责信仰部分的调查，他介绍了胡志明市多个神灵的祭祀活动，但是没有讲述客家公祠具体的信仰实践以及崇正会赋予景观的内涵。

③　谭公庙的活动包括诞生祭、中元节、纪念日，此庙宇的管理者为来自惠州、东莞、宝安的客家，但是信众实际上包含了当地越南人和客家之外的其他华人。

具体的行动是建设供奉观音的观音阁。观音之所以被选作客家主神，崇正会负责人对此解释说："因为这是大家可以共同参拜的神。"也就是说，胡志明市的客家人，不论其祖籍在哪里，观音都是他们信仰的对象。[①]

崇正会建观音阁的初衷是为了方便举行祭祖活动，同时发扬客家族群精神。接下来，笔者将回顾胡志明市客家团体建设这座宗教场所的主要经过。

（二）观音阁的建设和崇正慈善会的任务

推动观音阁建设的主体是崇正会。客家会馆从义安会馆分离后，在1955年正式命名为"崇正会"。但是，越南战争开始后会馆停止运作，在南北统一后过了一段时间才恢复活动。

崇正会工作人员反映，从1988年开始恢复崇正会的活动，到现在已经历了八任会长。其中，观音阁建设的负责人是崇正会恢复活动后的首任名誉会长萧源有先生。他出生于广东省梅州市大埔县百侯乡，年轻时移居越南，靠渔网生意发财。

1985年，胡志明市政府实施城市卫生美化政策，要求部分墓地必须迁移。萧源有为了保护客家祖先的遗骨，收集包括无人祭祀的坟墓在内的近2万个骨灰罐，暂时存放在陈氏大宗祠。后来他在第八郡购买了4 000多平方米的土地，捐赠给崇正会用来安置这些客家祖先的遗骨。

1999年崇正会在这里修建了客家公祠以安置祖先遗骨，同时设立管理组织为"崇正慈善会"。此外，2001年进一步建设代表客家神明的观音阁，用来守护客家祖先并且护佑客家子孙。[②]

崇正公祠以及观音阁的建设费用中大约有一半来自越南华人企业家尤凯成先生的捐赠，他被称为"越南鞋王"，成功经营以塑料鞋类产品为主的越南平仙有限公司，是崇正会第三任会长。

崇正慈善会馆落成于2001年，慈善会由25名华族籍客家理事组成，以观音阁作为会馆，开展各种各样的慈善活动。其主要的活动内容如下：

1. 以观音阁为主的信仰活动

观音诞（二月十九日）、元宵节（正月十五）、中元节（七月十五日）以及每月的初一、十五，很多信众以及居住在周边的越南百姓也来到这里

---

① 补充说明，台湾典型的客家神明是三山国王，而在越南却很少人崇拜三山国王，因此三山国王不是越南客家的代表神明。

② 观音阁中的碑亭立有《萧公源有乡贤纪念碑》，介绍萧源有先生发起建立客家公祠的事迹，崇正会负责人非常敬佩萧源有先生，在访谈中多次提到他为客家人做出了贡献。

参拜。在胡志明市华人庙宇中，尽管观音阁最“年轻”，然而他们的活动非常有特色，例如每月初一、十五以及重大节日设素宴招待信众。庆祝观音诞时，会馆当天要准备 50～60 桌素食宴席（1 桌大概可以坐十人左右），给信众提供精心准备的饭菜。刚好，我们在 2013 年中元节到达观音阁访问，那天看到有 20～30 桌人来享用免费的素斋宴席。

图 4　拜佛后享用精致的素食

2. 管理收存祖先遗骨的客家公祠

客家公祠落成于 1999 年，收存客家祖先以及无人祭祀的先人的遗骨。每年的中元节、春祭、秋祭，以及每月的初一、十五，都有很多人来这里敬拜。

客家公祠本来除了客家以外，也收存其他华人系住民的遗骨，后来发现收存遗骨的空间有限，于是从 2004 年起限定只有客家籍的遗骨才能够进入。若要将祖先遗骨收存于客家公祠，首先要在崇正总会办理申请手续，遗骨进入客家公祠后，由崇正慈善会统一管理。

至于客家身份的确定，主要根据出生地来判断：原籍为大埔、兴宁、梅县、紫金、惠州、东莞、宝安，而且通过同乡会的证实便可确认其客家的身份。除此之外，若父母中的一方，或者配偶是客家人的话，尽管本人是京族等非华人系的越南人也可以在客家公祠收存遗骨。

3. 以崇正慈善会馆为据点，面向周围居民的福利活动

比如，中元节时，给第八郡第十六坊政府认定的约 150 个贫困家庭免费送去米、面、酱油、油等物资，为了促进学生的学业发展颁发奖学金。获得这些福利的有时候是客家人，但绝大部分是京族人。其原因是观音阁的地理位置在第八郡第十六坊，而那里的大部分居民属于京族。

崇正慈善会的工作人员反映，作为社会主义国家的越南，其政府的控

制力非常强，为了在这里继续开展宗教活动，必须为周围的居民举办慈善公益活动。而且宗教设施不能只开放给华人，需要向更广泛的华人之外的越南社会民众开放。

崇正慈善会举办的公益事业，从效果上看有助于树立周围居民的信仰，同时这些活动的最初动因也有应对越南政府宗教政策的考虑。

（三）慈善还是策略，观音阁慈善活动

观音阁位于胡志明市第八郡第十六坊，那是远离市中心的地方。而且这座宗教庙宇建成时间相对较晚，很多居民不一定知道它的具体位置。从市内去观音阁需要坐出租车或者摩托车，我们通过崇正总会提供的“崇正慈善总会——观音阁”的名片，乘出租车来这里，司机边看地址边问路，绕了好久才找到。

可见，由于地理位置等因素，观音阁不是胡志明市居民都愿意去参拜的地方，主要的信众是跟观音阁以及崇正会有关的客家，或者住在观音阁附近的居民。在邻近的居民中，京族等非华人系越南人也不少。

从信众的层面来看，观音阁已经吸引了不同族群、不同目的的多元人群。因此，有必要关注一下信众是带着怎样的目的来参拜观音阁的。首先概要地介绍观音阁的空间结构。

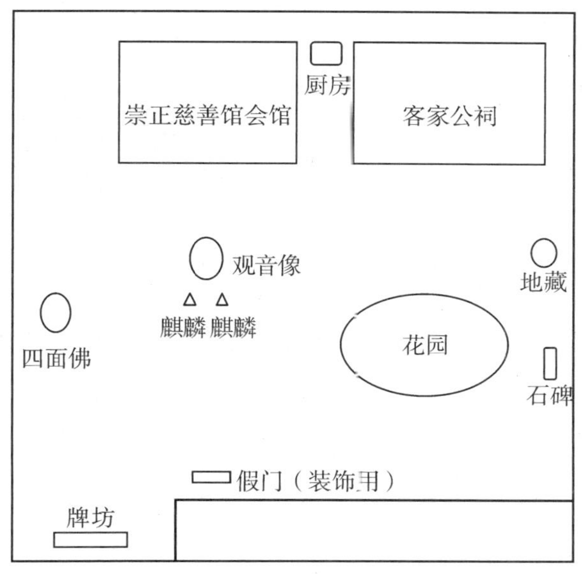

图5　观音阁的空间结构

如前所述，崇正会建设观音阁最初是为了解决安放祖先遗骨的紧急问题，所以最初的设计方案是建立客家公祠和牌坊，以便于胡志明市的客家人共同供奉祖先。然而，1999 年 10 月 8 日的《西贡解放日报》刊登的建设蓝图里的构想已经包含了客家公祠左边的崇正慈善会馆和前面的观音像，此外还计划在客家公祠前建一座五层宝塔。最终，崇正慈善会馆和观音像在 2001 年建成。但是，依据越南宗教政策，五重塔被看作“迷信”，所以施工被迫停止，取而代之的是一片花园。

还有一些建设创意突破了原初的设计，特别是 2001 年在观音阁左边摆放的一尊四面佛。这是一位住在泰国的朋友赠送给萧源有先生的礼物，听说是从泰国直接送来的。崇正会的人说这尊“四面佛”与当初构想的“五重塔”都被越南政府当作迷信，后花了 1 600 美元终于解决了这个问题。

综上所述，观音阁除了观音像以外还有其他宗教设施，信众来此参拜神佛的目的也有很大差异。以下举出我们于 2013 年 8 月上旬在此实地调查的例子来说明，从信众的视角来认识观音阁。

本文选定的三名访谈对象分别是一名京族女性，一名华族女性，一名客家男性，他们都是经常来观音阁烧香的信众。

1. A 氏（京族女性，30 岁）

这是一位抱着孩子的越南妇女，女儿十个月大，跟丈夫一起来拜观音菩萨。她和孩子先拜院子里的南海观音像，她的丈夫则虔诚地举着点燃的香向观音像祭拜，接着把香插入香炉。然后她带着孩子上了崇正慈善会馆二楼的“圆通宝殿”，点香跪拜白衣观音和千手观音。

我们的简短访谈（用越南语交流）在院子里南海观音像旁进行，当时她正看着丈夫在南海观音像前面点香。

问：听说这是华人的庙宇，那请问您是这里的华人吗？

答：我不是华人，我是越南人。

问：那么您的家里人是从中国来的吗？

答：不是啊，我们全家都是越南人。我们来这里主要为了拜观音菩萨，她帮了我们很大的忙。我年纪已经很大了，属猴的（应该是 33 岁），结婚了很多年一直没有孩子，我和丈夫一起来这里拜观音菩萨，终于有了孩子。现在女儿刚十个月。

问：是谁告诉您这里的菩萨很灵呢？

答：不记得了，我只是听说这里有个观音庙，我知道观音菩萨会保佑妇女，特别是送孩子给她们。我和丈夫就常常来拜她，向她许愿。过了差不多一年时间，我就怀孕了。

问：今后您还会常常来这里吗？

答：当然会常来，初一、十五我丈夫都会骑摩托车带我和女儿一起来，我们请观音菩萨保护孩子健康平安地长大。

图6　一位越南妇女带孩子拜观音

2. B氏［华族（非客家）、女性，40岁］

上午十点半左右，院子里的人渐渐多起来。很多女性聚集在四面佛周围，先点香，然后跪地叩拜。笔者看到一位穿花衣服，手里拿着香的妇女，向她询问。

问：请问，您经常来这里（观音阁）吗？

答：是的，我常常来，初一、十五都来。

问：为什么您要来这里拜佛呢？胡志明市还有其他拜佛的寺庙吧。

答：我是做生意的，大家都说四面佛可以保佑发财，为了生意能做好，我在每月初一、十五都会来上香。

问：您知道四面佛还有其他的职能吗？为什么很多人都在拜他呢？

答：你看，这尊佛有四面，每一面有不同的意思，我们根据自己的情况请求他帮助实现愿望。

（她带着我绕着外面佛像走了一圈，说明每一面的含义。她用手指着佛像底座越南语的牌子，表示拜佛可以帮助达成的愿望，佛像正面：求家道兴旺；佛像右侧：求事业发达；佛像背面：求姻缘；佛像左侧：求财富。）

问：那么您每次来拜哪一面呢？

答：我主要是求做生意发财，另外还求家庭的好运。我们都觉得这个佛很灵的。

图 7　参拜四面佛

3. C 氏（出生于柬埔寨的客家，男性，68 岁）

笔者在客家公祠遇到一位从柬埔寨移居胡志明市的华侨，他今年 68 岁，1970 年柬埔寨发生政变时，他带着家人来胡志明市投靠姐姐、姐夫，后来就住在这里了。今天妻子跟随他一起来。他们在每月初一、十五都来，因为他母亲的骨灰就安放在客家公祠。他祖籍东莞，也是客家人，但他不太参加崇正会的活动，跟崇正会的理事也不熟悉。崇正会第七届、第八届会长，第九届名誉会长李思达先生来跟我们谈话的时候，他也没有打招呼。

他认为全世界的华人都一样，都会去华人寺庙拜神，可是他不太喜欢去拜，他觉得祖先才是最重要的，人什么时候都不能“忘本”。初一、十五他一定要来这里在母亲灵位前点香，来拜一拜，然后在这里坐一坐，陪一陪母亲。

虽然在初一、十五有免费的素食午餐供应，但他都不吃。一方面他不爱吃素，另一方面，他跟其他客家人走得不近。

他花很长时间谈论柬埔寨的名胜古迹吴哥窟，凭着记忆书写出元代使节周达观为吴哥窟作的诗。他随手拿出五张名片，介绍来往于胡志明市和柬埔寨的旅游车的游览业务，并说明游客不用办理签证，就可以进入柬埔寨境内旅行。

从以上三个事例可以看出，信众对于观音阁持有不同的认识立场和神佛观念。京族人主要来拜观音，非客家的从事商业的汉族重点来拜四面佛，而客家人看重的是来祭拜供奉在这旦的祖先。华人（包括华人的非华裔配偶）希望能够将遗骨安放在客家公祠，而信仰观音和四面佛的热切崇拜者在客家也不是少数。崇正会修建观音阁的初衷是弘扬客家特色和客家精神，而信众却觉察不到其中的“客家意识”。观音阁在特定的日子挤满了各类信众，然而除却普及救赎与信仰的观念，崇正会应当更加关注“客家特色”的发展。

（四）观音阁呈现的客家文化符号

在崇正会成员看来，观音阁的信众并非都了解其中的客家意识。崇正会的一位理事（华族籍客家，男性，60 岁）说，很多信众来此的目的不是拜观音像和客家公祠，因为观音阁最具吸引力的可能是四面佛，住在附近的居民甚至叫它 Chùa Tái Lan（越南语：泰佛庙）。然而崇正会已经为观音阁的空间设计赋予了客家特色，具体来说客家特色可以从下面四个部分体现：①观音阁的大门（牌坊）；②客家公祠的楹联；③客家公祠的牌位；④观音像前面的麒麟和装饰性的假门。下面看看这四个方面的设计是如何从景观设计上体现客家特色的。

1. 观音阁的大门（牌坊）与客家特色

观音阁的大门（牌坊）是与客家公祠一起最早建立的。推动观音阁建设的崇正会负责人认为观音阁的客家族群特色嵌入在大门（牌坊）的设计中。如图 8 所显示的，观音阁正门牌坊的门楼上方用汉字书写着“崇正”两个大字，下面两行字分别为越南语和繁体汉字题写的“慈善会馆”。带领参观的崇正会负责人说，此牌坊的设计造型源于“客家祖地”——福建省宁化县石壁村的牌坊。

图 8　观音阁的牌坊

图 9　宁化石壁的牌坊

构成胡志明市崇正会主体的是广东客家，以及部分广西客家。尽管来自福建、江西的客家人极少，因福建石壁村被看作客家共同的发源地，故而石壁村题有“客家祖地”的牌坊造型被采用作为崇正会建立观音阁正门的设计方案。

2. 客家公祠的楹联及客家内涵

客家公祠，顾名思义，是属于客家的建筑物，这里是存放客家祖先遗骨的地方。客家公祠是一个两层建筑，首层正门的入口刻有一副对联，门两旁的柱子上也悬挂着一副对联。崇正会工作人员指出，这两副对联的内容描写了客家的生活状态。客家公祠正门的这两副对联的内容如下：

图 10　客家公祠的正门

外侧右：客寓五洲五洲作客客声显

外侧左：家居四海四海为家家道昌

内侧右：祖业壮山河俎豆馨香殷四海

内侧左：宗功昭日月蒸尝烟祀延千秋

将这两副对联每句的首字相连，可以构成“客家祖宗”一词。第一副对联表达了客家族群的流动特色，第二副对联表现了客家族群注重祖先祭祀。有人说“建筑是凝固的诗”，在这里我们看到客家建筑物运用了诗歌的艺术形式来表达自己的精神和主张，建筑也可借助其原有的功能诗意地传递这一族群的核心价值观。

3. 客家公祠的牌位

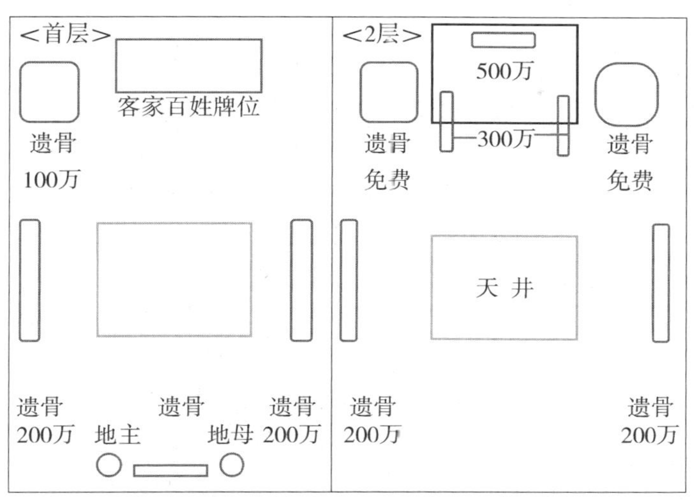

图 11　客家公祠平面图

客家公祠上下两层都用来存放祖先遗骨，但是会根据其亲族支付的费用来确定在公祠中的具体位置。首层两侧的位置需要 200 万越南盾（相当于人民币 600 元），首层左边角落的位置价格是 100 万越南盾（相当于人民币 300 元）。第二层的存放空间相对昂贵，摆在与首层“客家百姓牌位”相应的正厅中央主要位置，需要付 500 万越南盾（相当于人民币 1 500 元），摆在两侧需要 300 万越南盾（相当于人民币 900 元）。左右靠墙角的空间不放牌位，而是把装有骨灰的瓦罐一层层放在架子上，这种存放形式是免费的，可以为贫困家庭和无人祭祀的遗骨服务。

图 12　免费区，供奉无人祭祀者

图 13　客家公祠追远堂的客家百姓牌位

值得注意的是首层“追远堂”的牌位和空间设计。在长方形石质神台的正中央摆放着“越南客家百姓始祖之神位”，在神台两侧整齐排列着分别刻有张、王、李、赵等姓氏的牌位。在这里，客家各姓祖先都同时得到祭祀，参拜者来此不仅可以祭祀自己的直系亲族，而且可以追溯更遥远的同姓祖先。在这样的场景中，每个参拜者都不知不觉融入“客家族群”的意识中，察觉到自身与“客家”的连接感。

笔者无意中发现，紧靠在“始祖之神位”两侧的姓氏分别是“越南尤氏历代先祖之神位”和“越南萧氏历代先祖之神位”。可以推测其用意是表达对客家公祠主要出资者尤凯成和主要发起者萧源有两位的致敬与感谢，这样的表达方式既荣耀又低调，同时表达了感恩祖先的客家精神。简而言之，客家公祠内无论是追远堂中客家百姓牌位的摆放，还是上下两层祖先遗骨存放的位置，所有这些空间格局的设计在一定程度上都体现了尊者优先的序列原则。

图 14　越南客家百姓始祖神位，两旁的尤氏、萧氏先祖神位

江西赣州也有将客家祖先共同祭祀的习俗。可是崇正会的人员说他们并不了解赣州的情况，不知道在别的地方有同样的做法。

4. 观音像前面的麒麟和装饰性的假门

如前所述，观音是胡志明市崇正会在观音阁中建造的客家神灵，而这尊塑像的造型与广州市番禺区莲花山的望海观音像非常接近。崇正慈善会的负责人说，崇正会曾经派人去中国大陆考察，他们在游览广州莲花山的时候赞叹那尊“望海观音”造型很好，而且很雄伟。既然观音被胡志明市客家族群选作客家神灵，尽管广州市番禺区不是客家地区，但是在华人信众的心目中，伫立在广东珠三角地区的莲花山望海观音像绝对是能代表中国本土特色的。

广州莲花山望海观音像，是澳门何厚铧先生倡议并捐资建造的，于1994年10月23日建成。观音像面朝东南，庄严而又慈祥地望着浩瀚的狮子洋，象征她日夜护佑珠江三角洲的土地和百姓。1997年10月，何厚铧先生又资助建成了与“望海观音”配套的“观音阁”，这座三层的仿古建筑收藏有千手千眼观音像以及各种观音像一千多尊。胡志明市崇正会建立的观音阁，也以观音信仰为主题，而且其建筑结构、色彩与广州莲花山的“观音阁”神似，差别是两座“观音阁”的观音像的颜色与规模：胡志明市观音阁的观音像是纯白色的，而莲花山的望海观音像是镀金的；前者慈悲柔和，后者宏伟大气。崇正会建设观音阁与观音像的理念体现了与祖国宗教景观互通交流的融合态度。

图15　莲花山望海观音像

图16　崇正会观音阁内的观音像

图17　广州莲花山观音阁

图18　胡志明市观音阁

然而观音阁的客家特色并非只体现在观音像本身，观音的守护神兽——麒麟也有重要寓意。通常在神佛庙宇会放石狮子作为守护神兽，这里却选用客家人崇拜的麒麟。惠东宝同乡会重视麒麟舞这种客家特色的艺术形式，而马来西亚沙巴州也将麒麟舞看作客家特有的娱乐庆祝方式。[①]此外，崇正会不仅为观音像安放一对看似轻快跑动的守护麒麟，而且在观音正前方的墙壁上描画了红色的门的形象，令人觉得温馨明朗。

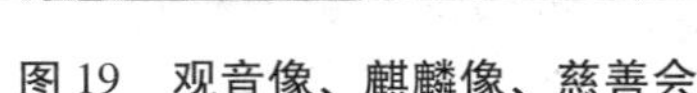

图 19　观音像、麒麟像、慈善会

图 20　观音阁装饰性的扇门

通过崇正会建造观音像的过程可以看到同步表达客家特色与中国元素的可能性。[②] 暂时疏离崇正会的主观意图，从观察者的视角来看，观音阁在宗教空间的利用方面是非常有参考价值的。观音阁的中央露天位置放观音像，在崇正慈善会馆内部还摆放有千手千眼观音像。像这样在寺庙院落中设置站立的白色观音像，同时在殿堂内的神台摆放呈现坐姿的观音像，是越南京族佛寺中常见的形式。在中国，露天的大型观音像一般呈现在大面积的自然景观当中，较少出现在庙宇的院落当中。或许正是因为这样的空间格局，越来越多的当地越南人才来这里参拜，带着自己的心愿与神灵交流。

结　语

本文以胡志明市观音阁的建设为例，呈现越南建设客家特色景观的运

① 马来西亚沙巴州有很多惠州人，他们用麒麟舞代替狮子舞，麒麟已经成为沙巴州客家的象征。胡志明市惠东宝的麒麟舞只是出生于惠州的客家的文化象征，还不能作为整个客家群体的象征。

② 参见河合洋尚：《景観人類学の課題——中国広州市における都市環境の表象と再生》，东京：风响社，2013 年。

动。笔者（河合洋尚）在另一篇文章中讨论过20世纪90年代初期在被誉为“客家的故乡”的广东、福建、江西交界地区发生的客家景观建设运动,[①]仿佛是回应“客乡”的运动。从20世纪90年代末，越南客家也用景观等视觉化形式强调自己的客家身份和特色。

实际上，观音阁正门牌坊的设计参考了福建宁化石壁村的同类建筑，从胡志明市观音阁的建设可以发现不容忽视的超越国界的网络。Augé Marc[②]提出的“共时性”在探索越南客家文化特色和文化景观创造中具有重要意义。[③] 越南客家景观创造运动的核心力量主要来自华族籍客家的中心组织——崇正会。上文已说明越南客家包含华族籍和艾族籍等族群，现在与客家相关的主要活动由华族籍客家来推动。

为了挽救年轻一代日益淡薄的客家文化意识，胡志明市的客家团体开展了客家话课程等推广客家文化的活动。而观音阁的建设已在民众心中埋下了客家文化的符号，潜移默化地唤起信众的客家自我意识。尽管在观音阁参拜的信众不完全是客家人，但是最有可能来这里参拜的还是客家人。此外，观音阁的福利对象已包括邻近地区的京族居民，崇正会的活动不再局限于客家内部，从崇正会角度来看，他们可以获得非客家的华人以及京族人等多方支持，通过汇集大量不同类型的信众，从而与越南政府的民族共和的主张达成一致。唯有精心经营和维持，兼顾各方利益，客家的景观才能得以存续发展。越南的客家宗教景观，已经超越了客家的范畴，包含了不同信仰实践的元素。

河合洋尚　吴云霞

参考文献

（中文）

1. 华侨志编纂委员会编：《华侨志·越南》，台北：华侨志编纂委员

① 河合洋尚：《空間概念としての客家——“客家の故郷”建設活動をめぐって》，《国立民族学博物馆研究报告》2013年第37卷第2期。

② Augé Marc, *Pour Une Anthropologie Des Mondes Contemporains*, Paris: Flammarion, 1994.

③ 尽管有共时性特点，但是中国“客家的故乡”的景观建设与越南的景观建设目的不同。前者主要为了吸引海外华侨的投资；后者主要为了悼念祖先和增强客家意识，通过祭祀祖先的活动发扬客家意识。重要的一点，观音阁的主要资金是由越南客家华侨自身筹集来的。

会，1958 年。

2. 吴云霞：《文化传承的隐形力量——越南的妇女生活与女神信仰》，广州：暨南大学出版社，2012 年。

（日文）

1. 今村宣胜：《ホーチミン市における最近の華人事情》，《外務省調査月報》1995 年第 2 号。

2. 末成道男编：《ベトナム文化人類学文献解題》，东京：风响社，2009 年。

3. 芹泽知广：《ハノイの華僑に関するノート》，载ベトナム社会文化研究会编：《ベトナムの社会と文化》，东京：风响社，1999 年。

4. 芹泽知广・高冈弘幸：《ベトナム華人社会研究の課題と展望——ホーチミン市チョロン地区の共同調査から》，《南方文化》1996 年第 23 号。

5. 藤原利一郎：《東南アジア史の研究》，京都：法藏馆，1986 年。

6. 三尾裕子：《中国系移民の僑民化と土着化——ベトナム・ホイアンの事例から》，载伊藤亚人先生退职记念论文集编辑委员会编：《東アジアからの人類学——国家・開発・市民》，东京：风响社，2006 年。

（越文）

1. Viet Bang, Diep Trung Binh, Thi Nhi. 1979. "Nguoi Hoa, Nguoi Ngai o Viet Nam va am muu cua chu nghia ba quyen Trung Quoc", *Tap Chi Dan Toc hoc*, So2, tr6.

在日客家人与新宫徐福信仰的空间生产①

引　言

在日华侨②的历史可以追溯到16世纪。根据独立行政法人统计中心的数据，截至2010年12月末，在日中国人（包括中国大陆和中国台湾）的外国人登录人数为687 156，已经成为在日人数最多的外国人群体。目前，在日华侨按照来日时间被划分为老华侨和新华侨。新华侨主要是指20世纪80年代以后来到日本的中国人；而老华侨则是指与之相对的拥有永驻权，已经在日本长期生活的华侨及其后代。老华侨的祖籍地主要是广东、福建、江西、浙江和江苏，而新华侨主要来自台湾、辽宁、福建以及北京、上海等大城市。③

在日客家人是新华侨中的一员，主要来自台湾，也有部分来自大陆。本文在介绍在日客家人的历史、社会团体的基础上，讨论在日客家人的徐福信仰与新宫徐福信仰的中华特色空间之间的关系。

一、在日客家人的历史

目前，没有确实可靠的史料证明客家人到达日本的时间，也无法得知最初到达日本的客家人究竟是谁。但是根据《世界客属第五次恳亲大会·纪念特刊》上刊载的《客家人东渡日本史》④，在日客家人认为最早到达日本的

---

① 本文的调查资料来自日本国立民族学博物馆助理教授河合洋尚和笔者于2014年8月在日本和歌山县新宫市开展的共同调查以及由此形成的共同研究资料。并且，笔者在撰写此文的时候，参考了河合洋尚著，边清音译：《日本新宫的“财神”信仰与徐福信仰——地方团体与客家团体的个案》。

② 由于本文不涉及华侨与华人的分类概念，故全以华侨代称。

③ 张玉玲：《華僑文化の創出とアイデンティティ——中華学校・獅子舞・関帝廟・歴史博物館》，名古屋：株式会社ユニテ，2008年，第32页

④ 杨隆生：《客家人东渡日本史》，日本崇正会编：《世界客属第五次恳亲大会·纪念特刊》，1980年，第1~6页。《世界客属第五次恳亲大会特刊》是1980年10月于日本东京举行的第五届世界客属恳亲大会的特别纪念号，由日本崇正会出版，具体出版年月不详。

客家人是奉秦始皇之命出海寻找长生不老仙药的徐福。文章认为徐福率领3 000童男童女和多名能工巧匠辗转到达日本，并在日本定居。除徐福外，3 000童男童女和能工巧匠中也不乏客家人的身影。作者引用了元朝学者吴莱（1297—1340）的诗《听客语熊野徐市庙》以佐证自己的观点。作者把诗名中的“客”字与客家的“客”联系起来，并以此证明徐福是客家人。

文中还提到，秦代以后，延续到唐、宋、元、明、清，赴日生活的客家人逐渐增多。其中宋末和明末，有许多客家忠臣义民流落到日本。文章中介绍的在日客家人历史，基本与日本华侨历史相同，并推测日本华侨中包含了在日客家人。然而，由于缺乏确切的历史资料支持，目前无法判断上述内容真实与否，也无法判断历史上的日本华侨群体中是否有客家人。

有史可证的最早（1887）到达日本的客家人是清朝派往日本的第一位驻日公使何如璋及其随行人员黄遵宪。[①] 何如璋是祖籍广东省大埔县的客家人，而黄遵宪是广东省梅县的客家人。并且，黄遵宪本人有客家认同，他和丘逢甲组成“客家源流调查会”，认为客家是祖籍中原的汉族。[②]

据《客家人东渡日本史》介绍，清末有大量客家人侨居横滨，但因为没有史料记载，无法判断当时在日客家人的状况。除何如璋、黄遵宪外，有史可依的客家人便是孙中山了。孙中山在日本得到华侨的资助，而华侨也积极响应孙中山的号召，参与革命并加入孙中山领导的革命组织。虽然没有标明历史资料的来源，该文明确指出中华民国成立后，侨居横滨的华侨大多是客家人，总计6 000余人。[③]

根据中川学的《客家论的现代构图》[④]（《客家論の現代的構図》）介绍，第二次世界大战期间，有许多客家留学生赴日，亦有许多客家人为了经商而来到日本，还有许多客家人被日本当局征用而来到日本。由于当时台湾被日本占领，在日客家人中的台湾人比例大大提高。第二次世界大战结束后，亦有客家人因各种缘由来到日本，在日客家人的队伍不断壮大。

目前，日本的客家人活跃在各行各业，他们有的成了教授、医生，有

① 老冠祥：《日本的客家人与客家团体》，《客家と多元文化》2004年第1号，第223页。

② 参考河合洋尚：《日本客家的历史与族群性——初步报告》，该文章正在台湾准备出版。

③ 数据来自杨隆生：《客家人东渡日本史》，日本崇正会编：《世界客属第五次恳亲大会·纪念特刊》，1980年，第1～6页。

④ 中川学：《客家論の現代的構図》，东京：アジア政経学会，1979年，第16～17页。

的自己经营店铺或从事其他商业活动。此外，客家人在日本形成了自己的社会团体。这些社会团体亦是在日客家人展开社会实践的重要途径。

二、在日客家人的组织

前文中提到，中华民国成立后，横滨聚集了6 000余名客家人。他们建立了“人和会”，这是在日客家人最早的组织。当时参加人和会的客家人，以祖籍惠阳和宝安两地的人居多，故而当时也有名为“惠安公所”的组织。[①]

中华民国建立后我旅居横滨，华侨多为客家人，总计约六千余人。组织人和会，会址在今横滨华侨市中区山下町一〇四番地。其中以惠阳、宝安两县者居多，因此又有惠安公所之组织。

然而，文中没有介绍人和会和惠安公所的确切信息，组织名称也不带“客家”名头，无法判断人和会和惠安公所为客属社团的说法是否属实。同时，根据河合洋尚的考察，在“二战”结束以前，日本没有以“客家”冠名的社会团体。[②]

第二次世界大战结束后，日本的客家人为了应对艰难的生活，互相帮助而建立了客家公会。[③] 客家公会由余家麟、范子唐、赖贵富等十人号召、组织，于1945年10月在东京宣告成立。客家公会成立后，连续四年召开每年一次的会员大会。1948年，范子唐当选公会主席，对客家公会产生了巨大影响。范子唐1955年返回大陆后，客家公会的会员虽然偶有聚会，但正式的会议和活动未能继续。

客家公会名存实亡后，台湾国民党政府高官丘念台分别于1958年、1960年和1962年多次访问在日客家乡亲，强调在日客家人应该建立具有客家精神的社会团体。同时，20世纪50年代以来，日本经济逐渐复苏，在日客家人的经济状况也有所改善。随着赴日台湾籍客家人的增多，20世纪60年代初，在日本成立新客家人组织的呼声越来越高。1962年秋至翌年春，以李荼珍、彭鹤寿为首，在日客家人为组织新的社团做了大量的准

① 杨隆生：《客家人东渡日本史》，日本崇正会编：《世界客属第五次恳亲大会·纪念特刊》，1980年，第3页。

② 参考河合洋尚：《日本客家的历史与族群性——初步报告》，该文章正在台湾准备出版。

③ 罗鑫：《日本的客家与客家团体》，河合洋尚主编：《日本客家研究的视角与方法——百年的轨迹》，北京：社会科学文献出版社，2013年，第172页。

备工作。1963 年 4 月 13 日，80 多名居住在东京的客家人，齐聚新宿的东京大饭店，召开了组织东京崇正公会的准备会议，草拟了大会章程。1965 年 2 月，东京崇正公会在日本东京涉谷的东京大饭店召开第一届会员大会，聚集了 110 余名会员，首任会长为李荼珍。虽然该会会员多为祖籍台湾的客家人，但该会奉行“不问政治、不问信仰、不问国籍”的“三原则”。东京崇正公会的“崇正”二字，来自“香港崇正总会”，可见东京崇正公会与世界各地其他客家组织关系密切。

东京崇正公会成立后，日本多地的客家人团体相继成立。20 世纪 60 年代，在日客家人成立了名古屋崇正会、关西崇正会（1999 年更名为“日本关西崇正会”）、横滨崇正会、广岛客属组织、西日本崇正会等。在各地崇正会的努力下，日本崇正会于 1969 年成立（1999 年更名为“全日本崇正会联合总会”）。20 世纪 80 年代以后，在日客家人相继成立了北海道崇正会、东北崇正会、九州岛崇正会和冲绳崇正会。即在日本崇正会的领导下，共组织了 8 个地方崇正会。

然而进入 21 世纪后，在日崇正会发生了很大变化。第一，根据河合洋尚的考察，在日客家人因世代交替，缺乏有力的领导人，导致北海道崇正会、东北崇正会和九州岛崇正会停办，而西日本崇正会也并入了关西崇正会。第二，由于对大陆和台湾态度的变化，崇正会内部出现分裂。2009 年 5 月 31 日，部分会员脱离了亲台色彩浓重的东京崇正公会，成立了依然奉行“不问政治、不问宗教、不问国籍”原则的关东崇正会，同年 12 月东京崇正公会正式宣布脱离全日本崇正会联合总会。因而，截至 2014 年 10 月，在日崇正会包括全日本崇正会联合总会及其旗下的关东崇正会、名古屋崇正会、关西崇正会和冲绳崇正会，以及独立在外的东京崇正会等 6 个组织。

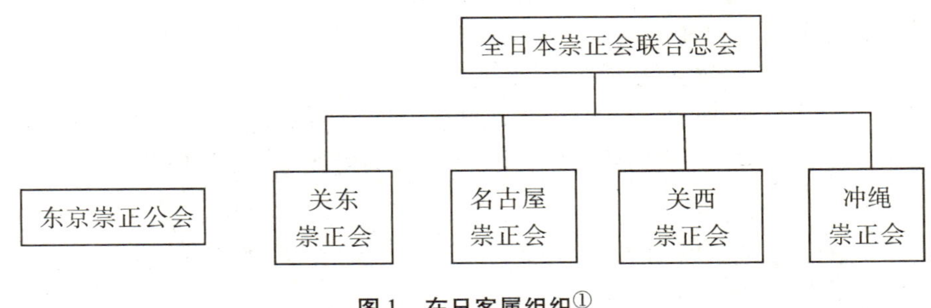

图 1　在日客属组织[①]

① 参考河合洋尚著，边清音译：《日本新宫的“财神”信仰与徐福信仰——地方团体与客家团体的个案》。

在日崇正会组织是在日客家人维持客家认同、传承客家文化的重要因素。首先，崇正会的崇正会组合，为在日客家福祉提供各种服务，在实际利益和日常生活中强化客家人的凝聚力。其次，崇正会年会以及客属恳亲大会等会议，是客家人表达和强化客家认同，传承客家文化的重要场合。例如，全日本崇正会联合总会首任会长范添发为了唤起久居异国的客家人的思乡之情和强化全客家人认同，于1969年返回大陆，邀请客家山歌歌手来日本献唱。根据河合洋尚的调查，目前关西崇正会年会上依然会邀请客家山歌歌手献唱。此外，日本的崇正会也是维系日本客家人徐福信仰的重要因素。特别是日本关西崇正会，与在日客家人的徐福信仰实践有千丝万缕的联系。

三、关西崇正会与徐福信仰

根据《史记》记载，徐福是奉秦始皇之命，率领能工巧匠和3 000童男童女，出海寻求仙药却一去不复返的方士。而台湾和日本的客家人相信，徐福是第一位到达日本的客家人。[①] 徐福的传说与客家人认同有密切关系。例如，1980年10月的第五届世界客属恳亲大会的第四号提案，就提出“徐福墓园应如何修建，以资纪念先贤案”：

徐福为汉民族迁居日本之先祖，为日本之开国元烈，汉民族创建日本文化之先驱者，其墓地在和歌山新宫市，年久失修，已残破不堪，我们为纪念先贤之事迹，以开导后进之自尊，拟刍大会提议，由热心人士自由乐捐，以拨出一定款额后，组织重建委员会，专责办理修建事宜。

此提案的提案人以时任日本崇正会会长、关西崇正会会长邱添寿为首，以及关西崇正会干部谢坤兰（关西崇正会第二届会长）等人。关于此项提案，谢坤兰在恳亲大会后的记者招待会上亦做了如下陈述：

还有一件要办的纪念事业，就是修复‘徐福”坟墓事宜。徐福是最初迁移日本的华侨，他是日本华侨的先贤，在历史上也有记载。他的坟墓在日本和歌山县，因为年久失修，以致墙壁大部颓残，日益荒圮，因而参谒者减少。为纪念先贤，提醒客属子弟崇正精神起见，决定修葺“徐福”坟墓。[②]

① 中川学：《客家論の現代的構図》，东京：アジア政経学会，1979年，第2页。
② 日本崇正会编：《世界客属第五次恳亲大会·纪念特刊》，1980年，第98页。

虽然，提案和讲话中都没有明确说徐福是客家的祖先，但是提案中指出“徐福为汉民族迁居日本之先祖”，而客家人认为自己是中原汉族贵胄的后代，自然与徐福关系密切。同时，现任关西崇正会会长陈荆芳表示，在日客家人认为徐福是客家人。河合洋尚通过研究认为，如东南亚各国的华侨社会中，“五帮”（广府人、福建人、潮州人、海南人和客家人）有各自特定的精神信仰和神明崇拜一样，徐福是在日客家人信奉的神明，亦是在日客家人的精神支柱之一。《世界客属第五次恳亲大会·纪念特刊》亦刊登了崇正会会员参拜新宫徐福庙的照片。

图 2　徐福庙前和参拜徐福庙（日本崇正会会长和副会长）①

关西崇正会十分关注徐福信仰。前文中提到的提案人和新闻发言人，是当时关西崇正会的会长和干部。提案发起后，关西崇正会亦为修葺新宫徐福墓而捐款，并每年参加当地的徐福祭祀活动。

关西崇正会成立于 1968 年，于 1999 年更名为日本关西崇正会，是全日本崇正会联合总会的下属组织。首任会长邱添寿，亦同时担任全日本崇正会联合总会会长。目前关西崇正会的会长为第四届会长陈荆芳。关西崇正会管辖的范围是日本关西地区大阪府、京都府、兵库县、滋贺县、奈良县、和歌山县等地的客属事务，而徐福墓所在地的和歌山县新宫市亦在关西崇正会的关注范围内。

四、作为空间生产基础的新宫徐福信仰

新宫市位于日本关西地区和歌山县的东北部，是一个拥有约 3 万人口的小城市。当地人自古以来便相信新宫是徐福东渡日本后登陆和生活的地

---

① 图片扫描自日本崇正会编：《世界客属第五次恳亲大会·纪念特刊》，1980 年，第 xii 页。

方。当地人认为，徐福在新宫登陆之时，这里还是一片未开之地。徐福为当地人带来了先进的生产工具和生产技术。他和随行的能工巧匠教授了当地人农耕、捕鲸、制纸等技术，促进了当地社会文化的发展。当地人感谢徐福带来的福泽，更亲切地称他为“徐福先生”。“徐福先生”是当地人在日常生活中遇到大小问题和困惑所祈求的神明。目前，新宫市内有两处供奉徐福的地方：一处是新宫市北部蓬莱山脚下，阿须贺神社内部的徐福宫；另一处是 JR 新宫站附近的徐福公园。

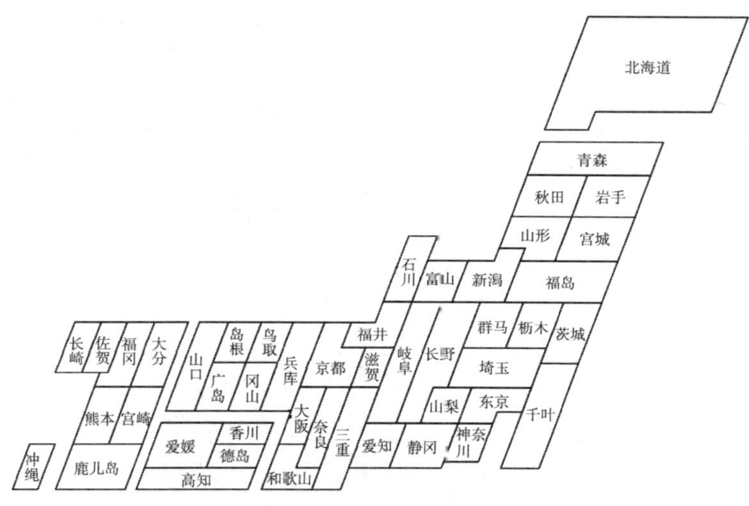

图 3　新宫市区位图①

根据阿须贺神社现任宫守②介绍，神社的管辖范围内有蓬莱山、徐福墓、徐福宫和部分徐福七家臣之墓。蓬莱山是神社背后的小山，目前被指定为和歌山县的历史遗迹。相传，从前人们在蓬莱山顶祭祀徐福。③ 徐福墓是神社左侧的自然石，徐福宫是神社右侧供奉徐福的小祠。而徐福七家臣之墓虽然无迹可寻，但是留下了与之相关的传说。相传，徐福七家臣之墓按照北斗七星的形状依次排列，安葬在蓬莱山脚下。有人发现了徐福七家臣之墓的其中一座，并将里面陪葬的物品带回了家。谁知此人一病不起，家人到处求医问药依然无果。后来此人听从别人的劝说，把带回的陪

① 白底图来自 yahoo！Japan 网。
② 日本的一种神职，掌管神社的运营、维护、祭祀和祈祷等。
③ 《徐福（资料编）》，新宫市图书馆乡土资料室，1996 年，第 7 页。

葬物品归还原处，病痛也随之消失了。目前，新宫当地居民（特别是老年人）依旧相信阿须贺神社内部的自然石是真正的徐福墓，徐福宫是供奉徐福的真正圣地。在当地人心中，他们所供奉的徐福是为他们带来福泽，能够帮助他们解决困难的宗教神明。而阿须贺神社管理的祭祀徐福的地方，呈现的也完全是日本宗教场所的景观。

图 4　阿须贺神社

图 5　自然石

图 6　徐福宫

17 世纪时，统治阶级，尤其是纪州初代的藩主德川赖宣开始关注新宫的徐福信仰。他听说阿须贺神社的徐福传说后，下达了修建徐福墓的命令，并且安排儒臣李梅溪篆刻了“秦徐福之墓”的墓碑。1736 年，新宫藩第五代藩主水野忠明利用李梅溪篆刻的徐福墓碑，在“樟林”①（现徐福公园内）修建了徐福墓。②

此后，樟林也成了当地人祭祀徐福的主要地点之一。然而，随着明治末期的城市化进程，徐福墓周围的樟林逐渐被附近居民的房屋和田地代替，仅保留了徐福墓周围的一小片地方。后来，甚至有人把徐福墓碑丢弃在了附近的农田里。大正十五年（1926），以保田宗次郎为首的当地有志青年成立了“徐福保存会”。他们买下了徐福墓周围的土地，将徐福墓碑物归原处。由于埋葬徐福七位家臣的七座坟墓中的六座已经全无踪影，徐福保存会便在徐福墓的旁边建造了家臣七冢的墓碑。③并且，徐福保存会为徐福墓修建了中国风的门楼和高台，并逐渐将徐福墓的范围扩大到 2 014 平方米。此外，徐福保存会积极与海外交流，并决定于每年 8 月 8 日举办新宫川原花火大会，每年 9 月 1 日在徐福墓附近举办新宫市内同年度的最后一场盆舞大会。④ 而在盆舞大会之时，人们也在徐福墓举行供养徐福灵魂的仪式。⑤

五、新宫徐福信仰的资源化与徐福公园中华特色空间的生产

新宫徐福信仰的资源化始于大正末年和昭和时代（1926—1989），这与在日华侨（特别是在日客家人）、新宫市政府等行政角色、日本学者和媒体对徐福信仰的关注密不可分。1924 年新宫市观光协会的前身新宫保胜会成立，并于 1926 年出版了由前川真澄撰写的《徐福》一书。1935 年中华民国藩锦垚神户副领事参拜徐福墓。1936 年大阪电视台播放了由祖籍新宫的永田衡吉制作的电视节目《徐福》。⑥ 这些宣传都增加了新宫徐福信仰在当地的知名度，引发了在日华侨（特别是在日客家人）、新宫市政府参与徐福信仰景观塑造和空间生产的兴趣。

1939 年 12 月 3 日，徐福研究者植野德太郎中将到访新宫，第二天

---

① 日文为“楠藪”。

② 《徐福（资料编）》，新宫市图书馆乡土资料室，1996 年，第 5 页。

③ 前川苍仞：《徐福私考》，熊野地方史研究会编：《熊野誌》（第 34 号），1988 年，第 208 ~ 247 页。

④ 前川苍仞：《徐福私考》，熊野地方史研究会编：《熊野誌》（第 34 号），1988 年，第 208 ~ 247 页。

⑤ 参阅财团法人新宫徐福协会编：《徐福》（详细版），2013 年。

⑥ 参阅财团法人新宫徐福协会编：《徐福》（详细版），2013 年。

"徐福史迹宣扬期成同盟会"（1940年更名为"徐福彰显会"）成立。和歌山县知事、新宫市市长等行政人员，大阪华商协会会长、神户中华商会的领导等都参加了该同盟会。[①] 该同盟会提出了扩大徐福墓地的范围、建设纪念会馆、组织徐福祭、建设门楼、建立仁井田好古撰写的《秦徐福之碑》、出版相关书籍和读物等计划。然而，只有中华风门楼、秦徐福之碑如期建设。[②]

20世纪60年代，日本进入高度经济成长期后，以新宫市政府为首，重新开启了徐福信仰的资源化过程。1961年以新宫市市长木村滕吉为会长，成立了"徐福庙复兴期成同盟"，1965年市政府与新宫徐福会共同主办了第四回徐福供养烟火大会。随后，市政府于1967年1月17日指定樟林徐福墓为新宫市文化遗产，进一步介入了徐福信仰的旅游开发的资源化过程。

首先，1968年8月，为了在徐福墓周边重建徐福庙，政府提出了"徐福庙重建计划"，并号召国内外热心人士为建设徐福庙捐款。此后新宫市政府收到了来自中国大陆、台湾、香港和在日华侨的大量捐款。其次，1970年市政府和市旅游协会把1963年以来为祭祀徐福而由新宫徐福会举办的烟火大会，划归为由市政府主持的活动。再次，市政府于1973年与民间团体新宫徐福会达成合作协议后，成立了"徐福庙建设准备委员会"。新宫市政府与在日华侨和中国大陆、台湾、香港的热心人士举行了针对重建徐福庙的多次筹备会议。甚至，新宫市市长带领相关人员多次到中国大陆、香港等地，动员热心人士为重建徐福庙做贡献。

此后，政府将徐福信仰作为旅游资源开发对象的意图愈发明显。例如，1979年市政府驳回了新宫徐福会希望突出宗教特色来建设徐福公园的提案，并于1989年1月22日提出"把创出徐福故乡事宜提到日程上来"的议案。同年3月7日，市政府将总额1亿日元的"故乡创出资金"中的5 000万日元拨给了徐福财团基金。如此，新宫市政府主办徐福信仰活性化的烟火大会，进一步推进以徐福信仰为核心的旅游开发过程。

1989年，新宫市政府正式着手重建徐福庙的项目。市政府于1989年8月20日举办了包括徐福供养仪式和徐福烟火大会的熊野徐福万灯祭，邀请香港徐福会、日本关西崇正会等代表参加活动。1992年8月，市政府公开了修建徐福公园的计划，于1993年2月27日正式动工。1994年7月徐福

① 参阅财团法人新宫徐福协会编：《徐福》（详细版），2013年。

② 前川苍仞：《徐福私考》，熊野地方史研究会编：《熊野誌》（第34号），1988年，第208～247页。

公园竣工，市政府邀请了多位海内外相关人士参与落成纪念仪式。当地的乡土历史家奥野利雄记述了当时的盛况。①

平成六年（1994）8月，像现在一样，中华风的豪华门楼、土墙得到修复、（徐福公园）落成了。全赖中国徐福会和台湾徐氏宗亲会的各位热心人士的鼎力相助，我们表示深深的谢意。今年的8月12日，按照惯例是举行徐福万灯祭的供养仪式的日子，而且还举行了门楼落成仪式，变得十分国际化。以中国徐福会的李连庆会长为首，香港徐福会席正林会长等25人，世界徐氏宗亲会徐振通理事等30人，关西崇正会邱添寿会长、谢坤兰副会长，大阪中国领事馆刘毅副总领事，台北驻大阪经济文化并事务部黄振祥部长，国内外相关代表以及各地的徐福会代表，共有50多人参加了此次盛会。

重新修建的徐福公园，被塑造为充满中华色彩的空间，且与阿须贺神社附近徐福信仰的日式景观完全不同。徐福公园以距离JR新宫站100米左右的徐福墓为核心，由中华风门楼、徐福墓、七冢之碑、徐福碑、徐福像和不老池等景观构成。目前，徐福公园是新宫市的主要旅游景点之一，来往的游客一眼就可以知道这里是与徐福有关的空间，并可通过这些景观感受到徐福公园内的中华特色。

图7　徐福公园外观

① 奥野利雄：《新宫の徐福さん》，《アジア遊学特集・徐福》2003年第52号，第10~13页。

徐福公园中的徐福墓、七冢之碑和秦徐福之碑是原有的景观，而徐福像、不老池、捐赠碑记和礼品店则是新增的景观。从中华风门楼进入徐福公园后，首先映入眼帘的是徐福像和不老池。徐福像由徐福故里——中国山东省捐赠，而不老池则取自徐福寻找长生不老仙药的故事。据说，新宫当地生长一种名为天台乌药的草药，正是徐福当年寻找的仙药。而不老池周围种植着天台乌药，药草的精华流入池水中，成就了不老池的景观。不老池中竖立着象征徐福七位家臣的柱子。这七根柱子按照北斗七星的形状排列，分别刻着“和”、“仁”、“慈”、“勇”、“调”、“壮”和“财”七个汉字。

图8　徐福像和不老池

不老池的右侧是一个礼品店，贩卖与徐福或中华文化相关的商品。礼品店的店名就是用中文写的“礼品店”，招牌也是中华风的红底黑字，最下面雕刻着一条龙。礼品店本身也是一座中华风建筑，金瓦白墙，雕梁画栋。礼品店里面卖的东西更是琳琅满目。与徐福相关的有书籍、徐福茶、徐福酒、徐福小甜饼（徐福人像）、熊野徐福染制品（服装等）、徐福绘马、书法作品等。其中，徐福茶、徐福酒、徐福小甜饼（徐福人像）、熊野徐福染制品之所以用徐福的名字命名，其原因在于这些商品中添加了天台乌药。这些商品有的是熊野地区自古以来的传统工艺产品，如徐福茶、熊野徐福染制品等。近年来市政府主导徐福旅游开发后，添加了与徐福相关的元素，变成了徐福旅游的周边产品。有的则是完全应政府旅游开发的需求生产出来的旅游商品，如徐福小甜饼等。这些可以说是新宫市徐福信仰空间生产的衍生物，它们也是该空间的中华特色景观。

图 9　礼品店内外

礼品店内的其他商品也是与中华文化相关的东西，如旗袍、唐装、缎面笔记本、熊猫小摆设、测风水的尺子等。礼品店内还装饰着一块牌匾，写着“源远流长，日本徐福会，纪念秦方士徐福来朝二千二百年盛会，日本徐福会香港会长席正林题，公元一九九五年八月十一日，吉立”。礼品店可以看作新宫市政府以旅游开发为目的，生产出的具有中华特色的徐福公园和消费文化结合的产品。同时，礼品店中出售的商品，也会使人感受到徐福与中华文化的联系，强化徐福公园中华特色空间的形象。

图 10　源远流长牌匾

徐福公园落成以来，新宫市政府坚持每年 8 月举办包括徐福供养仪式和徐福烟火大会的熊野徐福万灯祭。这样的活动，为原本就具有中华特色的景观增添了活性，强化了徐福公园的空间性。万灯祭以新宫市政府的名义邀请海内外相关人士，特别是日本关西崇正会成员参加。市长在徐福供

养仪式上致开幕词，强调徐福的中华属性，呼吁热心人士一如既往地关心新宫徐福信仰和新宫市发展，推动中日两国文化和经济的交流。如2014年的开幕词中，新宫市市长特别提及收到中华人民共和国驻大阪总领事、日本关西崇正会莅临供养仪式等信息。

徐福公园是新宫市政府以当地徐福信仰为基础，在海内外热心人士的帮助下，以旅游开发为目的，塑造出的带有中华文化意义的景观，以及生产出的中华特色空间。而在日客家人团体也在其中扮演了重要角色。正如前文中提到的，日本关西崇正会会长邱添寿、副会长谢坤兰等参加了徐福公园落成典礼。同时，关西崇正会每年8月都会派人参加新宫市举办的徐福供养仪式。不仅如此，早在徐福公园重建之前，关西崇正会已经开始关注新宫徐福中华特色空间的生产了。

六、关西崇正会与新宫徐福中华特色空间的生产

根据现任关西崇正会会长陈荆芳的介绍，早在1967年，关西崇正会首任会长就发现了新宫市内有徐福墓。以关西崇正会为首，日本的崇正会组织也逐渐开始关注新宫徐福信仰的相关活动了。如前文所述，以邱添寿会长为首，在日客家人于1980年10月的第五届世界客属恳亲大会的第四号提案，提出了“徐福墓园应如何修建，以资纪念先贤案”。并且，当时身为关西崇正会干部的谢坤兰亦在恳亲大会后的记者招待会上提到了希望重修新宫市徐福墓。

但由于没有确切的史料和调查资料佐证，笔者无法得知在邱添寿会长于1967年向关西崇正会提出新宫市徐福墓资料后，关西崇正会在20世纪80年代以前是否参与了历经20世纪60年代到90年代的徐福公园中华特色空间生产的过程。但是在新宫徐福协会编辑的《徐福》（详细版）中记录了那段时期神户、大阪等地的华侨多次到新宫参拜徐福墓，为重修徐福墓捐款的情况。这其中也许会有在日客家人或日本客属组织的参与。

1980年8月，日本崇正会及香港徐福会向新宫市赠送8盏长提灯，在日客家人团体正式参与到新宫徐福信仰的中华特色空间生产过程中。虽然在《徐福》（详细版）中没有关于崇正会为建设徐福公园而捐款的记录，但是可以推断关西崇正会为修建徐福公园投入了不少人力、物力。第一，陈荆芳会长表示，首任会长邱添寿于1967年向成员介绍新宫市徐福墓的情况后，关西崇正会成员对徐福墓的残破状态深感痛心，便决定由关西崇正会出资重修徐福墓。第二，1990年新宫市向谢坤兰会长提出希望关西崇正会帮助财团以及举办万灯祭的请求。第三，在徐福公园内部的“徐福公园

捐赠芳名板”上，第一位是日本关西崇正会，第二位是谢坤兰会长。虽然“徐福公园捐赠芳名板”上没有记录捐赠资金的数额，但可以推测，关西崇正会组织和谢坤兰会长个人都为修建徐福公园捐赠了大笔资金。由此可见，虽然修建徐福公园的具体活动是由新宫市政府负责的，但是关西崇正会为各项活动提供了经济援助，这也是徐福信仰的中华特色空间生产的先行条件之一。

图 11　徐福公园捐赠芳名板

早在徐福公园落成前，关西崇正会就已经参与了包含徐福供养仪式和徐福烟火大会的熊野徐福万灯祭。而 1994 年徐福公园落成后，关西崇正会每年都派代表参加该祭祀活动。根据现任关西崇正会会长陈荆芳介绍，从谢坤兰会长开始，每年关西崇正会的会长都会参加熊野徐福万灯祭，而其他会员则是按照自愿原则与会长同行，或依个人行程参加该祭祀。通常情况下，关西崇正会的成员都是当日来到新宫市，参加在徐福公园举行的徐福供养仪式后，当日返回。陈荆芳会长表示，就任关西崇正会会长以来，他虽然每年都参加徐福供养仪式，但只参加过两次徐福烟火大会。而据新宫市旅游部长介绍，虽然熊野徐福万灯祭包含徐福供养仪式和徐福烟火大会两部分，但二者的侧重点有所不同。徐福供养仪式邀请关西崇正会、中国驻大阪领事、香港徐福会等与中华相关的组织，着重突出徐福公园的中华特色；而徐福烟火大会则在新宫市内河畔举办，着重强调本地人对徐福的尊敬和感谢。也正是因为两个活动的侧重点有所不同，关西崇正会的成员才选择参加徐福供养仪式。下面将以 2014 年 8 月 12 日第 20 回熊野徐福万灯祭・徐福供养仪式为例，展现新宫市政府和关西崇正会在生产徐福信仰的中华特色空间中的互动。

2014 年笔者有幸和现任关西崇正会会长陈荆芳、日本国立民族学博物馆助理教授河合洋尚同行，参加徐福公园内举行的徐福供养仪式。下午 1 点左右，我们抵达了 JR 新宫站，并会同关西崇正会副会长，乘坐新宫市政府的汽车，到达新宫市政府与田冈市长会面。在 20 分钟左右的商谈与闲聊之后，我们又乘坐市政府的汽车于下午 1 点 40 分抵达了 JR 新宫站附近的徐福公园。

到达徐福公园后，我们被安排在靠近徐福像的来宾席的指定席上。指定席的椅背上贴着来宾的名字，而关西崇正会会长和副会长的位置是最靠近徐福墓祭坛的。

下午 2 点，徐福供养仪式正式开始。十几位和尚从公园内部左侧的帐篷里走到徐福墓前，工作人员燃放鞭炮，宣布仪式正式开始。新宫市市长、中华人民共和国驻大阪总领事馆副总领事、新宫徐福协会会长分别致开幕词。在他们的致辞中，首先，强调本次仪式是庆祝徐福公园落成 20 周年，同时也是熊野登录世界遗产 10 周年。其次，强调徐福是为新宫带来社会和文化发展的有功之人，是他把农耕、捕鲸等技术传播给了新宫先民，因而徐福是值得纪念的人。再次，强调徐福是从中国远道来的先贤，在目前的国际情势下，我们应该学习徐福精神，促进中日友好。

随后，新宫的和尚开始念诵经文，举行佛教供养仪式。此仪式类似于日本的葬礼：来宾按照顺序走到徐福墓前，为徐福上香。来宾上香后，一般的观众也可以为徐福上香。仪式过程十分类似于日本佛教的祖先供养仪式。上香后回到座位的来宾和观众，会得到身着旗袍的日本小女孩敬献的徐福茶。

图 12　仪式当天徐福墓前的临时祭台

仪式结束后，按照司会的指引，参加供养仪式的人来到礼品店前的帐篷里，品尝加入天台乌药的徐福荞麦面、徐福小甜饼和其他小点心。离开徐福公园时，人们还会得到身着旗袍的日本小女孩赠送的礼品袋，里面装着两瓶瓶装徐福茶和一袋徐福小甜饼。关西崇正会的与会成员便从 JR 新宫站乘车返回大阪。

虽然徐福供养仪式仅 30 分钟左右，但充分体现了徐福公园作为中华特色空间的特点。第一，围绕徐福而塑造的中华风景观，礼品店里琳琅满目的中华特色商品，给予仪式参与者身处中华空间的感觉。第二，身着旗袍的日本小女孩和中国鞭炮等，给予仪式参与者强烈的动态视觉刺激。第三，在开幕词当中，徐福与中华文化的关系得到强调。第四，与中国文化相关的来宾得到新宫市政府的热烈欢迎。由此可见，新宫市政府以地方徐福信仰文化为基础，借助在日华侨、海内外热心人士的关注，生产了以徐福公园为核心的中华特色空间。在新宫市这样一个日本小城内部，围绕徐福墓，利用公园的院墙划分界限，注入中华文化的意识形态，营造了充满中华特色视觉效果的景观，生产了达成旅游开发目的的空间。

七、分析与考察

在新宫徐福信仰的中华特色空间生产过程中，在日客家人社会团体关西崇正会既是景观的生产者、消费者，又是构成该景观不可或缺的实践主体。正如前文介绍的，关西崇正会为建设徐福公园捐助了大笔资金。对于关西崇正会的成员（在日客家人）来讲，一方面，徐福是最早来到日本的客家人，是他们的精神支柱之一。当他们得知新宫徐福墓十分残旧时，便决意重修徐福墓了。而当新宫市向关西崇正会请求帮助时，他们亦给予了大量资金支持。另一方面，新宫市政府为了寻求海内外热心人士的帮助，亦会强化徐福的中华先贤身份，这也激发了关西崇正会资助新宫市修建徐福公园的兴趣。新宫市内的徐福墓、徐福公园建造计划，对于在日客家人来说都是追思先人、以表敬思的行为。因而，虽然关西崇正会没有正面参与新宫徐福信仰的中华特色空间生产，但是他们的资助行为强化了空间生产的经济基础，他们所关注的徐福的特殊形象，影响了空间生产中中华景观的运用和创造。

同时，关西崇正会每年都参加徐福公园的徐福供养仪式，是该仪式的主要消费者之一。虽然新宫市对徐福旅游资源开发以当地徐福信仰为基础，但他们塑造的徐福形象与居民心中的徐福形象大相径庭。据阿须贺神社宫守和新宫市旅游部长介绍，新宫的日本居民把徐福当作帮助他们解决日常生活困难的熟悉的神明，而经旅游开发出来的形象却是为新宫带来社会和文化发展，伟大而光辉的中国先贤。不过，新宫市政府所塑造的形象却与在日客家人的期待具有较高的一致性。虽然徐福公园内没有提到徐福与客家人的关系，而伟大先人这一形象却符合在日客家人对徐福的认知。因而，关西崇正会通过参与每年的徐福供养仪式，满足自身祭祀徐福的需求，感受新宫的徐福信仰的中华特色空间。此外，根据河合洋尚调查的资料，2014 年 3 月 15 日在大阪举办的关西崇正会年会上，人们都拿到了瓶装的徐福茶。

此外，关西崇正会的实践活动是徐福公园内部的中华景观之一。前文中提到了徐福公园内有一块“徐福公园捐赠芳名板”，上面刻着关西崇正会和谢坤兰会长的名字。“徐福公园捐赠芳名板”位于公园内部的左侧，整体呈鲜红色，十分醒目，让人一看便知徐福公园与关西崇正会渊源匪浅。同时，新宫市每年都邀请关西崇正会参加徐福供养仪式，关西崇正会亦如期赴约。关西崇正会成员抵达新宫后会受到市政府的热情接待。在供养仪式上，市长的开幕词中还会特意提出对关西崇正会成员莅临仪式的衷心欢迎和感谢。同时，陈荆芳会长的座位被安排在最靠近徐福墓的地方，给徐福墓上香的时候，会长也被安排在比较前的位置。在仪式过程中，关西崇正会是承载徐福公园中华特色文化的载体。

总而言之，新宫市政府以本地的徐福信仰为基础，借助海内外热心人士的帮助，塑造了中华景观，生产了以旅游开发为目的的徐福信仰空间。以关西崇正会为首的在日客家人的宗教和社会实践，亦助力于该空间的生产、消费和展示过程。可以说，徐福公园是在新宫市民关于徐福信仰的场所和在日客家人（特别是关西崇正会）关于徐福信仰的场所的基础上，由以市政府和关西崇正会为首的其他外部力量共同生产的，以徐福为代表的中华特色空间。

本文主要介绍了在日客家人的历史、社会团体以及他们的宗教实践和新宫市徐福信仰的中华特色空间生产的关系。而生产的徐福信仰空间与当地徐福信仰的场所之间的关系，在日客家人关于徐福信仰的场所建构等问题，都是今后有待考察的问题。

边清音

参考文献

（中文）

1. 河合洋尚：《日本客家的历史与族群性——初步报告》（正在台湾准备出版）。

2. 河合洋尚著，边清音译：《日本的财神信仰与徐福信仰——新宫市地方团体与华侨（客家）团体的信仰实践》（即将在中国出版）。

3. 老冠祥：《日本的客家人与客家团体》，《客家と多元文化》2004 年第 1 号。

4. 河合洋尚主编：《日本客家研究的视角与方法——百年的轨迹》，北京：社会科学文献出版社，2013 年。

（日文）

1. 寥赤阳：《在日中国人の社会組織とそのネットワーク——地方化、地球化と国家》，游仲勲先生古希记念论文集编辑委员会：《游仲勲先生古希記念論文集——日本における華僑華人研究》，2003 年。

2. 奥野利雄：《新宫の徐福さん》，《アジア遊学特集・徐福》2003 年第 52 号。

3. 前川苍彻：《徐福私考》，熊野地方史研究会编：《熊野誌》（第 34 号），1988 年。

4. 张玉玲：《華僑文化の創出とアイデンティティ——中華学校・獅子舞・関帝廟・歴史博物館》，名古屋：株式会社ユニテ，2008 年。

5. 広田寿子：《華僑のいま——日中の文化のはざまで》，《新評論》，2003 年。

6. 王维：《日本華僑における伝統の再編とエスニシティ——祭祀と芸能を中心に》，东京：風響社，2001 年。

7. 中川学：《客家論の現代的構図》，东京：アジア政経学会，1979 年。

（其他资料）

1. 日本崇正会编：《世界客属第五次恳亲大会・纪念特刊》，1980 年。

2. 《徐福（资料编）》，新宫市图书馆乡土资料室，1996 年。

3. 财团法人新宫徐福协会编：《徐福》（详细版），2013 年。

附录：作者简介

夏远鸣（Xia Yuanming）

1977年出生，江西横峰县人。嘉应学院客家研究院助理研究员，研究方向为客家历史与文化。参与主编《解读客家历史与文化：文化人类学的视野》（北京：知识产权出版社，2011年）、《多元视角下的客家地域文化》（广州：华南理工大学出版社，2012年）。

河合洋尚（Kawai Hironao）

1977年出生，日本爱知县人，博士。日本国立民族学博物馆助理教授，嘉应学院客家研究院客座教授。主要著作有《景観人類学の課題——中国広州市における都市環境の表象と再生》（东京：风响社，2013年）、《日本客家研究的视角与方法——百年的轨迹》（北京：社会科学文献出版社，2013年）、《景观人类学视角下的客家建筑与文化遗产保护》（《学术研究》，2013年第4期）和"The Making of the Hakka Culture: The Social Production of Space and Landscape in Global Era"（*Asian Culture*, 2011, No. 35）等。

小林宏至（Kobayashi Hiroshi）

1981年出生，日本东京人，修士。日本学术振兴会特别研究员（日本东北大学博士后）。主要著作有《福建土楼からみる客家文化の再創生——土楼内部における"祖堂"をめぐる学術表象の分析》（《客家の創生と再創生》，东京：风响社，2012年）、《日本人类学的风水研究》（《宗教人类学》第四辑，北京：社会科学文献出版社，2013年）和"UNESCO World Heritage and the Regional Powers Changing Representations of Religious Cultural Heritage"（*Eurasia's Regional Powers Compared: China, India, Russia*, New York: Routledge, 2015）等。

田中孝枝（Tanaka Takae）

1984年出生，日本兵库县人。多摩大学讲师。主要著作有《福建土楼的有意说明方式——以日企旅行社的包价旅游生产过程为例》（《客家研究辑刊》，2013 年第 1 期）、“The Sociality of Tourism from the Visitors' Society Viewpoint：Japanese Tourism in East and Scutheast Asia”（*Tourism and Glocalization：Perspectives on East Asian Societies*，*Senri Ethnological Studie*，National Museum of Ethnology，2010）、“Japanese Reactions to Chinese Tourists：A Perspective on Reinvention of Value”（*Japanese Review of Cultural Anthropology*，Japanese Society of Ethnology，2009）等。

邱立汉（Qiu Lihan）

1974 年出生，福建上杭人。文学硕士，龙岩学院文学与传媒学院副教授，福建省高校人文社科研究基地——龙岩学院客家学研究中心兼职研究员。主要从事中国古代文学及客家文化研究。近年来，主持省级课题一项，完成厅级课题一项。主要著作有《浅析城市化进程中客家话的危机及其应对措施》（《第二十三届世界客属恳亲大会国际客家文化学术研讨会论文集》，哈尔滨：黑龙江人民出版社，2010 年）、《定光古佛信仰的文化内涵及其发展前景》（《客家纵横》，2011 年第 2 期）、《新农村建设中客家民俗文化的现状及其传承——以闽西客家祖地为例》（《龙岩学院学报》，2013 年第 3 期）、《客家地区畲族的族群意识流变及与客家的内在关系》（《赣南师范学院学报》，2013 年第 4 期）、《永定中川华侨的宗族意识与爱国思想——以胡子春、胡文虎等为例》（《第二十六届世界客属恳亲大会国际客家文化学术研讨会论文集》，香港：香港日月星出版社，2013 年）、《用好客家祖地人文景观，记住两岸客家乡愁——以定光古佛景观为例》（《第七届海峡两岸客家高峰论坛暨第二届石壁客家论坛论文集》，福州：海风出版社，2014 年）、《从闽西汉剧看中原文化在客家地区的传承》（《第二十七届世界客属恳亲大会国际客家文化学术研讨会论文集》，开封：河南大学出版社，2014 年）等。

星野丽子（Hoshino Reiko）

1988 年出生，日本千叶县人，硕士。日本综合研究大学院大学博士生。主要著作有《作为“硬性文化”的“客家文化”——以江西省赣州“五龙客家风情园”为例》（《客家研究辑刊》，2013 年第 1 期）、《风水旅游中客家的“硬性文化”与“软性文化”——以江西省赣州市兴国县梅窖镇三僚村为例》（中山大学硕士学位论文，2014 年）、《风水旅游中的“硬性文化”与“软性文化”——以赣州市兴国县梅窖镇三僚村为例》（《“宗教与文化”国际学术交流讨论会论文集》）。

陈世松（Chen Shisong）

1940 年出生，四川三台人。研究方向为蒙元史、四川史、移民与客家文化。主要著作有《蒙古定蜀史稿》、《宋元战争史》、《天下四川人》、《四川客家》、《四川通史》、《大迁徙："湖广填四川"历史解读》等二十余部，论文有《中国西部大开发与客家文化》、《中国近代以来学术建构对客家研究的影响》、《剧烈社会变动下客家文化走向探讨——川、港都市客家文化消融轨迹的对比考察》等二百余篇。

郭一丹（Guo Yidan）

女，四川开江县人，法学硕士，四川省社会科学院哲学与文化研究所助理研究员。主要研究方向为客家与移民文化。主持 2008 年四川省社会科学院重大课题"四川客家妇女研究"和 2014 年江西省高校人文社会科学重点研究基地招标课题"中国西部客家研究"。参与 2012 年国家重大招标课题"客家文化研究"，2008 年国家社会科学基金课题"区域文化整合与共有精神家园建设研究——'麻城孝感乡'现象的历史解读与认同建构"，2014 年"四川海外移民史"等课题。出版专著《文献与田野——四川客家妇女研究》（合著），主编《客家文化与文化产业发展——第三届客家文化高级论坛论文集》（合作）。发表学术论文多篇。

稻泽努（Inazawa Tsutomu）

1977 年出生，日本东京都人，博士。尚䌹学院大学副教授，嘉应学院客家研究院客座研究员。主要著作有《消え去る差異、生み出される差異——中国水上居民のエスニシティ》（仙台：东北大学出版会，2015 年）、《新たな他者とエスニシティ——広東省汕尾の春節、清明節の事例から》（《東北アジア研究》，2013 年第 17 期）、《消される差異、生み出される差異——広東省汕尾の"漁民"文化のポリティクス》（《海港都市研究》，2010 年第 5 期）。

洪馨兰（Hung Hsinlan）

1972 年出生，台湾台北人，人类学博士。台湾高雄师范大学客家文化研究所助理教授。主要著作有《敬外祖：台湾南部客家美浓之姻亲关系与地方社会》（台湾"中央"大学出版中心，2015 年）、《台湾的烟业》（台北：远足文化事业股份有限公司，2004 年）、《烟草美浓：美浓地区客家文化与烟作经济》（台北：唐山出版社，1999 年）、《"社官"信仰在广东蕉岭与台湾美浓的比较研究》（《民俗曲艺》，2013 年第 180 期）、《“客家研究”建构工程里的教学现场：几项考现学的观察》（《高雄师范大学学报》人文与艺术类，2014 年第 36 期）、《台湾南部六堆“界限”的再思考：一个人类学观点的分析》（《高雄师范大学学报》人文与艺术类，2013 年第 35 期）、《以区域观点为运用的客家研究回顾（1960—2010）》（《高雄师范大学学报》人文与艺术类，2012 年第 33 期）等。

吴云霞（Wu Yunxia）

1976 年出生，江苏泰州人，中山大学文化人类学博士，广东外语外贸大学讲师，英国兰卡斯特大学（Lancaster University）博士后研究员。主要著作有《文化传承的隐形力量：越南的妇女生活与女神信仰》（广州：暨南大学出版社，2012 年）、《越南北部乡村民俗对汉文化记忆的本土化建构》（《开放时代》，2014 年第 6 期）、《论越南婚嫁习俗与中国文化的渊源关系》（《中国文化研究》，2010 年第 4 期）。主持广东省哲学社会科学规划项目“女神信仰的比较研究”，项目号：GD12YSH01。

边清音（Bian Qingyin）

1987 年出生，中国辽宁人，硕士。日本国立大学法人综合研究大学院大学博士生。主要著作有《端芬祖先崇拜——广东侨乡宗教民族志研究》（北京：宗教文化出版社，2014 年）、《分化与调和——侨乡端芬祖先崇拜人类学研究》（中山大学硕士学位论文，2012 年）。

后　记

经过一年多的筹划与构思，这本尝试性的书稿终于完成了。

作为编者的我们，都不是客家人。初到被称为“客都”的梅州地区时，我们感受到当地的异文化的冲击。在这里碰到的一些文化事象，与我们之前的生活经验有很大的不同（即便是来自赣东北地区的夏远鸣都有如此强烈的感觉），这些不同之处是多方面的。除了最大的不同点——语言之外，在饮食、风俗、民间信仰、建筑等方面的差异，都给我们留下深刻的印象。于是我们深信，这些就是独具特色的“客家文化”。

随着我们不断地接触中国大陆其他地方的文化，特别是比较深入接触岭南地区的一些文化现象之后，我们开始怀疑我们原先的认识——那些被我们认为或者文本上认为具有“客家特色”的事物，是否真的是“特色”。因为，这些被描述为客家文化特色的许多物质文化或非物质文化在那些没有被视为客家的地区也存在，有的是完全相同，有的是变异，有的只是表现程度上的不同。随着我们视野的进一步扩大，我们还发现，有些被认为是独具特色的“客家文化”事象在亚洲其他国家也存在，如日本、越南等地。

同时，我们也发现，在许多客家地区，“客家”成为一个可以随手拿来粘贴的标签，以至在牛奶、酱油、食盐等商品上也冠以“客家”二字。难道这些司空见惯的食品与其他地区不一样吗？另外，在一些宣传影像资料与客家文化的通俗读物里，许多被当作特色的事物在跨区域地被移植。如在梅州地区并非普遍存在的圆形土楼型建筑，被拿来当作客家标志性建筑；只有少部分地区在食用的擂茶也被当成客家标志性食品。而一些与人们生活密切相关的文化现象却没有被发现。

这些纷繁复杂的客家文化现象显示，我们目前看到的、读到的客家文化，已经不是古典人类学意义上的文化概念，而是为了追求经济利益或者弘扬族群文化而挑选部分事实创造出来的一种资源。因此，我们认为，有必要了解当前“创造”客家文化的现象与过程，这样才能更好地理解目前我们所见的“客家文化”是怎么一回事。

传统上，一种文化的产生与人们生存的自然与社会环境有着密切关系，它们维系着人们的生活与生产，大部分还有着实用功能。随着资本的介入，文化产生的基础与方式开始有别于传统文化产生的基础与方式。即此时的文化现象的产生只是满足观赏或某种精神上的需要，而淡化了传统的实用功能。其产生方式也由基于生活与生产的自然衍生，变成人为的创造。特别是近年随着观光业的发展，文化被大量制造出来以满足人们视觉方面的享受。于是，大量以“客家”为名的景观不断被创造与建造。改革开放后在中国南部及周围地区，地方政府、开发商、旅游公司、客家团体、宗族精英等各界人士用视觉等方式展示了这些文化资源。特别是近二十年来，在中国南部及其周围国家与地区出现了很多与客家文化相关的小镇、主题公园、旅游景点等。各界人士用视觉方式展示“客家文化”，强调该地区的客家特色。

在全球化与信息化突飞猛进的今天，这种基于客家族群“想象共同体”的客家景观创造活动是不可忽视的。但目前在中国和日本的客家学界还没有全面讨论这方面内容的著作。鉴于此，我们决定以景观作为切入点，观察与解读这种新式客家文化的创造动向，关注的范围则包括中国南部及周围国家与地区。

我们认为，本书至少有三个值得一提的地方。第一，本书采用景观人类学的方法解读了客家文化的新现象。而且，本书的不少文章除了关注近年来创建的客家文化景观之外，也涉及之前客家文化景观产生的历史脉络。从某种意义上说，这也是以景观作为切入点进行的历史人类学研究。第二，本书提及了跨国境的个案，开阔了观察视野。例如，在越南创建的客家文化景观，明显受到了中国华南客家地区的影响；环南中国海地区的客家文化景观建设不是单独推动的，而是通过跨国境的社会与文化网络推动的；日本的客家文化景观建设与中国台湾和大陆的网络有关系。目前，客家文化研究多按照国家与地区划分“势力范围”。可是，这些个案表明，在我们研究客家文化时需要更加关注跨国的华人（客家）网络。第三，目前在中国还没有系统介绍越南客家和日本客家的书籍，本书的个案是一个补充。本书除了提及越南和日本的文化景观建设之外，还描述了越南客家和日本客家的基本概况。我们试图通过对文化景观的介绍，用中文介绍两国客家的历史与现状，以丰富人们对这两个国家客家华人的社会活动的了解。

我们认为，这本书仅是环南中国海客家研究的一个开始而已，今后我们还要扩大考察的范围。我们已经在马来西亚、新加坡做过短期的田野考察。听说马来西亚也想建造圆形土楼型的建筑物作为客家文化的标志。根

据资料显示，日本冲绳以前也有借举行世界客属恳亲大会，利用客家文化突出地区特色的计划。我们相信，在弘扬客家文化的旗帜下，这些地区很有可能会制造出一些客家景观来。

除了海外，中国大陆西部一些非“客家大本营”地区的客家文化建设活动也是我们关注的对象。四川成都洛带已经开始把客家文化作为重要的旅游资源在开发。受此启发，同是客家人居住的浏阳市大围山地区，也准备打造“中国中部客家第一镇”。其模式与洛带类似，即通过引进房地产商，建造以客家为名的房地产，以开发古镇旅游。2013 年夏天，我们在湖南浏阳市大围山镇考察时，看见施工工地的隔板上写满了宣传广告标语，包括“东门古镇——浏阳河源 · 中国中部客家第一镇”、“舌尖上的故乡——旅游特产，客家风味小吃，东门特色美食街”、“客家的故乡——千年客家聚集地，中国中部最纯正的客家古镇”等。尽管后来我们了解到这里的居民还没有太多的客家认同感，不知道什么是客家，但我们估计这种情况可能会随着这片打着“客家”名号的房地产的建成而改变，其他相应的客家文化景观有可能也会随之被创造。我们也希望几年后能再来考察这些地区，以记录其变迁的过程与样貌。

本书的作者均为中日两国客家学界的学者，本书可以说是中日客家研究的结晶之一。在编纂的过程中，夏远鸣负责与中国大陆作者的联络，河合洋尚负责与日方作者的联络。我们确认所有文章的内容和形式后，再对文章进行编辑。对于他们的支持，谨致谢忱！同时也希望本书对中日以及其他国家与地区的客家研究能有一定的贡献。

夏远鸣　河合洋尚

2015 年 6 月